진짜 맛있어서 평생 먹고 싶은

유지만 다이어트 레시피

DIET

RECIPE

유지만 지음

길벗

유지만 레시피의 핵심 포인트

'과연 나였어도 이 레시피를 보고 만들어 먹고 싶을까?' 제가 레시피를 만들 때 항상 스스로에게 던지는 질문이에요. 그때 'yes'라는 답이 나올 때까지 고민하고 연구한답니다. 그렇게 탄생한 유지만 레시피에는 세 가지 핵심 포인트가 담겨있어요.

① 속세맛

레시피를 만들며 1순위로 생각하는 것은 '맛'이에요. 재료가 아무리 건강해도 맛이 없으면 다이어트가 작심삼일이 되어버린다는 것을 잘 알기에, 다이어트를 하지 않는 분들까지 누구나 즐길 수 있도록 맛있는 레시피만 담았어요. "한 레시피를 열 번 넘게 해 먹었다", "유지만 레시피는 믿고 먹는다" 등 구독자님들께서 찐 후기 댓글들을 매일 같이 남겨 주신답니다. 여러분도 책을 보고 따라 만들며 자신만의 1순위 레시피를 찾는 재미를 느껴보시길 바라요.

② 초간단

요리할 때의 가장 큰 위기는 '재료가 없을 때'이죠. 특히 배가 고픈데 당장 재료가 없으면 요리를 포기하고 배달 음식에 손이 가기 쉬워요. 그래서 흔히 집에 있거나 마트에서 구하기 쉬운 재료로만 구성했어요. 또한 요리 초보 분들이 쉽게 따라할 수 있도록 숟가락과 종이컵으로만 계량하였고, 조리 과정을 최대한 간단하게 만들었으니 요리 초보 분들도 자신 있게 도전해 보세요.

③ 건강

건강한 기름인 엑스트라 버진 올리브오일과 설탕 대체제, 저당 소스를 사용했어요. 당 섭취는 최소화하고, 건강한 탄수화물과 충분한 단백질로 균형 잡힌 식사를 할 수 있어요. 또 식이 섬유가 풍부한 채소를 양껏 넣어 포만감까지 챙겼답니다. 제가 소개한 속세맛, 초간단 레시피를 통해 배달 음식에서 점점 멀어지다 보면 어느새 건강한 입맛을 갖게 될 거예요.

독자 여러분들을 위해 다이어트 위클리 플래너를 제공합니다.
QR코드를 찍으면 다운로드 받을 수 있어요!

일러두기

① **레시피 소개** | 레시피를 개발하게 된 에피소드와 요리의 맛에 대한 설명을 담았어요.

② **아이콘** | 레시피의 특징과 조리 기구, 소요 시간을 보여줘요.

③ **QR코드** | QR코드를 카메라로 인식하면 해당 레시피의 영상을 바로 볼 수 있어요. 댓글에서 많은 분들의 찐 후기와 다양한 활용 사례도 참고할 수 있어요.

④ **재료** | 주재료와 드레싱, 양념 재료를 구분해서 보여줘요.

⑤ **요리 초보 다이어터를 위한 TIP** | 대체 가능한 재료와 자세하고 유익한 요리 팁을 소개해요.

- 이 책의 계량은 밥숟가락 기준 1숟가락 15g/ml, 종이컵 기준 1컵 190g/ml입니다.
- 유지만 유튜브의 레시피에서 테스트를 거쳐 업그레이드 했어요. 영상 속 레시피와 다르다면, 책 속 레시피를 우선으로 참고하세요.
- 재료의 양을 2~3인분으로 늘릴 때 소스의 양을 그대로 늘리면 짤 수 있으니 소스는 1.5배~1.8배 정도로 늘리고 입맛에 따라 가감하세요.
- 중량이 표시되지 않은 채소류(양파, 당근, 애호박, 감자 등)는 중간 크기를 사용했어요.
- 밥은 대부분 130g 기준으로 만들었어요. 평소 드시는 양에 따라 조절하고, 그에 따라 소스의 양도 함께 조절하세요.
- 간장은 편의상 진간장으로 통일해 사용했어요.

저자의 말

저도 처음엔 요리를 잘 못했어요. 제일 자신 있는 요리는 라면 끓이기였고, 배가 고프면 늘 엽떡이나 마라탕 같은 자극적인 음식이 먼저 떠올랐죠. 그런 제가 지금은 배달 앱을 켜는 날보다 냉장고 문을 여는 날이 더 많아졌어요. 뭔가 특별한 능력이나 극단적인 인내심이 필요했던 건 아니었어요. 저처럼 아주 평범한 사람도 이렇게 변할 수 있다는 걸, 이 책을 통해 꼭 전하고 싶어요. 여러분도 충분히 할 수 있어요.

처음 다이어트를 위해 요리를 시작했을 땐, 냉장고 앞에서 한참을 멍하니 서 있곤 했어요. 다이어트는 하고 싶은데 맛없는 음식은 절대 못 먹겠고, 억지로 먹자니 일주일도 버티기 어렵다는 걸 누구보다 잘 알고 있었거든요. 그래서 문득 생각했어요.

"맛있고 건강하게 먹으면 안 될까? 그럼 오래 할 자신 있는데"

이 마음 하나로 요리를 시작했어요. 간도 제대로 맞추지 못하던 시절이 있었지만, 내가 나를 위해 차린 밥상이 점점 즐거워지기 시작했어요. 그렇게 하루 한 끼씩 요리를 하다 보니 어느새 요리는 저만의 소중한 취미가 되었고, 몸도 마음도 자연스럽게 건강해지고 있다는 걸 느낄 수 있었습니다.

그런 일상이 쌓이다 보니, 사진첩에만 남기기엔 아까운 요리들을 기록하듯 SNS에 올리기 시작했어요. 그러자 어느새 많은 분들이 함께 만들어주시고, "덕분에 요리가 재밌어졌어요", "건강하게 먹는 게 어렵지 않다는 걸 알았어요" 같은 따뜻한 메시지를 보내주셨어요. 그 말들 하나하나가 저에게 큰 힘이 되었고, 2년 동안 채널을 꾸준히 운영할 수 있었던 가장 큰 이유이기도 합니다.

채널을 운영하며 한없이 부족한 저였지만, 그 과정 속에서 저도 조금씩 단단해졌어요. 잠 못 이루며 고민한 날들도 있었지만, 예전의 저처럼 요리와 다이어트에 어려움을 느끼던 분들이 제 레시피를 통해 위로와 힘을 얻었다는 이야기를 들을 때마다 '내가 가는 방향이 맞는구나' 하는 믿음을 얻을 수 있었습니다.

저는 영상을 만들 때마다 책 한 페이지를 채운다는 마음으로 임해왔어요. '맛, 건강, 간단함' 이 세 가지 중 어느 하나도 놓치지 않으려 했고, 그 기준을 통과한 레시피만을 정성껏 골라 이 책에 담았습니다. 모든 레시피를 다시 테스트하고, 한 장 한 장 직접 촬영하며 진심을 꾹꾹 눌러 담는 과정이 쉽지만은 않았지만, 그만큼 애정을 쏟을 수 있었기에 더 기억에 남는 시간이었어요. 이 마음 잊지 않고 앞으로도 좋은 레시피로 여러분과 오래 함께하고 싶습니다.

이 자리를 빌려, 멀리서 묵묵히 지켜봐 주시고, 매번 응원의 댓글을 남겨주시는 구독자분들께 진심으로 감사드립니다. 여러분이 있었기에 지금의 제가 있을 수 있었습니다. 마지막으로 이 책이 세상에 나올 수 있도록 처음부터 끝까지 함께 고민하며 더 나은 방향으로 이끌어주신 방혜수 에디터님과 길벗 출판사 관계자분들, 늘 한결같은 응원과 사랑을 보내주는 가족들, 이 모든 분들 덕분에 책을 완성할 수 있었습니다. 진심으로 감사의 인사를 전합니다.

다이어트를 위한 요리책에서 더 나아가, 여러분의 삶 전체가 조금 더 건강하고 다채로워지는 첫 발걸음이 되길 진심으로 바랍니다. 여러분의 식탁에 함께 할 수 있어 진심으로 영광입니다. 감사합니다.

유지만

목차

· PART 1 ·
자극적인 배달음식이 당길 때, 속세맛 레시피

닭가슴살 양배추 카레 * 030

불닭 크림 리조토 * 032

양배추 고깃집 볶음밥 * 034

두부 참치 볶음밥 * 036

땡초 꼬마 김밥 * 038

마제 두부 덮밥 * 040

양배추 신전 치즈 김밥 * 042

고추장 새송이버섯 덮밥 * 044

애호박 두부 짜글이 * 046

촉촉 제육 덮밥 * 048

매콤 팽이버섯 덮밥 * 050

라이스페이퍼 엽기떡볶이 * 052

스팸 두부 짜글이 * 054

단백질 폭탄 부대찌개 * 056

매콤 콩불 * 058

· PART 2 ·

비싸게 사 먹을 필요 없는 맛보장
포케 & 샐러드 레시피

새우 크래미 포케 * 062

참치 마요 포케 * 064

훈제 오리 포케 * 066

참치 유부 포케 * 068

두부 버섯 포케 * 070

우삼겹 포케 * 072

고추 목살 포케 * 074

연어 포케 * 076

바질 치킨 샐러드 파스타 * 078

샐러드 파스타 * 080

칠리 새우 포케 * 082

· PART 3 ·

닭가슴살이 지겨울 때,
참신한 단백질 보충 레시피

크래미 달걀 덮밥 * 086

훈제 오리 덮밥 * 088

닭가슴살 버섯 덮밥 * 090

김치 참치 덮밥 * 092

닭가슴살 치킨 마요 덮밥 * 094

칠리 새우 달걀 덮밥 * 096

순두부 달걀 덮밥 * 098

화산 치즈 김치 볶음밥 * 100

케첩 달걀밥 * 102

달콤 두부 강정 * 104

참치 무침 비빔밥 * 106

달걀 고추장 조림 * 108

달걀 카레라이스 * 110

라이스페이퍼 군만두 * 112

· PART 4 ·

채소를 가장 맛있게
먹을 수 있는 냉털 레시피

오이 참치 비빔밥 * 116

마늘 새우 볶음밥 * 118

애호박 참치 덮밥 * 120

중화 가지 볶음밥 * 122

된장 가지 덮밥 * 124

양배추 목살 덮밥 * 126

간장 팽이버섯 덮밥 * 128

매콤 양배추 참치 비빔밥 * 130

오트밀 버섯 크림 리조토 * 132

노오븐 라따뚜이 * 134

에그인헬 * 136

라이스페이퍼 가지튀김 * 138

양송이 크림 수프 * 140

양배추 샤브샤브 * 142

유지만 마녀수프 * 144

오트밀 된장죽밥 * 146

들깨 버섯 볶음밥 * 148

• PART 5 •

요리 초보도 무조건 성공하는
초간단 전자레인지 레시피

순두부 치즈 그라탱 * 152

김피두(김치 피자 두부 그라탱) * 154

김치 참치 오트밀 죽 * 156

카레 오트밀 죽 * 158

달걀죽 * 160

버섯 콩나물 비빔밥 * 162

된장 두부 부추 비빔밥 * 164

명란 두부 비빔밥 * 166

간장 수란밥 * 168

대패 목살 말이 * 170

매콤 가지 비빔밥 * 172

· PART 6 ·

빵은 절대 못 참는 다이어터를 위한
저탄수 레시피

양배추 오코노미야끼 * 176

토마토 바질 퀘사디아 * 178

땡초 양배추 피자 * 180

애호박 달걀 피자 * 182

새우 마늘 피자 * 184

크래미 달걀 피자 * 186

소고기 버거 * 188

참치 바질 부리토 * 190

칠리 치킨 두부 부리토 * 192

새우 바질 오픈 토스트 * 194

대파 참치 토스트 * 196

참외 에그 토스트 * 198

고구마 치즈 토스트 * 200

소시지 달걀말이 핫도그 * 202

과카몰리 핫도그 * 204

· PART 7 ·

죄책감 없이 즐길 수 있는 면 요리 레시피

새우 바질 파스타 * 208

양배추 베이컨 파스타 * 210

새우 해장 파스타 * 212

두부면 들기름 막국수 * 214

채소 듬뿍 물막국수 * 216

간장 오이 비빔면 * 218

초계국수 * 220

컵누들 투움바 파스타 * 222

컵누들 마라샹궈 * 224

컵누들 크림 짬뽕 * 226

두부면 들깨 칼국수 * 228

· PART 8 ·

입터짐을 방지하는 가볍고
맛있는 간식 레시피

전자레인지 고구마칩 * 232

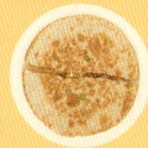

또띠아 씨앗 호떡 * 234

라이스페이퍼 소떡소떡 * 236

라이스페이퍼 고구마 피자 * 238

고구마 치즈 오믈렛 * 240

커리부어스트 * 242

냉장고 속 재료로 만드는 다이어트 요리

양배추

닭가슴살 양배추 카레	030
양배추 고깃집 볶음밥	034
땡초 꼬마 김밥	038
양배추 신전 치즈 김밥	042
라이스페이퍼 엽기떡볶이	052
화산 치즈 김치 볶음밥	100
양배추 목살 덮밥	126
매콤 양배추 참치 비빔밥	130
양배추 샤브샤브	142
유지만 마녀수프	144
대패 목살말이	170
양배추 오코노미야끼	176
땡초 양배추 피자	180
소시지 달걀말이 핫도그	202
양배추 베이컨 파스타	210
새우 해장 파스타	212
채소 듬뿍 물막국수	216
초계국수	220

버섯

고추장 새송이버섯 덮밥	044
매콤 팽이버섯 덮밥	050
두부 버섯 포케	070
닭가슴살 버섯 덮밥	090
간장 팽이버섯 덮밥	128
오트밀 버섯 크림 리조토	132
양송이 크림 수프	140
들깨 버섯 볶음밥	148

양상추

새우 크래미 포케	062
참치 마요 포케	064
훈제 오리 포케	066
두부 버섯 포케	070
우삼겹 포케	072
고추 목살 포케	074
연어 포케	076
바질 치킨 샐러드 파스타	078
샐러드 파스타	080
칠리 새우 포케	082
소고기 버거	188

오이

새우 크래미 포케	062
참치 마요 포케	064
훈제 오리 포케	066
우삼겹 포케	072
고추 목살 포케	074
연어 포케	076
바질 치킨 샐러드 파스타	078
샐러드 파스타	080
오이 참치 비빔밥	116
채소 듬뿍 물막국수	216
간장 오이 비빔면	218
초계국수	220

가지

중화 가지 볶음밥	122
된장 가지 덮밥	124
노오븐 라따뚜이	134
라이스페이퍼 가지튀김	138
매콤 가지 비빔밥	172

토마토

참치 마요 포케	064
훈제 오리 포케	066
우삼겹 포케	072
고추 목살 포케	074
연어 포케	076
바질 치킨 샐러드 파스타	078
샐러드 파스타	080
노오븐 라따뚜이	134
에그인헬	136
유지만 마녀수프	144
토마토 바질 퀘사디아	178
소고기 버거	188
새우 바질 파스타	208

두부/순두부

두부 참치 볶음밥	036
마제 두부 덮밥	040
고추장 새송이버섯 덮밥	044
애호박 두부 짜글이	046
매콤 팽이버섯 덮밥	050
스팸 두부 짜글이	054
단백질 폭탄 부대찌개	056
두부 버섯 포케	070
순두부 달걀 덮밥	098
달콤 두부 강정	104
된장 가지 덮밥	124
오트밀 된장술밥	146
순두부 치즈 그라탱	152
김피두(김치 피자 두부 그라탱)	154
된장 두부 부추 비빔밥	164
명란 두부 비빔밥	166
칠리 치킨 두부 부리토	192

애호박

애호박 두부 짜글이	046
마늘 새우 볶음밥	118
애호박 참치 덮밥	120
노오븐 라따뚜이	134
애호박 달걀 피자	182
두부면 들깨 칼국수	228

닭가슴살 소시지/햄

땡초 꼬마 김밥	038
라이스페이퍼 엽기떡볶이	052
스팸 두부 짜글이	054
단백질 폭탄 부대찌개	056
순두부 치즈 그라탱	152
카레 오트밀 죽	158
토마토 바질 퀘사디아	178
땡초 양배추 피자	180
소시지 달걀말이 핫도그	202
과카몰리 핫도그	204
라이스페이퍼 소떡소떡	236
커리부어스트	242

새우

새우 크래미 포케	062
샐러드 파스타	080
칠리 새우 포케	082
칠리 새우 달걀 덮밥	096
마늘 새우 볶음밥	118
양배추 오코노미야끼	176
새우 마늘 피자	184
새우 바질 오픈 토스트	194
새우 바질 파스타	208
새우 해장 파스타	212
컵누들 투움바 파스타	222
컵누들 크림 짬뽕	226

달걀

크래미 달걀 덮밥	086
훈제 오리 덮밥	088
닭가슴살 치킨 마요 덮밥	094
칠리 새우 달걀 덮밥	096
순두부 달걀 덮밥	098
화산 치즈 김치 볶음밥	100
케첩 달걀밥	102
달걀 고추장 조림	108
달걀 카레라이스	110
라이스페이퍼 군만두	112
마늘 새우 볶음밥	118
달걀죽	160
간장 수란밥	168
양배추 오코노미야끼	176
땡초 양배추 피자	180
애호박 달걀 피자	182
새우 마늘 피자	184
크래미 달걀 피자	186
새우 바질 오픈 토스트	194
참외 에그 토스트	198
소시지 달걀말이 핫도그	202
고구마 치즈 오믈렛	240

닭가슴살

닭가슴살 양배추 카레	030
양배추 고깃집 볶음밥	034
바질 치킨 샐러드 파스타	078
샐러드 파스타	080
닭가슴살 버섯 덮밥	090
닭가슴살 치킨 마요 덮밥	094
화산 치즈 김치 볶음밥	100
칠리 치킨 두부 부리토	192
초계국수	220

참치캔

두부 참치 볶음밥	036
양배추 신전 치즈 김밥	042
참치 마요 포케	064
참치 유부 포케	068
김치 참치 덮밥	092
참치 무침 비빔밥	106
오이 참치 비빔밥	116
애호박 참치 덮밥	120
매콤 양배추 참치 비빔밥	130
김치 참치 오트밀 죽	156
참치 바질 부리토	190
대파 참치 토스트	196

오트밀

불닭 크림 리조토	032
마늘 새우 볶음밥	118
오트밀 버섯 크림 리조토	132
에그인헬	136
오트밀 된장술밥	146
김피두(김치 피자 두부 그라탱)	154
김치 참치 오트밀 죽	156
카레 오트밀 죽	158

우유/아몬드밀크/귀리우유

닭가슴살 양배추 카레	030
불닭 크림 리조토	032
오트밀 버섯 크림 리조토	132
양송이 크림 수프	140
컵누들 투움바 파스타	222
컵누들 크림 짬뽕	226

스트레스 받지 않고 즐겁게 유지하는 유지만의 생활 습관

다이어트 뿐만 아니라, 꾸준히 건강을 '유지'하는 것 역시 쉬운 일은 아니죠. 저는 다섯 가지 생활 습관을 통해 먹는 것에 스트레스 받지 않으며 즐겁게 건강을 유지해 왔어요.

1 자극적인 배달 음식의 유혹에서 벗어나 요리와 친해지기

자극적인 음식 대신 나를 위한 소중한 한 끼를 차려보세요. 저는 사실 3년 전만 해도 할 수 있는 요리라고는 라면 끓이기와 달걀 프라이뿐일 정도로 요리 초보였어요. 하지만 여러 번 도전하고 실패하는 과정 속에서 요리의 즐거움을 느끼고, 조금씩 실력이 늘었답니다. 앞으로 제가 소개할 맛보장 레시피들로 여러분의 실패를 줄여드릴게요. 처음에는 누구나 서툴지만, 조금씩 요리와 가까워질 수 있으니 일주일에 한 번이라도 요리를 해본다는 생각으로 차근차근 시작해 보세요. 어느새 요리에 재미가 생겨 나를 위한 한 끼를 뚝딱 차려 먹는 자신을 발견하게 될 거예요.

2 체중계는 잠시 넣어두고 강박적인 다이어트와 이별하기

저의 과거를 되돌아 보면, 단기간에 다이어트를 끝내겠다고 결심하는 순간 그 스트레스로 오히려 자극적인 음식을 찾게 되고, 몸과 마음이 불안정해졌어요. 스트레스를 받지 않는 것이 정말 중요한데, 그래서 제가 가장 먼저 한 일은 체중계에 올라가지 않는 것이었어요. 매일 몸무게를 재며 후회하거나 자책하지 말고, 마음을 여유롭게 가져보세요. 다이어트가 아니라, 일상 속 생활 습관을 하나씩 바꿔나간다고 생각하며 지내다 보면 어느새 몸의 변화가 느껴지고 옷을 입을 때 느껴지는 핏이 변할 거예요.

3 간에 기별도 안 가는 극단적인 소식 말고, 균형 잡힌 식단으로 든든한 식사하기

밥 양을 무턱대고 줄이거나 맛없는 식단대로 억지로 먹어 만족스러운 식사를 하지 못하면, 결국 몸에 좋지 않은 인스턴트나 과자에 손이 가게 되더라고요. 그래서 맛있고 든든하게 먹어 충분한 만족감을 느끼고 입터짐을 방지하는 것이 중요하다고 생각해요. 제 레시피는 대부분 포만감이 크고, 일반식만큼 맛있기 때문에 불필요한 군것질을 줄이는 데 도움이 될 거예요.

4 즐겁게 지속할 수 있는 운동을 찾아 자연스럽게 활동량 늘리기

활동량은 건강 유지를 위해 식단만큼 중요한 요소죠. 아무리 건강하게 먹어도, 숨쉬기 운동만 한다면 건강은 쉽게 무너질 수 있어요. 저도 한때 헬스장에 6개월 회원권을 끊어 놓고도 1개월도 채 가지 않아서 '나는 운동을 싫어하는 사람이야.' 라고 단정짓고 자책했었죠. 하지만 지금은 러닝, 요가, 테니스 등 여러 운동에 도전하며 '나에게 재밌는' 운동을 찾아가고 있어요. 운동을 '취미'로 여기고 즐기다 보니 자연스럽게 활동량도 늘고, 몸과 마음이 모두 건강해지더라고요.

5 건강의 최대 적, 액상과당 & 인스턴트 음식 섭취 줄이기

식사는 건강하게 만들어 먹고선 설탕 가득한 음료나 과자를 먹는다면 아무 소용이 없겠죠. 소중한 내 몸에 들어가는 것인 만큼, 당 함량이 지나치게 높거나 화학첨가물이 무분별하게 들어간 음식은 피하는 게 중요해요. 저는 달달한 음료보다는 자연 재료 그대로 갈아낸 건강주스나 차를 마시며 지나친 당류 섭취를 피하고 있어요. 요리할 때는 저당 소스 제품을 사용하고요. 특히 달콤해서 입맛을 충족시키면서도 체내 흡수되지 않고 배출되는 알룰로스 제품(마이노멀) 등을 적극 활용해보세요. 또 입이 심심할 때를 대비해 단백질 과자, 요거트볼 등 건강한 간식을 미리 준비해 두고, 적당량 먹으며 식욕을 조절해요.

딱 이것만 준비하면 끝!
필수 식재료와 소스

이 책의 대부분 레시피는 이것들만 있으면 힘들게 장볼 필요 없이 바로 만들 수 있어요. 특히 자주 사용하는 핵심 재료는 ★로 표시했어요. 입터짐 없이 건강한 다이어트를 오래 지속하려면, 다양한 맛을 즐기는 것이 중요해요. 건강은 물론 속세맛까지 즐길 수 있는 소스와 양념들을 소개합니다.

① 탄수화물

★ **현미밥** | 흰쌀밥보다 식후 혈당이 천천히 오르고, 식이 섬유가 풍부해 포만감이 오래가요.

★ **통밀빵** | 흰 밀가루 빵보다 포만감이 오래가고, 고소한 맛이 특징이에요.

★ **통밀 파스타** | 일반 파스타보다 식이 섬유가 풍부해 포만감이 오래가요. 저는 주로 스파게티나 링귀니 면을 사용해요.

▶ **쌀소면/메밀면/저칼로리면** | 쌀소면은 현미 쌀소면을, 메밀면은 메밀 100% 제품을 추천해요. 저칼로리면으로는 두유면을 주로 사용했어요.

▶ **통밀 또띠아** | 얇고 둥근 형태로 피자, 부리토, 퀘사디아 등 다양하게 활용할 수 있는 빵이에요. 마른 팬에 바삭하게 구워 수프나 샐러드에 곁들여도 좋아요.

▶ **라이스페이퍼** | 월남쌈 재료로 흔히 쓰는 쌀종이에요. 기름에 구우면 바삭한 튀김처럼, 물에 불려 여러 겹 겹치면 쫄깃한 떡처럼 즐길 수 있어요.

▶ **오트밀** | 귀리를 먹기 좋게 가공한 것으로, 쌀밥보다 식이 섬유가 풍부해 포만감이 오래가요. 죽이나 리조토에 활용하면 쌀밥과 거의 비슷한 식감을 느낄 수 있어요. 입자가 큰 오트밀을 추천해요.

② 단백질

★ **달걀** | 프라이, 스크램블, 삶기 등 다양하게 활용할 수 있고 여러 가지 요리에 잘 어울려요.

★ **두부/순두부** | 식물성 단백질이 풍부한데다 으깬 두부를 수분을 날려 볶으면 고기 같은 식감을 낼 수 있어요.

★ **냉동 닭가슴살** | 고단백·저지방으로, 실온에서 해동하거나 삶아서 조리해요. 고깃결과 반대방향으로 자르거나 작게 다지면 부드러운 식감으로 즐길 수 있어요.

★ **냉동 새우** | 보관이 편리하고 볶음밥, 파스타 등 다양하게 활용할 수 있어 가장 애용하는 해산물이에요.

★ **참치캔** | 유통기한이 길고 조리가 간편해 바쁠 때 유용해요. 기름은 숟가락으로 눌러 빼거나 체로 걸러 사용하는 걸 추천해요.

▶ **닭가슴살 소시지·햄류** | 종류가 다양해 질리지 않고, 조리가 간편해요.

▶ **두부면/포두부** | 밀가루 면을 대체할 수 있는 저탄수 고단백 식재료로 볶음면, 파스타, 비빔면, 국물요리 등 다양하게 활용할 수 있어요. 포두부는 길게 썰어 면처럼 쓸 수도 있고, 바삭하게 구워 두부칩으로도 활용할 수 있어요.

▶ **크래미** | 조리 과정 없이 바로 쓸 수 있어 간편하고, 해산물 풍미

를 더할 때 좋아요. 포크로 긁으면 잘게 찢을 수 있어요.

▶ **오리고기/베이컨/대패 목살** | 가끔 색다른 단백질이 필요할 때 활용하기 좋아요. 100g씩 소분해 냉동 보관하면 조리하기 편해요.

▶ **소고기** | 단백질과 철분이 풍부한 건강 식재료예요. 주로 다짐육, 국거리용, 스테이크용을 사용하는데 지방이 적은 부위를 선택하면 좋아요.

③ 지방

★ **체다 치즈/모차렐라 치즈** | 체다 치즈에 우유를 더하면 꾸덕한 크림처럼 즐길 수 있고, 모차렐라 치즈는 고소한 맛과 쭉 늘어나는 비주얼까지 더해줘요.

★ **우유/아몬드밀크/귀리우유** | 생크림 없이도 부드러운 크림 느낌을 낼 수 있어요. 아몬드밀크로는 아몬드브리즈 언스위트(무가당) 제품을 사용했어요.

▶ **아보카도** | '숲속의 버터'라고 불리는 건강한 지방으로, 빵이나 포케에 곁들이기 좋아요. 저는 보관이 편한 냉동 제품을 사용해요.

④ 채소

★ **양배추** | 어떤 요리에 넣어도 잘 어울리고, 아삭한 식감과 포만감을 더해줘요. 전자레인지로 쪄 쌈으로 만들거나, 작게 다져 볶음밥에 활용하면 좋아요.

★ **양파** | 어디에나 잘 어울리는 만능 채소로, 냉장고에 항상 있는 필수 재료예요.

★ **청양고추** | 느끼함을 잡고, 밋밋한 요리에 자극적인 매운맛을 충족시켜 주는 필수 재료예요. 다진 고추를 만진 후에는 피부에 자극을 줄 수 있으니 손을 꼭 씻으세요.

★ **대파/쪽파/부추** | 송송 썰어 넣으면 느끼함을 잡아주고 풍미를 더해줘요. 대파는 볶음이나 국물 요리에 특히 잘 어울려요.

★ **마늘/다진 마늘** | 한식 양념장과 볶음 요리에 빠질 수 없는 필수 재료예요. 소분해 냉동 보관하면 활용하기 편해요.

▶ **양상추** | 포케나 샐러드에 자주 활용하는 시원하고 아삭한 채소예요.

▶ **애호박** | 익히면 은은한 단맛이 살아나는 가성비 좋은 재료예요.

▶ **가지** | 익히면 부드러운 식감과 풍부한 즙이 살아나 고기 못지않은 맛을 느낄 수 있어요.

▶ **오이** | 시원하고 아삭한 식감으로, 비빔밥이나 샐러드에 잘 어울려요.

▶ **버섯** | 단백질이 풍부한 재료로 새송이, 팽이, 느타리, 표고를 자주 사용해요. 흐르는 물에 가볍게 씻거나 키친타월로 먼지를 털어내 사용하면 향과 식감을 제대로 살릴 수 있어요.

▶ **토마토** | 볶거나 생으로 활용할 수 있고, 올리브오일과 함께 먹으면 항산화 성분인 라이코펜의 흡수율을 높일 수 있어요.

▶ **감자/고구마** | 전자레인지로 간편하게 익혀 사용해요.(21p 참고)

★ **깻잎/상추** | 향긋한 풍미를 더해주는 쌈 채소로, 흐르는 물에 씻은 후 물기를 털고 사용해요.

▶ **콩나물/숙주** | 아삭한 식감이 매력적인 채소로, 찬물에 담가 냉장 보관하면 오래 신선하게 유지돼요.

⑤ 토핑/향신료

★ **스위트콘** | 톡톡 터지는 식감과 달콤한 맛이 매력적이에요. 무가당 제품을 사용했어요.

★ **양파 플레이크** | 바삭하게 튀긴 양파로, 식감과 향이 좋아 포케나 샐러드에 곁들이면 완벽한 속세맛이 완성돼요.

★ **견과류** | 바삭한 식감과 고소한 풍미를 더해줘요.

★ **김가루** | 한식 요리에 감칠맛을 더해주는 토핑으로, 조미된 김가루를 주로 사용했어요. 염분 섭취를 줄이고 싶다면 조미되지 않은 김밥용 김을 잘게 잘라 넣어도 좋아요.

⑥ 필수 기본 양념

★ **올리브오일** | 모든 레시피에 사용한 건강한 식용유로, 엑스트라 버진 올리브오일을 추천해요. 각종 볶음 요리부터 샐러드 드레싱까지 폭넓게 활용할 수 있어요.

★ **간장** | 편의상 진간장으로 통일해 사용했어요. 취향에 따라 간을 보며 양을 조절하세요.

★ **알룰로스** | 설탕 대신 사용하는 저칼로리 감미료예요. 액상형 알룰로스가 가루보다 양 조절이 쉬워

레시피에는 액상형을 사용했어요.

★ **식초/레몬즙** | 식초는 새콤한 맛, 레몬즙은 과일 향이 섞인 상큼한 맛이에요.

★ **소금** | 모든 요리의 간을 잡을 수 있는 기본 재료예요. 가는소금을 사용하면 계량이 쉽고, 재료에 고르게 섞여요.

⑦ 감칠맛 소스

▶ **저당 굴소스** | 간장보다 감칠맛이 강하고, 단맛이 살짝 있어 볶음 요리에 자주 활용해요. 일반 굴소스보다 당함량을 낮춘 저당 제품을 사용했어요.

▶ **치킨스톡** | 농축된 닭육수로 액상형을 사용했어요. 깊은 감칠맛을 내줘요.

▶ **참치액/멸치액젓** | 간편하게 감칠맛을 낼 수 있는 액젓이에요. 볶음, 무침, 국물 요리에 넣으면 쉽게 속세맛을 만들 수 있어요.

▶ **코인 육수** | 국물요리에 넣어 간편하게 육수의 깊은 맛을 낼 수 있어요.

▶ **된장** | 염분 섭취를 줄이고 싶다면 저염 된장을 추천해요

▶ **후추** | 풍미를 살려주는 기본 향신료예요. 통후추를 그라인더로 갈아 넣은 경우에는 '후추'로, 시판 후춧가루인 순후추를 사용할 경우에는 '순후추'로 표기했어요.

⑧ 매운맛 소스

▶ **스리라차 소스** | 태국 고추, 마늘, 식초, 소금 등이 들어간 매콤 새콤한 소스로, 비교적 칼로리가 낮아 다이어트 중에도 부담 없이 활용할 수 있어요.

▶ **저당 고추장** | 당 함량을 낮춘 저당 고추장을 사용했어요.

▶ **고춧가루** | 한식에 빠질 수 없는 매운맛 재료로, 당 걱정 없이 원하는 맵기와 색감을 조절하기 좋아요.

▶ **페페론치노/크러쉬드 레드페퍼** | 페페론치노는 반으로 찢어 기름에 볶아 향을 내고, 크러쉬드 레드페퍼는 마지막에 뿌려 비주얼과 매콤함을 더해줘요.

⑨ 속세맛 소스

▶ **저당 케첩/머스터드** | 당 함량을 줄여 부담 없이 속세의 달콤·새콤함을 즐길 수 있어요. 토스트, 볶음 요리 등 다양하게 활용할 수 있어요.

▶ **저당 마요네즈** | 일반 마요네즈보다 칼로리와 당 함량이 적어 비교적 건강하게 즐길 수 있어요. 부드럽고 고소한 맛을 더할 수 있어요.

▶ **토마토 파스타 소스** | 토마토 파스타 소스는 당이 첨가된 일반 시판 제품을 사용했어요. 무가당 제품을 사용하는 경우 알룰로스를 취향껏 넣어 단맛을 추가하세요. 토마토 소스 1종이컵 기준 알룰로스 0.8숟가락이면 일반 제품과 비슷한 맛을 낼 수 있어요.

▶ **바질 페스토** | 바질을 올리브오일과 견과류와 함께 갈아낸 고소하고 향긋한 소스예요. 이국적인 풍미를 느낄 수 있어요.

▶ **전분가루** | 튀김, 강정 등에 사용해 쫀득하고 바삭한 식감을 만들 수 있고, 전분물을 만들어 국물 요리에 농도를 내는 용도로도 활용해요.

⑩ 고소한 맛 소스

▶ **참기름** | 고소함과 윤기를 더해주는 한식 요리의 필수품이에요. 불을 끄고 넣어야 향이 날아가지 않고 열에 의한 산화를 줄일 수 있어요.

▶ **깨** | 고소함과 함께 플레이팅에도 유용해요. 절구나 컵으로 빻거나 손으로 으깨어 넣으면 더욱 고소한 향을 살릴 수 있어요.

▶ **땅콩가루/땅콩버터** | 땅콩 100% 무가당 제품을 추천해요. 땅콩가루는 물로 농도를 조절하기 쉬워 다양하게 활용하기 좋아요.

▶ **들깻가루** | 들깨 특유의 고소함을 더해주며, 국물요리나 볶음밥 등에 넣어요.

식단 고수 유지만의
전자레인지 요리 꿀팁

다이어트 하다 보면 요리하기 귀찮은 때가 분명 있을 거예요. 그럴 때 배달음식에 손이 가기가 쉬운데요. 아래의 꿀팁을 사용하면 오히려 배달보다 더 간단하게 쉽게 요리할 수 있을 거예요.

전자레인지 오트밀밥

오트밀을 따로 불릴 필요 없어 간단하고, 쌀밥보다 포만감이 오래가요.

1 그릇에 오트밀 3숟가락(25g), 물 4숟가락을 넣고, 랩을 씌운 후 전자레인지에 2분 돌리고 잘 섞는다.
- 완성 후 쌀밥을 섞어도 좋아요.

전자레인지 수란

달걀 프라이 대신 간단하게 만들기 좋고, 기름이 안 들어가 지방 섭취를 줄일 수 있는 방법이에요.

1 밥그릇에 물을 2/3 정도 붓고, 식초 1숟가락을 푼 후 달걀 1개를 넣는다.
- 식초는 달걀이 물에 풀어지는 것을 막아줘요.

2 달걀이 터지지 않게 젓가락으로 노른자를 콕콕 찌른다.

3 접시나 덮개로 덮어 전자레인지에 1분 30초 돌리고, 숟가락으로 조심히 꺼낸다.
- 덜 익었으면 30초씩 더 돌리세요.

전자레인지 고구마/감자 찜

찜기 필요 없이 간단하게 익힐 수 있어 편해요.

1 그릇에 깍둑 썬 고구마 1개(120g), 물 2숟가락을 넣고 랩을 씌워 전자레인지에 3분간 돌린다.
- 전자레인지용 덮개나 접시를 얹어도 돼요.

2 잘 익은 고구마를 포크로 으깬다.
- 덜 익었으면 1분씩 더 돌리세요.
- 우유나 물을 넣어 더 부드럽게, 알룰로스를 넣어 더 달콤하게 즐겨도 좋아요.

전자레인지 두부밥

간편하게 단백질을 보충하기 좋고, 매콤한 양념장과 특히 잘 어울려요.

1 그릇에 두부 1/3모(100g)을 넣어 숟가락으로 으깬 후, 밥 크게 3숟가락(100g)을 넣어 섞는다.
- 손으로 주물러 으깨도 좋아요.

2 전자레인지에 2분 돌린 후 다시 잘 섞는다.
- 두부의 수분을 날리게 랩을 씌우지 마세요.

기본적이지만 중요한
재료 손질과 계량법

같은 레시피여도 손질과 계량법이 다르면 맛이 달라져요. 천천히 차근차근 해보세요.
계량에는 흔히 볼 수 있는 밥숟가락과 종이컵을 사용했습니다.

채썰기 : 재료를 얇게 썬 다음 겹쳐 놓고 다시 길쭉하게 썰어요.

깍둑썰기 : 가로, 세로 높이가 비슷하게 사각으로 썰어요.

송송 썰기 : 대파나 청양고추를 작고 얇게 썰어요.

어슷썰기 : 대파나 청양고추 등 긴 재료를 비스듬히 썰어요.

반달썰기 : 애호박이나 당근 등의 둥근 재료를 반으로 잘라 일정한 두께로 썰어요.

잘게 다지기 : 얇게 채 썬 채소를 다시 가로로 잘게 썰어요.

1숟가락

가루류 : 숟가락 위로 볼록하게 담아요.(고춧가루 기준 6g/ml)

액체류 : 숟가락 위로 넘치지 않을 정도로 담아요.(물 기준 10~12g/ml)

장류 : 숟가락 위로 볼록하게 담아요.(고추장 기준 25g/ml)

0.5숟가락

가루류 : 숟가락의 절반 정도 볼록하게 담아요.(고춧가루 기준 3g/ml)

액체류 : 숟가락의 절반 정도 담아요.(물 기준 5~6g/ml)

장류 : 숟가락의 절반 정도 볼록하게 담아요.(고추장 기준 12~13g/ml)

1컵 : 종이컵 가득 담아요.(물 기준190g/ml)

한 줌 : 한 손에 담길 만큼 쥐어요.

한 꼬집 : 엄지와 검지로 살짝 집어요.

다이어트에 성공한 구독자님들의 찐 후기

유지만 님 레시피 최고♥
따라 하기 쉽고 재료도 간단하고 맛은 말해 뭐 함.

김치볶음밥 레시피 N회차!
만들 때마다 점점 맛있어져요♥

유지만 님 레시피 하나씩
뿌시는 중! 다 맛있고
몸무게 잘 유지 중♥

너무 맛있어서 이틀 연속 만들어 먹고 있는 고깃집 볶음밥 같은 닭가슴살 볶음밥. 이거 진짜 천재만재 레시피. 앞으로 계속 먹을 듯!

놀랍겠지만 이게 식단입니다. 유지만 님 레시피 진짜 사랑해♥
붉닭리조토인데 오트밀+아몬드 브리즈+버섯+불닭 소스 들어간 거라면 믿으실 비주얼입니까… 근데 또 맛이 진짜 거짓말 안 하고 웬만한 리조토 저리가라예요. 심각하게 맛있어요.

이건 진짜 미친 레시피! 닭찌 질린 거 어떻게 알고 이런 맛도리를…. 유지만 님 진짜 천재만재다.

덕분에 양배추 처리가 수월해졌어요.

칠리새우덮밥. 자랑 안 할 수가 없는 맛!

유지만 선생님, 제 인생 레시피입니다. 복받으세요.

요즘 정말 자주 해 먹는 샐러드 파스타. 유지만 님 샐러드 파스타 소스 정말 맛있답니다. 잔뜩 만들어두고 붓기만 하는 중.

구독자 Q&A

1. 채널을 시작하게 된 계기와 꾸준히 레시피를 만드는 원동력이 뭔가요?

처음부터 '채널을 크게 성장시켜야지'하는 계획은 없었어요. 취미로 요리를 하며 소소하게 생긴 저만의 단골 레시피를 기록하고자 영상을 업로드 했는데 생각보다 많은 분들이 후기와 함께 관심을 가져주셨어요. 그 소중한 말씀들이 원동력이 되어 지금까지 올 수 있었어요. 2년이라는 기간 동안 채널을 운영하며 크고 작은 우여곡절이 있었지만, 그 과정에서 저 자신도 크게 성장할 수 있었던 것 같아 구독자분들에게 항상 진심으로 감사한 마음입니다.

2. 유지만 님이 건강한 레시피를 특히 고집하시는 이유가 있을까요?

예전에 한 달 반 동안 PT를 받은 적이 있어요. 그때 삶은 달걀과 고구마만 먹는 식단은 도저히 오래 지속할 수 없겠더라고요. 그래서 체중 감량 속도는 조금 느리더라도 '맛있는 건강식'을 직접 만들어보자 결심했어요. 덕분에 체지방은 3kg 줄이고, 근육량은 1kg 늘릴 수 있었죠. 그 경험을 통해 식단에 스트레스 받지 않아도 건강한 다이어트가 가능하다는 걸 몸소 느꼈어요. 자극적인 음식만 찾던 입맛도 자연스럽게 바뀌었고, 지금까지 꾸준히 건강을 유지하고 있어요. 이런 제 경험이 누군가에게 작은 계기가 될 수 있기를 바라며 건강한 레시피를 만들고 있어요.

3. 시청자들에게 가장 사랑받은 유지만 님의 레시피는 무엇인가요?

포케 레시피가 높은 조회수 뿐만 아니라 가장 많은 후기를 받았어요. 제 채널이 크게 성장할 수 있도록 도와줘서 특히 애정하는 레시피이기도 하죠. 일반적으로 포케는 밖에서 사 먹기에 가격이 부담스럽고, 집에서 만들기는 번거롭다고 생각하시는 경향이 있어요. 하지만 최대한 쉬운 재료를 사용해 만드는 방법을 소개했기 때문에 많은 분들이 좋아해 주시는 것 같아요. 이 책에도 영상에서 공개하지 않은 새로운 포케 레시피를 담았으니 기대해 주세요!

4. 한 개의 레시피를 만드는 데 얼마나 걸리나요?

레시피마다 조금씩 다르지만, 연습부터 영상 제작까지 보통 5일 정도 걸려요. 기본적으로 한 레시피 당 세 번 이상 테스트하면서 '맛, 건강, 비주얼' 세 가지를 모두 통과한 레시피만을 보여드리고 있어요. 그 개발 과정들을 유지만 인스타그램에서 늘 공유하고 있답니다.

늘 새로운 레시피를 만들어야 하다 보니, 하루에 한 끼는 꼭 건강식을 직접 만들어 먹어요. 가끔 가족 외식이 있는 날에도 혼자 레시피 연습을 해야 할 때가 있어 그게 가장 힘들지만, '내 몸이 더 건강해지고 있다'는 생각에 감사한 마음으로 임하고 있어요.

참치 포케 세 가지 소스 연구 중

5 레시피가 너무 천재적인데 아이디어는 어디에서 얻으시나요?

안 믿으실 수도 있지만, 제 레시피 아이디어의 대부분은 저희 집 냉장고에서 시작돼요. 냉장고 안에서 시들어가는 부추를 보면 '부추를 활용한 레시피를 만들어볼까?'하고 냉장고 속 다른 재료들과 어떻게 조합할지 머릿속으로 여러 번 시뮬레이션 해보며 구상을 해요. 제 레시피 대부분이 쉽게 구할 수 있는 재료로 구성된 이유이기도 해요.

또, 요리를 전공한 셰프는 아니기 때문에 소스를 만들 때는 시판 제품의 원재료 표기를 참고해요. 거기서 인공첨가물이나 설탕은 빼고, 건강한 재료로 대체해 저만의 방식으로 새롭게 변형하죠.

6 가장 힘들게 연구한 레시피는 무엇인가요?

새우 마늘 피자예요. 여러 번의 시도 끝에 완성된 레시피라 저에게는 더 특별하게 느껴진답니다. 촬영을 여러 번 실패하고, 세 번째 촬영본에서는 마지막에 알룰로스를 뿌리는 걸 깜빡한 거예요. 그때 '그냥 올릴까, 아니면 다시 찍을까…' 수십 번 고민하다 '이왕 정성 들인 거, 더 완벽하게 만들어보자!'고 마음먹고 결국 네 번째 촬영 끝에 완성했어요. 그렇게 탄생한 이 영상은 현재 900만 조회수를 넘기며, 제 채널에서 조회수 1위를 기록하고 있을 만큼 많은 사랑을 받고 있어요. "노력은 배신하지 않는다"는 말을 온몸으로 느끼게 해준, 특히 애정이 가는 레시피랍니다.

7 요리를 전문적으로 배웠나요? 전공이 무엇인가요?

저는 간호대학을 졸업하고, 병원 입사 대기 중에 채널을 시작했어요. 전문적으로 요리를 배운 적은 없어서 요리를 취미로 갖기 전에는 달걀 프라이와 라면 끓이기밖에 할 줄 몰랐죠. 요리에 서툴렀지만, 약 1년 동안 영상과 요리책을 따라 만들며 조금씩 실력을 쌓았고, 레시피 수첩이 너덜너덜해질 정도로 매일같이 요리를 했어요.

요리를 전공하지 않았다는 점이 오히려 저에겐 장점이 되기도 해요. 초보자의 눈높이에서 생각할 수 있고, 고정 관념 없이 다양한 재료 조합을 과감히 시도할 수 있기 때문이에요. 그래서 간단하면서도 신선한 조합의 레시피들이 자연스럽게 만들어진 것 같아요.

8 본명이 유지만인가요? 어쩌다 채널 이름이 유지만이 되었나요?

사람 이름처럼 들리지만, 사실 '유지만'은 본명이 아니에요. 채널 초창기엔 다른 이름으로 시작했는데, 며칠이고 고민하던 어느 날 "그래, 잘 유지만 하자…" 생각하다가 문득 "유지만! 좋은데?"라는 생각이 들었어요. 건강한 라이프 스타일을 유지하는 데 누구보다 진심인 제 모습과 잘 어울리는 이름이 되었죠. '유지만'이라는 이름에 걸맞게, 초심을 잃지 않고 꾸준히 나아가기 위해 노력하고 있어요.

9 독자에게 하고 싶은 말이 있나요?

'진심으로 감사합니다.' 이 말 외엔 표현할 방법이 없어요. 여러분들의 "맛있게 먹었어요"라는 한마디가 저에게 큰 힘과 원동력이에요. 메뉴를 고민할 때마다 자연스럽게 열게 되는 냉장고처럼, 저는 여러분에게 '건강하고 맛있는 재료로 가득 찬 냉장고' 같은 존재가 되고 싶어요. 생각날 때마다 열어보고 찾아주세요. 앞으로도 여러분이 주신 관심과 사랑을 더 큰 행복으로 돌려드릴 수 있는 유지만이 되도록 늘 노력할게요. 진심으로 감사합니다.

PART 1

자극적인 배달 음식이 당길 때, 속세맛 레시피

다이어트 중 가장 참기 힘든 건 자극적이고 매운 음식의 유혹이죠. 한 번 길들여진 입맛은 쉽게 돌리기 어려워, 결국 건강한 식단을 포기하게 되곤 해요. 그래서 저는 샐러드만 먹는 단조로운 식단보다는, 먹고 싶은 기분을 어느 정도 충족시켜 주는 것이 진짜 지속 가능한 다이어트라고 생각해요. 속세맛 레시피는 괴로운 다이어트에서 벗어나 일상 속에서 즐거운 식사를 지속할 수 있는 첫걸음이 되어줄 거예요. 한번 사두면 오래 쓸 수 있는 소스로 구성해 누구나 쉽게 만들 수 있으니, 자극적인 음식이 당길 때 꼭 한번 도전해 보세요.

닭가슴살 양배추 카레

 속세맛   가스레인지   18분

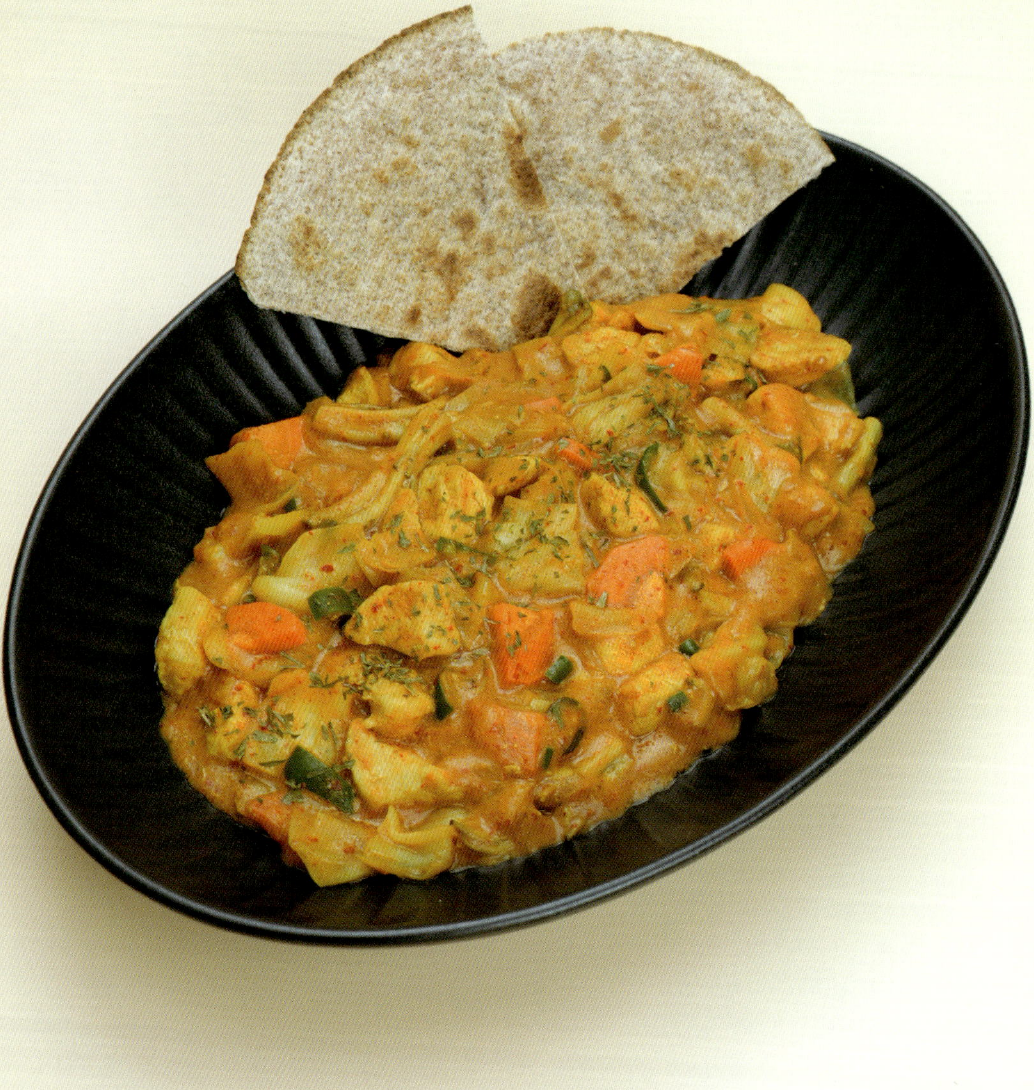

다이어트 중 카레가 생각날 때 자주 먹는 메뉴예요. 부드러운 카레에 식이 섬유 가득한 양배추로 포만감을 채우고, 청양고추로 매콤함까지 더했어요. 바삭하게 구운 또띠아를 카레에 푹 찍어 먹으며 인도 음식점에 온 듯한 기분을 즐겨보세요.

재료(1인분)

- 닭가슴살 100g
- 양배추 1줌(70g)
- 양파 1/4개
- 청양고추 1개
- 당근 20g
- 느타리버섯 40g
- 올리브오일 1숟가락
- 카레가루 3숟가락
- 고춧가루 1숟가락
- 아몬드브리즈 언스위트 1컵(190ml)
- 통밀 또띠아 1장
- 소금 약간(선택)
- 후추 약간

요리 초보 다이어터를 위한 TIP

▶ 딱딱한 당근은 잘 익을 수 있게 작게 썰어야 해요.
▶ 느타리버섯 대신 팽이버섯이나 새송이 버섯도 좋아요.
▶ 닭가슴살 스테이크, 큐브, 소시지 등 다양한 닭가슴살 가공품으로도 만들 수 있어요.
▶ 또띠아 대신 밥과 함께 먹어도 잘 어울려요.
▶ 아몬드브리즈가 없으면 우유 또는 귀리 우유 1컵을 넣어도 돼요.

조리법

1 양배추는 먹기 좋은 크기로, 양파는 채로 썰고, 청양고추는 작게 다진다.

2 당근은 작게 썰고, 느타리버섯은 찢고, 닭가슴살은 먹기 좋은 크기로 썬다.

3 팬에 올리브오일을 두르고, 양파와 닭가슴살을 넣고 중약불로 볶는다.

4 양파가 익으면 양배추, 당근, 버섯을 넣고 볶는다.

5 양배추의 숨이 죽으면 아몬드브리즈 언스위트, 카레가루, 고춧가루, 청양고추, 후추를 넣고 중불로 원하는 농도가 될 때까지 끓인다.
• 부족한 간은 소금으로 맞추세요.

6 팬에 통밀 또띠아를 노릇하게 구워 곁들인다.

불닭 크림 리조토

 속세맛 가스레인지 15분

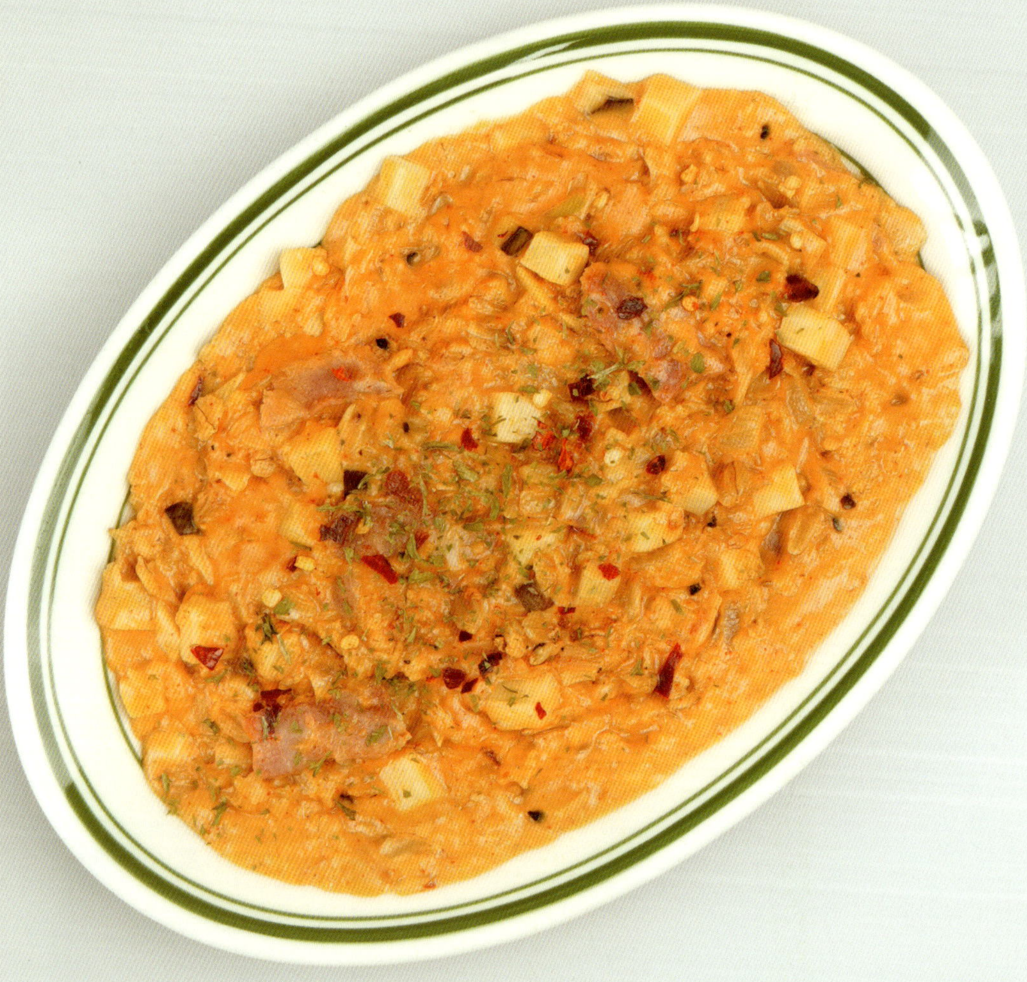

다이어트를 결심하고 사둔 오트밀이 처치 곤란이 되어버린 적 있으시죠? 저 또한 그런 경험이 있었는데요. 오트밀을 마치 양식집에서 사 먹는 듯한 리조토로 재탄생시키는 레시피를 소개할게요. 매콤한 불닭 소스까지 더한 맛으로 스트레스를 날려보세요.

재료(1인분)

베이컨 2줄
새송이버섯 1/2개(50g)
양파 1/2개
오트밀 크게 4숟가락(35g)
올리브오일 1숟가락
다진 마늘 1숟가락
페페론치노 2개
아몬드브리즈 언스위트 2컵(280ml)
불닭 소스 1숟가락
체다 치즈 1장
후추 약간
파슬리 약간

요리 초보 다이어터를 위한 TIP

▶ 베이컨 대신 닭가슴살이나 새우를 넣어도 잘 어울려요.
▶ 불닭 소스와 페페론치노는 취향에 따라 조절하세요. 불닭 소스 없이 고소한 크림 리조토로도 즐길 수 있어요.
▶ 불닭 소스의 당류가 부담되면, 저당 불닭 소스를 활용해도 돼요.
▶ 체다 치즈 대신 모차렐라 치즈 1줌을 넣어도 돼요.

조리법

1 새송이버섯과 양파는 작게 깍둑 썰고, 베이컨은 1cm 간격으로 자른다.

2 팬에 올리브오일을 두르고, 다진 마늘과 양파, 페페론치노를 찢어 넣고 중약불로 볶는다.

3 마늘이 노릇해지면 버섯과 베이컨을 넣고 중약불로 볶는다.

4 버섯이 익으면 아몬드브리즈 언스위트를 넣고 중불로 끓인다.

5 끓기 시작하면 오트밀, 체다 치즈, 불닭 소스, 후추를 넣고 원하는 농도가 될 때까지 잘 젓는다.

6 접시에 담고 파슬리를 뿌려 마무리한다.

양배추
고깃집
볶음밥

 속세맛　 가스레인지　 12분

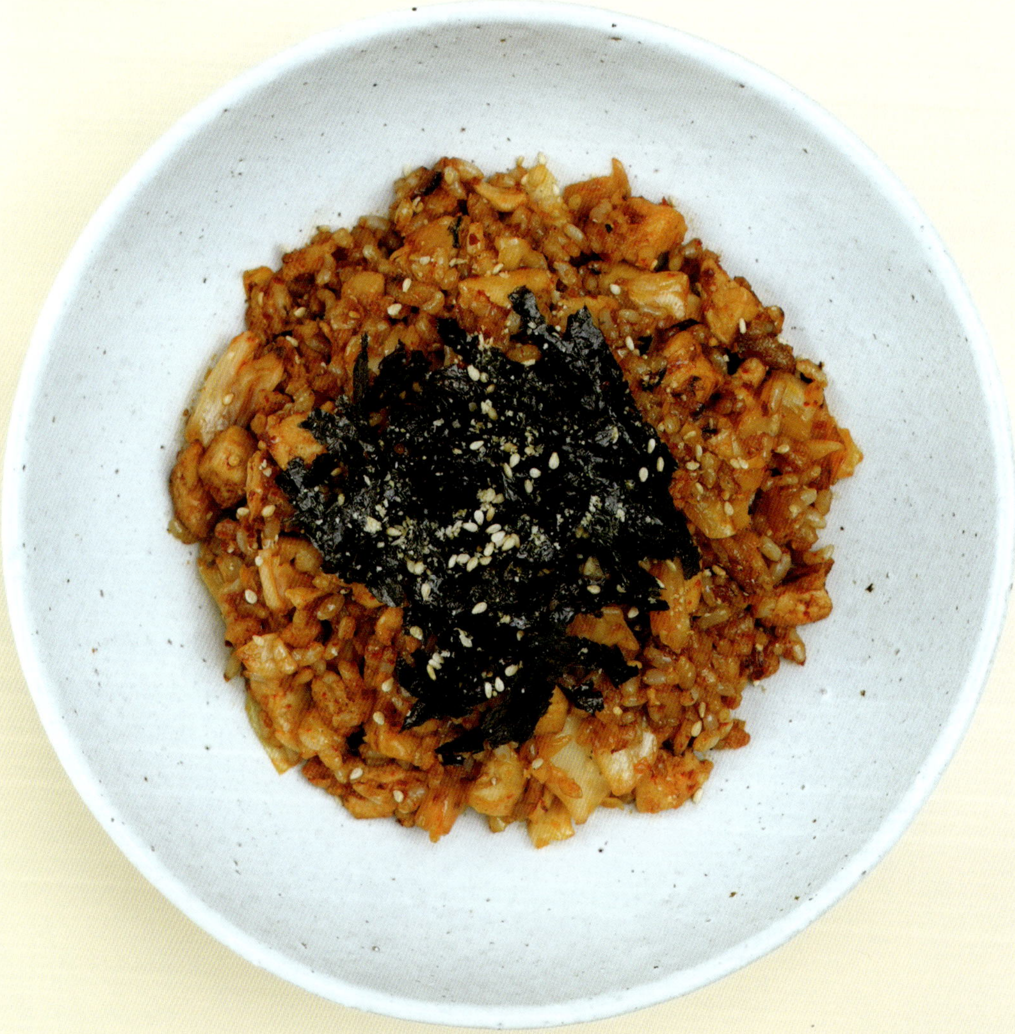

닭가슴살을 매번 같은 방식으로만 먹다 보면 점점 질리죠. 어떻게 하면 닭가슴살을 맛있고 즐겁게 먹을 수 있을지 고민하다 개발한 레시피예요. 집에 흔히 있는 소스로 식당만큼의 감칠맛을 만들 수 있고, 적은 양의 밥으로도 포만감 가득한 한 끼를 챙길 수 있어 적극 추천해요.

재료(1인분)

- 양배추 2줌(100g)
- 닭가슴살 100g
- 올리브오일 1숟가락
- 다진 마늘 1숟가락
- 밥 크게 3숟가락(100g)
- 진간장 1숟가락
- 스리라차 소스 0.5숟가락
- 고춧가루 1숟가락
- 저당 굴소스 0.5숟가락
- 김가루 약간
- 참기름 1숟가락
- 깨 약간

요리 초보 다이어터를 위한 TIP

▶ 닭가슴살 큐브, 소시지, 스테이크 등 다양한 닭가슴살 가공품을 활용할 수 있어요.
▶ 닭갈비집 볶음밥 맛을 내고 싶으면 깻잎과 얇게 썬 고구마를 넣어도 좋아요.
▶ 더욱 속세맛으로 즐기고 싶으면 완성 후 모차렐라 치즈나 체다 치즈를 올려 전자레인지에 1분 30초 정도 돌리세요.
▶ 설거지가 번거롭다면 그릇은 생략, 팬에서 바로 퍼먹는 재미도 좋아요.

조리법

1 양배추와 닭가슴살을 먹기 좋은 크기로 작게 썬다.

2 팬에 올리브오일을 두르고 다진 마늘과 닭가슴살을 넣어 중약불에서 볶는다.

3 닭가슴살의 겉면이 익으면 양배추를 넣고 볶는다.

4 양배추의 숨이 죽으면 팬의 한쪽에 진간장, 스리라차 소스, 고춧가루, 저당 굴소스를 넣어 살짝 끓인다.

5 소스가 끓어 오르면 재료와 잘 섞은 다음, 밥을 넣어 중불에서 꾹꾹 눌러 볶는다.
• 꾹꾹 눌러 볶으면 눌은밥의 고소한 맛을 낼 수 있어요.

6 그릇에 담고 김가루와 참기름, 깨를 뿌려 마무리한다.

두부 참치 볶음밥

속세맛

가스레인지

12분

애매하게 남은 두부를 어떻게 하면 맛있게 활용할 수 있을까 고민하다가 떠올린 메뉴예요. 두부를 고슬고슬하게 볶아 고기 같은 식감을 만들고, 매콤하고 감칠맛 도는 소스로 속세의 맛을 완성시켰어요. 한입 먹자마자 "이건 대박이다"라고 외쳤을 정도로 맛보장 레시피이니 맛있게 단백질 충전하시길 바라요!

영상과 함께 보세요!

재료(1인분)

두부 1/2모(150g)

밥 크게 3숟가락(100g)

참치 1캔(100g)

양파 1/4개

대파 1줌(25g)

다진 마늘 0.5숟가락

올리브오일 1숟가락

저당 굴소스 1숟가락

스리라차 소스 1숟가락

알룰로스 0.5숟가락

고춧가루 0.5숟가락

참기름 1숟가락

김가루 약간

깨 약간

요리 초보 다이어터를 위한 TIP

▶ 당근, 애호박, 버섯 등 집에 있는 자투리 채소를 추가해도 좋아요.

▶ 매운 걸 잘 못 먹는 분들은 고춧가루 대신 후추를 약간 넣으세요.

▶ 스리라차 소스가 없으면 저당 고추장 0.3숟가락을 넣거나, 부족한 간만 굴소스로 맞추세요.

▶ 참치는 생략하거나 달걀 프라이나 닭가슴살 등 다른 단백질 재료로 대신해도 좋아요.

▶ 김가루 대신 김에 싸 먹는 것도 꿀조합이라 추천해요.

조리법

1 팬에 두부를 으깨 넣고 중불로 볶는다.
- 숟가락이나 손으로 으깨면 돼요.

2 두부의 수분이 어느 정도 날아가면, 밥을 넣어 중약불로 볶는다.

3 팬 가운데에 자리를 만들어 올리브오일과 다진 마늘을 넣고, 양파와 대파는 가위로 작게 잘라 넣고 볶는다.

4 양파가 반 정도 익으면, 저당 굴소스, 스리라차 소스, 알룰로스, 고춧가루를 넣고 중불로 3분 정도 볶는다.

5 불을 끄고 참기름을 넣어 섞는다.
- 불을 끄고 넣어야 참기름의 고소한 향이 날아가지 않아요.

6 그릇에 볶음밥, 기름을 뺀 참치를 담고 김가루와 깨를 뿌려 마무리한다.

땡초 꼬마 김밥

 속세맛  가스레인지   20분

저희 어머니는 냉장고 자투리 채소를 활용한 김밥을 자주 만들어 주시는데요. 어느 날 땡초 김밥을 만드시는 모습을 보고 '밥 대신 양배추를 넣으면 어떨까?'라는 아이디어가 번뜩 떠올라 만든 레시피예요. 땡초의 매콤함 덕분에 자꾸만 손이 가는 중독적인 맛이에요. 고소한 마요네즈에 콕 찍어 더욱 맛있게 즐겨보세요!

영상과 함께 보세요!

재료(1인분)

- 양배추 2줌(120g)
- 당근 2/3개(80g)
- 청양고추 5개(50g)
- 닭가슴살 소시지 2개(100g)
- 밥 크게 3숟가락(100g)
- 올리브오일 1숟가락
- 다진 마늘 1숟가락
- 진간장 1숟가락
- 저당 굴소스 1숟가락
- 알룰로스 1숟가락
- 저당 마요네즈 1숟가락
- 김밥 김 2~3장
- 참기름 1숟가락
- 깨 약간

요리 초보 다이어터를 위한 TIP

▶ 닭가슴살 소시지 대신 큐브, 스테이크 등 다양한 닭가슴살 가공품을 활용할 수 있어요.
▶ 김밥 말기가 번거롭다면 그냥 볶음밥으로 먹어도 맛있어요.
▶ 볶은 당근 대신 단무지를 작게 다져 넣어도 잘 어울려요.
▶ 청양고추의 양은 취향에 따라 조절하세요.

조리법

1 양배추, 당근, 청양고추를 칼이나 다지기로 작게 다진다.
- 딱딱한 당근은 다지기를 쓰는 게 편해요.

2 김밥 김은 2등분하고, 닭가슴살 소시지는 길게 4등분한다.

3 팬에 올리브오일을 두르고, 다진 채소와 다진 마늘을 넣어 중불로 2분 정도 볶는다.

4 채소의 수분이 어느 정도 날아가면 진간장, 저당 굴소스, 알룰로스를 넣고 볶다가 재료들이 잘 섞이면 불을 끄고 밥, 참기름과 깨를 넣고 섞는다.

5 김밥 김 위에 볶은 밥을 펼치고 닭가슴살 소시지를 하나씩 올려 단단하게 만다.
- 김이 쪼그라들지 않게 밥을 한 김 식힌 후 올리세요.

6 김과 칼에 참기름을 살짝 바른 다음 썰고 깨를 뿌린 뒤 저당 마요네즈를 곁들여 취향껏 찍어 먹는다.

마제
두부
덮밥

 속세맛　 가스레인지　 14분

일본식 비빔면인 마제 소바가 떠오르는 비주얼이죠. 마제 소바에 들어가는 다진 돼지고기 대신 으깬 두부를, 면 대신 현미밥을, 고추기름 대신 스리라차를 사용해 더욱 부담 없이 즐길 수 있어요. 매콤하게 볶은 두부와 향긋한 부추를 함께 비벼 먹으면 마제 소바 스타일의 두부 요리에 깜짝 놀라실 거예요.

재료(1인분)

- 두부 1/2모(150g)
- 부추 1줌(20g)
- 밥 크게 3숟가락(100g)
- 양파 1/2개
- 청양고추 1개
- 다진 마늘 1숟가락
- 달걀 1개
- 올리브오일 1숟가락
- 진간장 1.5숟가락
- 저당 굴소스 0.5숟가락
- 알룰로스 0.5숟가락
- 스리라차 소스 1숟가락
- 참기름 1숟가락
- 순후추 약간
- 깨 약간

요리 초보 다이어터를 위한 TIP

▶ 부추 대신 쪽파나 대파를 조금 잘라 넣어도 돼요.
▶ 매운 걸 못 드신다면 청양고추는 생략해도 되지만, 속세의 맛을 위해 순후추는 꼭 넣으세요.
▶ 스리라차 소스 대신 고춧가루 0.5~1숟가락을 넣어도 돼요. 부족한 간은 굴소스로 맞추세요.

조리법

1 부추는 1cm 길이로, 양파와 청양고추는 작게 다진다.

2 팬에 두부를 으깨 올리고 중불로 볶는다.
• 숟가락으로 누르거나 손으로 주물러 으깨면 돼요.

3 두부의 수분이 어느정도 날아가면 중약불로 줄이고, 팬의 한쪽에 올리브오일, 다진 마늘, 양파, 청양고추를 넣어 2분간 볶다가 두부와 잘 섞는다.

4 달걀노른자는 따로 남겨두고, 팬의 한쪽에 흰자만 넣어 스크램블 한 후 잘 섞는다.

5 진간장, 저당 굴소스, 알룰로스, 스리라차 소스, 순후추를 넣고 2분간 더 볶는다.

6 밥 위에 볶은 두부와 부추, 달걀노른자를 올리고, 참기름과 깨를 뿌려 마무리한다.

양배추 신전 치즈 김밥

 속세맛   가스레인지   전자레인지   18분

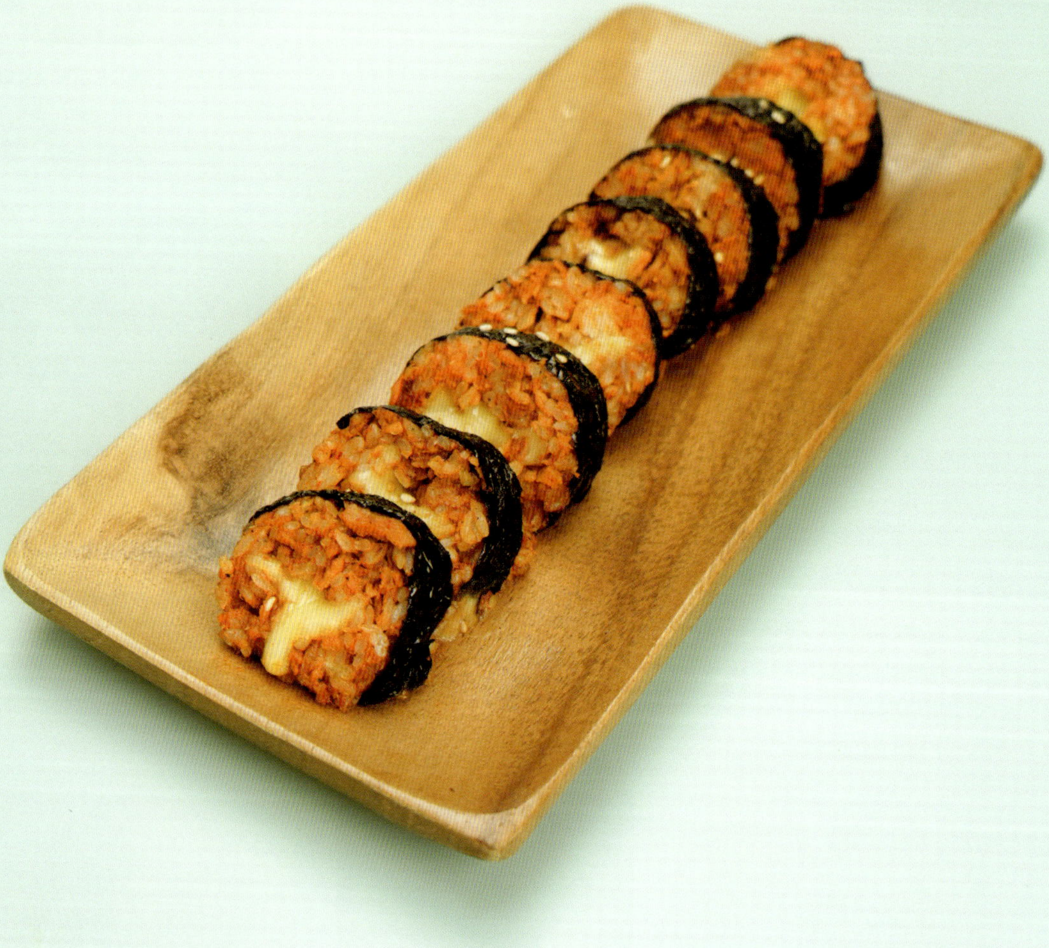

신전 떡볶이의 치즈 김밥과 싱크로율 100%를 넘어 더 맛있다고 느낀 레시피예요. 밥 양을 줄이고, 양배추를 듬뿍 넣어 다이어트 중에도 부담 없이 먹기 좋은 김밥이에요. 쭈욱 늘어나는 치즈까지 정말 매력적이니 꼭 한번 드셔보시길 바라요.

재료(1인분)

- 양배추 2줌(120g)
- 참치 1캔(100g)
- 밥 크게 3숟가락(100g)
- 다진 마늘 1숟가락
- 올리브오일 1숟가락
- 알룰로스 1숟가락
- 스리라차 소스 2숟가락
- 고춧가루 0.5숟가락
- 진간장 1숟가락
- 참기름 1숟가락
- 순후추 약간
- 김밥 김 1.5장
- 모차렐라 치즈 1줌(35g)

요리 초보 다이어터를 위한 TIP

▶ 고춧가루가 없으면 생략해도 되지만, 속세의 맛을 더해줄 순후추는 꼭 넣으세요.
▶ 스리라차 소스 대신 저당 고추장 1숟가락을 넣어도 돼요.
▶ 김밥 말기가 번거롭다면 그냥 볶음밥으로 먹어도 좋아요.
▶ 마지막에 깨를 뿌려도 좋아요.

조리법

1 양배추는 칼이나 다지기로 작게 다지고, 참치는 기름을 빼둔다.
- 참치는 숟가락으로 꾹 눌러 기름을 완전히 빼세요.

2 팬에 올리브오일을 두르고, 다진 마늘과 양배추를 넣고 중약불에서 볶는다.

3 양배추의 숨이 죽으면 참치, 알룰로스, 스리라차 소스, 고춧가루, 진간장을 넣고 중불에서 볶는다.
- 간장은 팬 가장자리에 부어 자글자글 끓였다가 섞으세요.

4 모든 재료가 잘 섞이면 밥을 넣어 볶다가 불을 끄고, 참기름, 순후추를 뿌려 섞는다.
- 불을 끄고 넣어야 참기름의 고소한 향이 날아가지 않아요.

5 김밥 김 한 장과 반 장을 끝에 물을 묻혀 길게 이어 붙이고, 볶은 밥과 모차렐라 치즈를 올려 만다.
- 적당히 힘을 주어 단단하게 마세요

6 김과 칼에 참기름을 살짝 발라 썰고, 전자레인지에 1분 30초 또는 에어프라이어 180도에 5분 돌려 치즈를 녹인다.
- 에어프라이어를 사용하면 김이 눅눅해지지 않아요.

고추장
새송이버섯
덮밥

 속세맛 가스레인지 전자레인지 12분

새송이버섯은 구우면 고기인지 헷갈릴 정도로 쫄깃한 식감과 촉촉한 즙이 매력적이죠. 매콤한 소스에 졸인 새송이버섯을 부드러운 두부밥에 하나씩 올려 먹는 재미가 있는 덮밥이에요. 여러 번의 테스트를 거쳐 기존보다 더 간단하고 맛있게 업그레이드 했으니 매콤한 걸 좋아하신다면 꼭 드셔보세요.

재료(1인분)

새송이버섯 1개
두부 1/3모(100g)
밥 크게 3숟가락(100g)
양파 1/2개
청양고추 1개
올리브오일 1숟가락
물 5숟가락
달걀노른자 1개
참기름 1숟가락
깨 약간

- 고추장 소스
저당 고추장 0.5숟가락
저당 굴소스 0.8숟가락
다진 마늘 0.5숟가락
고춧가루 0.5숟가락
물 1숟가락

요리 초보 다이어터를 위한 TIP

▶ 새송이버섯 대신 팽이버섯이나 느타리버섯으로 만들어도 잘 어울려요.
▶ 매운걸 못 드신다면, 청양고추는 생략 가능해요.

조리법

1 새송이버섯은 0.5cm 두께로 모양을 살려 썬다. 양파는 도톰하게 채 썰고, 청양고추는 작게 다진다.

2 그릇에 고추장 소스 재료를 넣고 잘 섞는다.

3 팬에 올리브오일을 두르고, 양파를 넣어 중약불로 볶다가 양파가 반 정도 익으면 약불로 줄인다. 팬 가운데 자리를 만들어 새송이버섯과 물을 넣은 후 버섯을 뒤집어가며 익힌다.
- 물이 부족하면 더 넣어도 돼요.

4 버섯이 익으면 만들어 둔 고추장 소스와 청양고추를 넣고 양념이 잘 배게 볶는다.

5 그릇에 두부를 넣고 으깬 후 밥을 넣고 섞는다. 전자레인지에 2분 돌린 후 다시 잘 섞어 두부밥을 만든다.
- 두부는 숟가락으로 누르거나 손으로 주물러 으깨면 돼요.

6 두부밥 위에 볶은 양파와 버섯, 달걀노른자를 올리고, 참기름과 깨를 뿌려 마무리한다.

애호박 두부 짜글이

가성비 가스레인지 18분

제 레시피 중 손에 꼽힐 정도로 많은 극찬의 후기가 있었던 레시피예요. '감자짜글이에서 감자를 애호박으로 바꾸면 어떨까'라는 아이디어로 시작한 레시피인데 달큰한 애호박과 매콤한 고추장 양념이 정말 잘 어울려요. 한 번 만들어 두면 두 끼는 해결할 수 있도록 2인분으로 알려 드릴게요. 하지만 맛있어서 한 번에 다 먹게 될지도 몰라요.

재료(2인분)

두부 2/3모(200g)
애호박 1개
양파 1/2개
청양고추 2개
올리브오일 1.5숟가락

- 짜글이 양념장

저당 고추장 1숟가락
고춧가루 1숟가락
알룰로스 1숟가락
진간장 1숟가락
참치액 1숟가락
다진 마늘 1숟가락
순후추 0.3숟가락
물 1/2컵

- 덮밥 재료(1인분)

밥 크게 4숟가락(130g)
참기름 1숟가락
김가루 약간
깨 약간

요리 초보 다이어터를 위한 TIP

▶ 두부는 부침용 두부나 찌개용 두부 모두 사용 가능해요.
▶ 청양고추의 양은 취향껏 조절하세요.
▶ 전자레인지에 데워 먹기 좋아서 도시락 메뉴로도 추천해요.
▶ 남은 짜글이는 밀폐 용기에 담아 3일까지 냉장 보관할 수 있어요.

조리법

1 애호박은 도톰하게 반달로, 양파는 작게 깍둑 썰고, 청양고추는 작게 다진다.

2 그릇에 짜글이 양념장 재료를 넣어 섞고, 두부는 숟가락으로 으깬다.
- 두부는 취향에 따라 작게 깍둑 썰어도 좋아요.

3 냄비에 올리브오일을 두르고, 애호박과 양파를 중약불로 볶는다.

4 애호박이 반 정도 익으면 으깬 두부와 짜글이 양념장, 청양고추를 넣어 중불에서 7분 정도 끓인다.

5 그릇에 밥을 담고 위에 짜글이를 올린 다음 김가루, 깨, 참기름을 뿌려 잘 비벼 먹는다.

촉촉 제육 덮밥

 가성비   가스레인지   15분

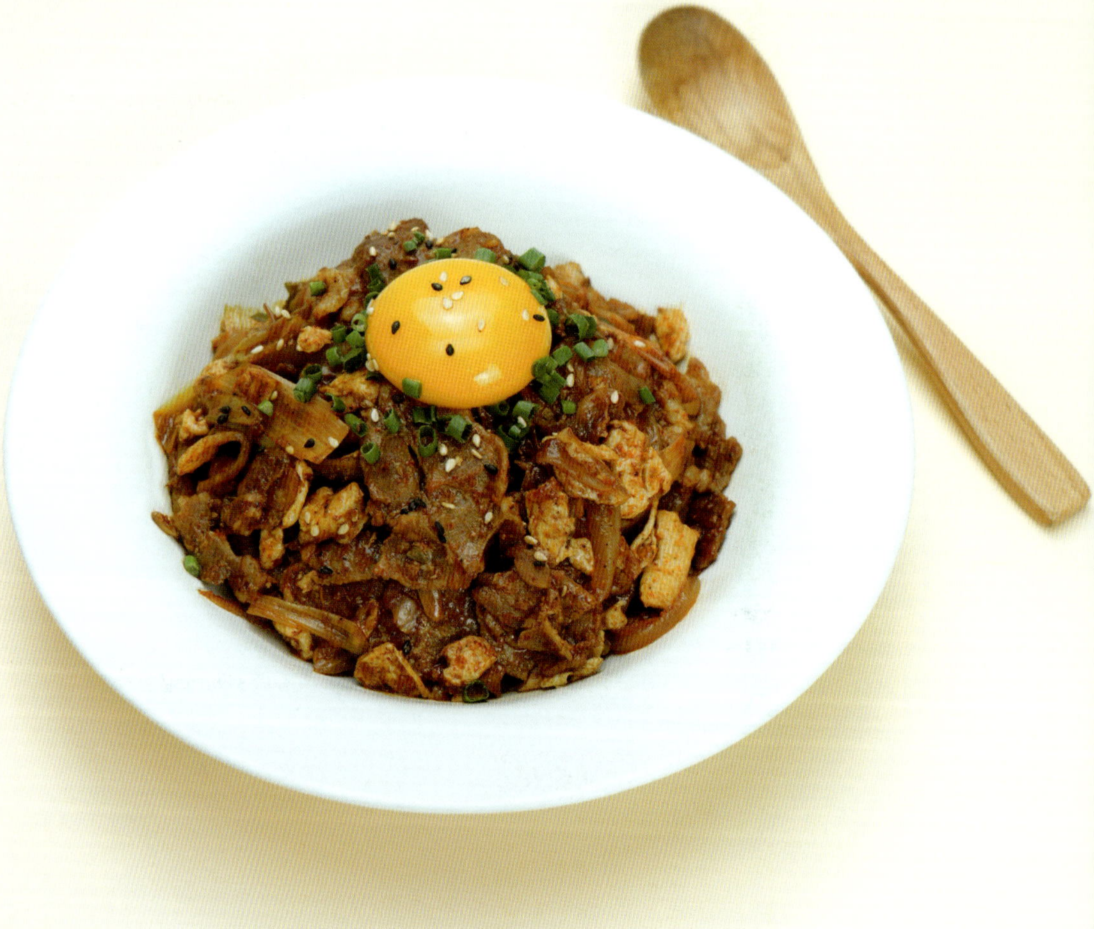

분식집 하면 떠오르는 추억의 메뉴 중 하나는 바로 국물 자작한 제육덮밥이죠. 저도 정말 좋아하는 메뉴이지만, 건강을 생각하면 기름진 고기와 소스가 부담스러울 때가 많아요. 그래서 기름은 최소한으로 줄이고, 채소를 듬뿍 넣어 더 건강하게 즐길 수 있는 제육덮밥으로 만들었어요. 특히 매콤한 고추장 소스는 분식집 못지않은 감칠맛이라 자신 있게 추천 드려요.

재료(1인분)

냉동 대패 목살 100g
양파 1/4개
대파 1줌(30g)
밥 크게 4숟가락(130g)
올리브오일 0.5숟가락
맛술 1숟가락
다진 마늘 0.5숟가락
달걀 1개
참기름 1숟가락
깨 약간
쪽파 약간(선택)

• 고추장 소스
저당 고추장 0.5숟가락
고춧가루 0.5숟가락
진간장 0.5숟가락
저당 굴소스 0.5숟가락
물 1/2컵
순후추 0.3숟가락

요리 초보 다이어터를 위한 TIP

▶ 달걀노른자 대신 달걀 프라이를 곁들여도 돼요.
▶ 맛술에는 은은한 단맛이 있어요. 맛술이 없으면 고추장 소스에 알룰로스 0.5숟가락을 더해 단맛을 채우세요.
▶ 양파 대신 양배추를 작게 깍둑 썰어 넣어도 돼요.

조리법

1 냉동 대패 목살은 먹기 좋게 자르고, 양파는 채 썰고, 대파는 어슷 썬다.

2 그릇에 고추장 소스 재료를 넣고 섞는다.

3 팬에 올리브오일을 두르고, 대패 목살과 맛술을 넣어 핏기가 사라질 때까지 중약불로 굽는다.
• 맛술은 고기의 잡내를 날려줘요.

4 다진 마늘, 양파, 대파를 넣고 2분 정도 볶다가, 달걀노른자는 따로 남겨두고 흰자만 스크램블 해서 같이 볶는다.

5 양파가 익으면 고추장 소스를 부어 원하는 만큼 졸인다.

6 밥 위에 제육 볶음과 달걀노른자를 올리고, 참기름과 깨, 쪽파를 뿌려 마무리한다.

매콤
팽이버섯
덮밥

 속세맛　 가스레인지　 전자레인지　 15분

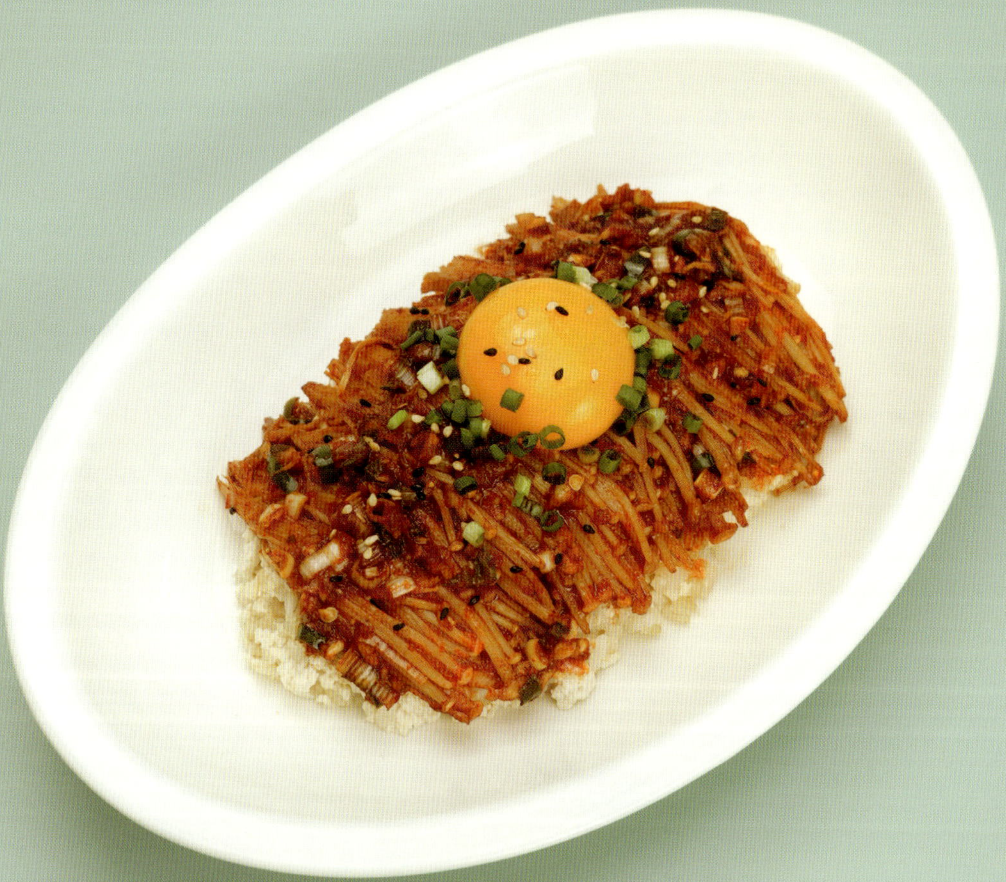

한때 SNS에서 대유행했던 불닭 팽이버섯을 기억하시나요? 매콤한 소스와 팽이버섯 조합은 말이 필요 없을 정도로 완벽한데요. 쉬운 재료로 만들 수 있는 더 건강한 매콤 팽이버섯 덮밥을 알려드릴게요. 부드러운 두부밥에 매콤한 팽이버섯이 오독오독 씹히는 매력을 느껴보세요.

재료(1인분)

두부 1/3모(100g)
팽이버섯 1봉(100g)
대파 흰 부분 20g
청양고추 1개
밥 크게 3숟가락(100g)
올리브오일 1숟가락
달걀노른자 1개
참기름 1숟가락
깨 약간
쪽파 약간(선택)

- 덮밥 소스
고춧가루 1숟가락
진간장 1숟가락
스리라차 소스 1숟가락
알룰로스 0.5숟가락
저당 굴소스 0.5숟가락
다진 마늘 0.5숟가락
물 4숟가락

요리 초보 다이어터를 위한 TIP

▶ 달걀노른자 대신 달걀 프라이를 곁들여도 좋아요.
▶ 스리라차 소스 대신 진간장 0.5숟가락을 추가해도 돼요.

조리법

1 팽이버섯은 밑동을 자르고 포를 뜨듯 5~6개로 떼어둔다. 대파 흰 부분은 송송 썰고, 청양고추는 작게 다진다.
• 밑동을 너무 많이 잘라 팽이버섯이 흩어지지 않도록 주의하세요.

2 그릇에 덮밥 소스 재료와 대파, 청양고추를 넣고 섞는다.

3 그릇에 두부를 넣고 숟가락으로 으깬 후 밥을 넣고 섞는다. 전자레인지에 2분 돌린 후 다시 잘 섞는다.
• 두부의 수분을 날리게 랩을 씌우지 마세요.

4 팬에 올리브오일을 두르고, 팽이버섯을 중약불로 빠르게 앞뒤로 굽는다.
• 너무 오래 익히면 질겨질 수 있어요.

5 버섯이 노릇해지면 소스를 반만 올린다. 소스가 보글보글 끓으면 뒤집어서 남은 소스를 모두 올리고 한 번씩 더 뒤집어 익힌다.

6 그릇에 두부밥을 담고 구운 버섯과 달걀노른자, 참기름, 깨, 쪽파를 올려 마무리한다.

라이스페이퍼 엽기떡볶이

 속세맛  가스레인지   18분

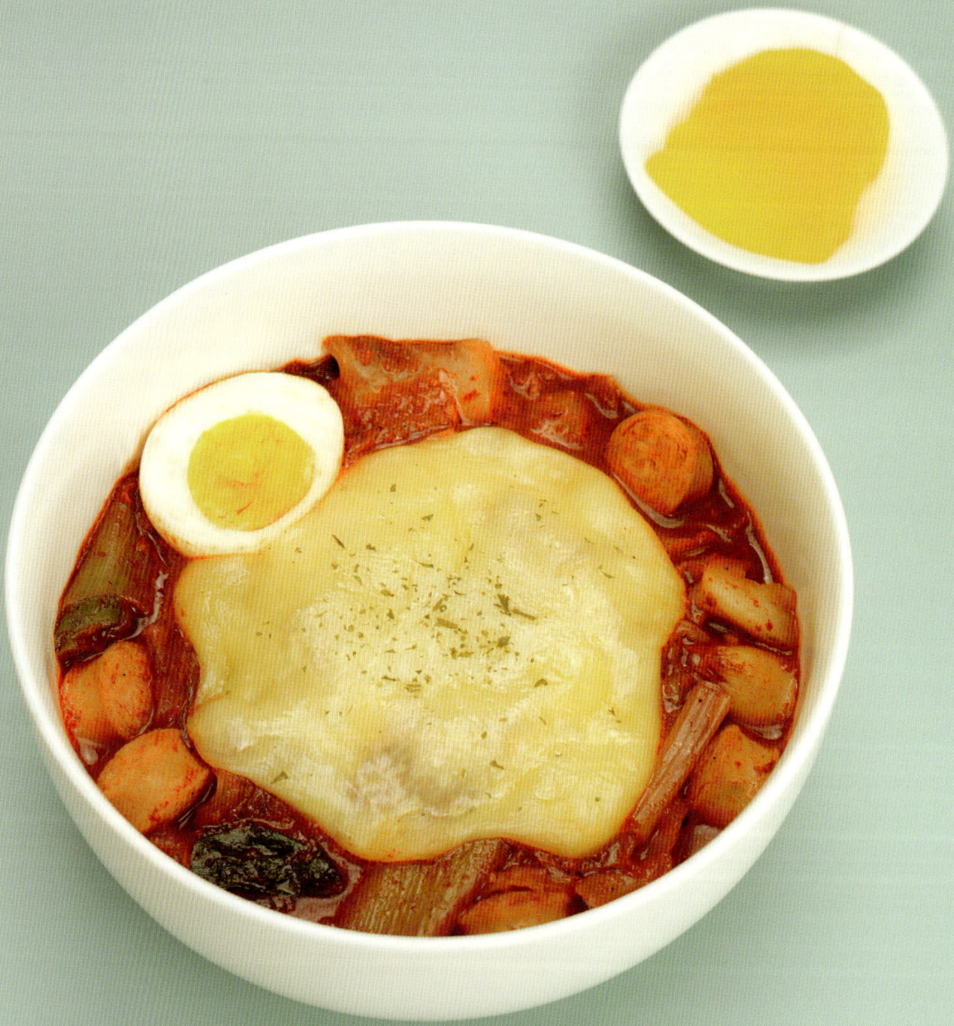

아무리 건강한 입맛으로 바뀌어도 스트레스 받는 날에는 매운 떡볶이가 생각나요. 한번 시켜 먹으려면 배달비뿐만 아니라 기름지고 자극적인 양념에 건강에도 좋지 않죠. 그래서 수많은 테스트 끝에 엽기떡볶이의 양념 맛을 최대한 비슷하게 구현했고, 채소는 아낌없이 넣어 더 건강하게 만들었어요. 라이스페이퍼는 당면처럼 오래 불릴 필요가 없고, 적은 양으로도 떡의 쫀득한 식감을 충족시킬 수 있어요. 다이어터에게는 한줄기 빛과 같은 레시피랍니다.

재료(1인분)

라이스페이퍼 3장
양배추 2줌(100g)
닭가슴살 소시지 2개(100g)
대파 1줌(50g)
삶은 달걀 1개
모차렐라 치즈 1줌(35g)
물 2컵
코인 육수 1알

- 떡볶이 소스

고춧가루 2숟가락
올리브오일 1숟가락
알룰로스 1숟가락
다진 마늘 0.5숟가락
저당 고추장 0.5숟가락
저당 굴소스 0.5숟가락
진간장 0.5숟가락
순후추 0.5숟가락

요리 초보 다이어터를 위한 TIP

▶ 닭가슴살 소시지 대신 다른 닭가슴살 가공품도 가능해요.
▶ 엽떡 순한 맛 정도이니, 더 매운맛을 원하면 청양고추를 넣거나 고춧가루와 후추의 양을 늘려도 좋아요.
▶ 카레가루 0.5숟가락을 더해 감칠맛을 올려도 좋아요.
▶ 코인 육수가 없으면 참치액 또는 멸치 액젓 1숟가락을 넣어도 돼요.

조리법

1 대파는 어슷하게, 양배추는 한입 크기로 깍둑 썰고, 닭가슴살 소시지는 먹기 좋게 자른다. 그릇에 떡볶이 소스 재료를 넣고 섞는다.

2 라이스페이퍼 3장 중 1장만 물에 적신 다음 가운데에 끼워 3장을 겹쳐 붙이고 가위로 길게 자른다.
- 라이스페이퍼끼리 잘 붙도록 고루 누르세요.

3 냄비에 대파, 양배추, 닭가슴살 소시지, 코인 육수를 넣고 물을 부어 중불로 끓인다.

4 양배추의 숨이 죽으면 삶은 달걀과 떡볶이 소스를 넣어 잘 섞는다.

5 양배추가 충분히 익으면 잘라둔 라이스페이퍼를 넣어 중약불로 3분 정도 끓인다.
- 서로 달라붙지 않도록 띄워서 넣으세요.

6 약불로 줄이고 모차렐라 치즈를 뿌린 다음 뚜껑을 덮어 녹인다.

스팸 두부 짜글이

 속세맛 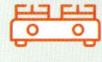 가스레인지   18분

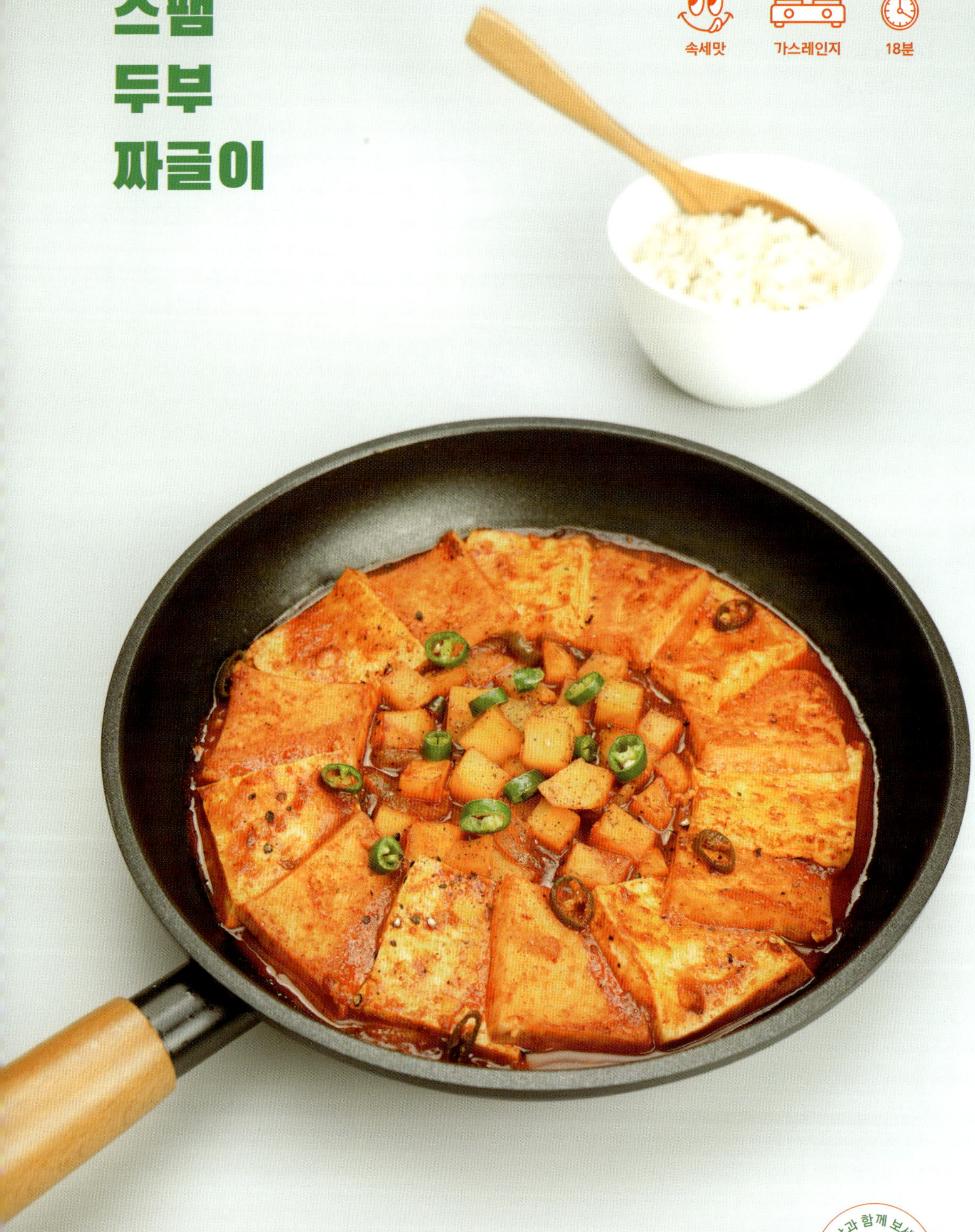

일반 통조림 햄보다 염분과 지방이 낮은 닭가슴살 햄으로 만드는 짜글이예요. 뜨끈한 밥 위에 건더기와 국물을 얹어 먹으면 사 먹는 짜글이 부럽지 않은 맛이죠. 매콤하고 칼칼한 메뉴가 생각날 때는 이 레시피로 든든한 한 끼를 챙겨보세요!

재료(2인분)

닭가슴살 햄 1캔(200g)
두부 1모(300g)
양파 1/2개
감자 1개
청양고추 1개
올리브오일 1숟가락
코인 육수 1알
물 1컵

- 짜글이 양념
진간장 1숟가락
고춧가루 1숟가락
알룰로스 1.5숟가락
저당 고추장 1숟가락
다진 마늘 0.5숟가락
순후추 0.5숟가락

요리 초보 다이어터를 위한 TIP

▶ 염분이 두 배 첨가된 일반 스팸을 사용할 경우 고추장과 진간장의 양을 반으로 줄이세요.
▶ 코인 육수가 잘 녹을 수 있게 작게 잘라 넣어도 돼요.
▶ 코인 육수가 없으면 참치액 또는 멸치액젓 1숟가락을 넣어도 돼요.
▶ 감자는 작은 크기를 사용했어요.

조리법

1 닭가슴살 햄과 두부를 도톰하게 썬다.

2 양파는 채로, 감자는 작게 깍둑 썰고, 청양고추는 송송 썬다.
- 딱딱한 감자는 잘 익을 수 있게 작게 썰어야 해요.

3 그릇에 짜글이 양념 재료를 넣고 섞는다.

4 팬에 올리브오일과 짜글이 양념, 양파를 넣고 약불에 볶는다.
- 양념이 타지 않게 최대한 약불로 줄여 천천히 볶아요.

5 양파가 반 정도 익으면 불을 끈 후 두부와 닭가슴살 햄을 번갈아가며 빙 둘러 올리고, 가운데에 감자를 넣는다.

6 물, 코인 육수, 청양고추를 넣고 감자가 익을 때까지 중불로 끓인다.
- 두부에 양념이 잘 배도록 국물을 끼얹어 가며 끓이세요. 감자가 덜 익었으면 물을 추가해 더 끓이세요.

단백질 폭탄
부대찌개

 속세맛    가스레인지   18분

찌개 좋아하는 분들에게 부대찌개가 또 빠질 수 없죠. 부대찌개의 얼큰한 국물 맛은 살리되, 채소와 두부를 듬뿍 넣어 건강하게 즐길 수 있는 요리를 소개할게요. 닭가슴살 소시지와 햄을 넣어 단백질까지 든든하게 챙길 수 있답니다. 재료를 손질해 한 번에 끓이기만 하면 되는 간단한 레시피이니 가족과 함께 맛있게 만들어 드시길 바라요.

영상과 함께 보세요!

재료(2인분)

닭가슴살 소시지 2개(100g)
닭가슴살 햄 1/2캔(100g)
두부 1/3모(100g)
느타리버섯 1줌(30g)
양파 1/2개
대파 1줌(50g)
청양고추 1개
신 김치 2숟가락(30g)
물 2컵

- 부대찌개 양념

고춧가루 2숟가락
다진 마늘 1숟가락
참치액 1숟가락
진간장 1숟가락
알룰로스 0.5숟가락
저당 고추장 0.5숟가락
순후추 0.3숟가락

요리 초보 다이어터를 위한 TIP

▶ 닭가슴살 햄과 닭가슴살 소시지 중 한 가지만 넣어도 돼요.
▶ 버섯은 새송이버섯, 팽이버섯 등 취향껏 넣으세요.
▶ 신 김치 대신 생김치를 넣을 때는 양념 재료에 알룰로스를 생략해도 돼요. 단맛이 부족하면 조금 넣으세요.
▶ 양념에 케첩 1숟가락을 추가하면 사먹는 느낌의 익숙한 감칠맛을 더할 수 있어요.
▶ 마지막에 체다 치즈 1장을 올리면 더욱 속세맛으로 즐길 수 있어요.

조리법

1 닭가슴살 소시지, 닭가슴살 햄, 두부를 적당한 크기로 썬다.

2 느타리버섯은 밑동을 자른 후 가닥가닥 뜯고, 양파는 채로, 대파는 어슷 썰고, 청양고추는 송송 썬다.

3 그릇에 부대찌개 양념 재료를 섞어 두고, 신 김치는 가위로 먹기 좋게 자른다.

4 냄비에 양파, 대파를 깔고, 닭가슴살 소시지와 햄, 두부, 버섯, 신 김치, 청양고추, 부대찌개 양념을 올리고, 물을 부어 중불로 끓인다.

- 재료에 양념이 잘 배도록 국물을 끼얹어가며 끓이세요.

매콤 콩불

 속세맛  가스레인지   12분

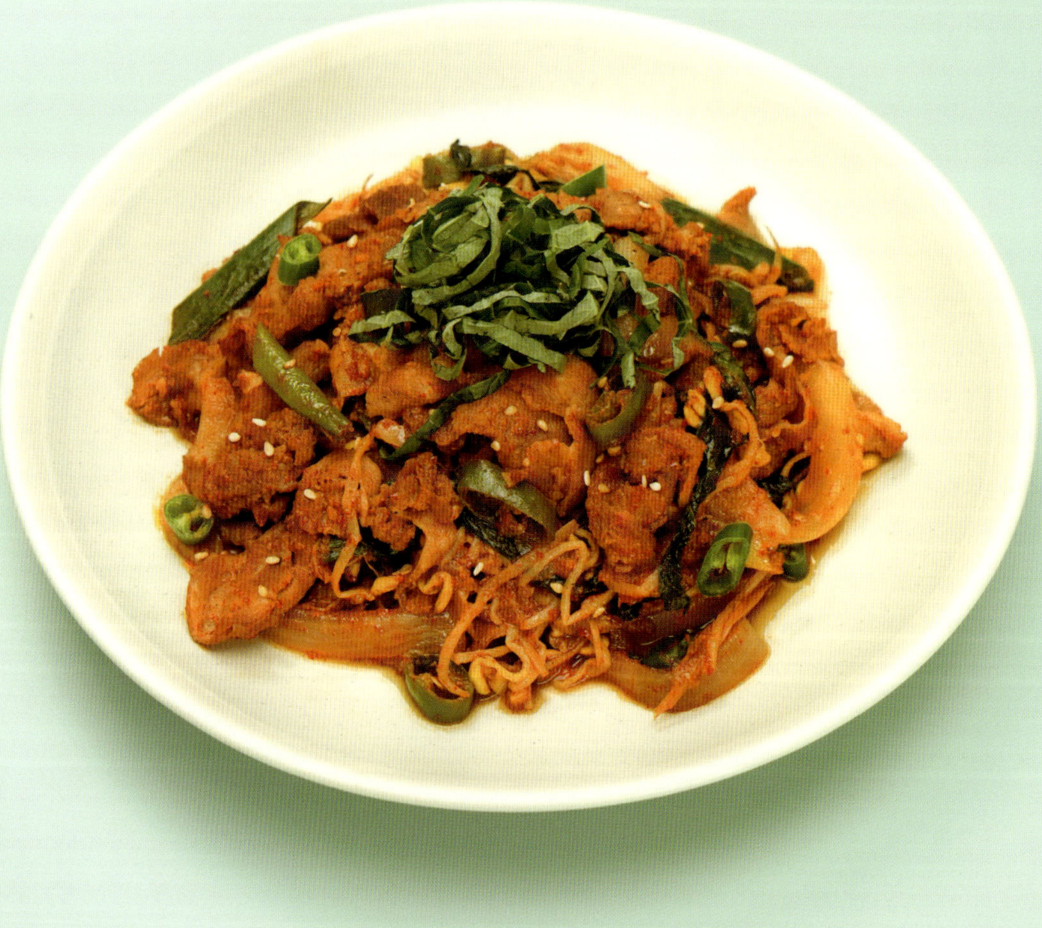

가족들과 다 함께 맛있게 먹었다는 후기가 정말 많았던 콩불 레시피로, 특히 양념에 대한 칭찬이 많았는데요. 여러 번의 시도 끝에 완성한 최적의 양념 조합이니, 고물가 시대에 저렴한 콩나물로 든든한 한 끼를 즐겨보세요.

재료(2인분)

콩나물 2줌(150g)
냉동 대패 목살(200g)
양파 1/2개
대파 1줌(50g)
청양고추 1~2개
깻잎 6장
깨 약간

- 콩불 양념
고춧가루 2숟가락
진간장 1숟가락
알룰로스 1숟가락
맛술 1숟가락
저당 굴소스 1숟가락
저당 고추장 0.5숟가락
다진 마늘 0.5숟가락
순후추 0.3숟가락

요리 초보 다이어터를 위한 TIP

▶ 고기 종류는 취향껏 고르세요. 대패 삼겹, 우삼겹 등 구이용 얇은 고기면 돼요.
▶ 4번 과정에서 팽이버섯, 느타리버섯 등 좋아하는 버섯을 넣어도 좋아요.
▶ 맛술은 고기의 잡내를 날려줘요. 없으면 생략해도 괜찮아요.

조리법

1 콩나물은 흐르는 물에 씻어 물기를 털어내고, 깻잎은 길게 자른다.

2 양파는 채로, 대파는 어슷하게, 청양고추는 송송 썬다.

3 그릇에 콩불 양념 재료를 넣고 섞는다.

4 팬에 콩나물, 양파, 대파, 청양고추, 대패 목살, 양념장을 순서대로 올린다.

5 약불로 켜놓고 대패 목살이 어느 정도 녹으면 가위로 먹기 좋게 자른 후 중불로 빠르게 볶는다.
- 약불로 오래 볶으면 채소에서 물이 많이 나와요.

6 재료들이 익고 숨이 죽으면 불을 끄고 깻잎과 깨를 넣고 섞어 마무리한다.

PART 2

비싸게 사 먹을 필요 없는 맛보장 포케 & 샐러드 레시피

요즘 같은 고물가에 포케나 샐러드를 매번 사 먹기엔 부담스럽고, 소스 성분도 믿기 어렵죠. 그래서 포케를 정말 좋아하는 제가 여러 시행착오 끝에 직접 개발했어요. 채널 초창기부터 지금까지 구독자분들의 수많은 후기와 함께 꾸준히 사랑받고 있답니다. 마트에서 흔히 구할 수 있는 재료만 사용해 누구나 쉽게 접근할 수 있고, 직장인 도시락으로도 제격입니다. 무엇보다 유튜브에는 공개하지 않은 책 한정 레시피까지 담았으니 꼭 주목해 주세요.

새우 크래미 포케

 속세맛　 가스레인지　 18분

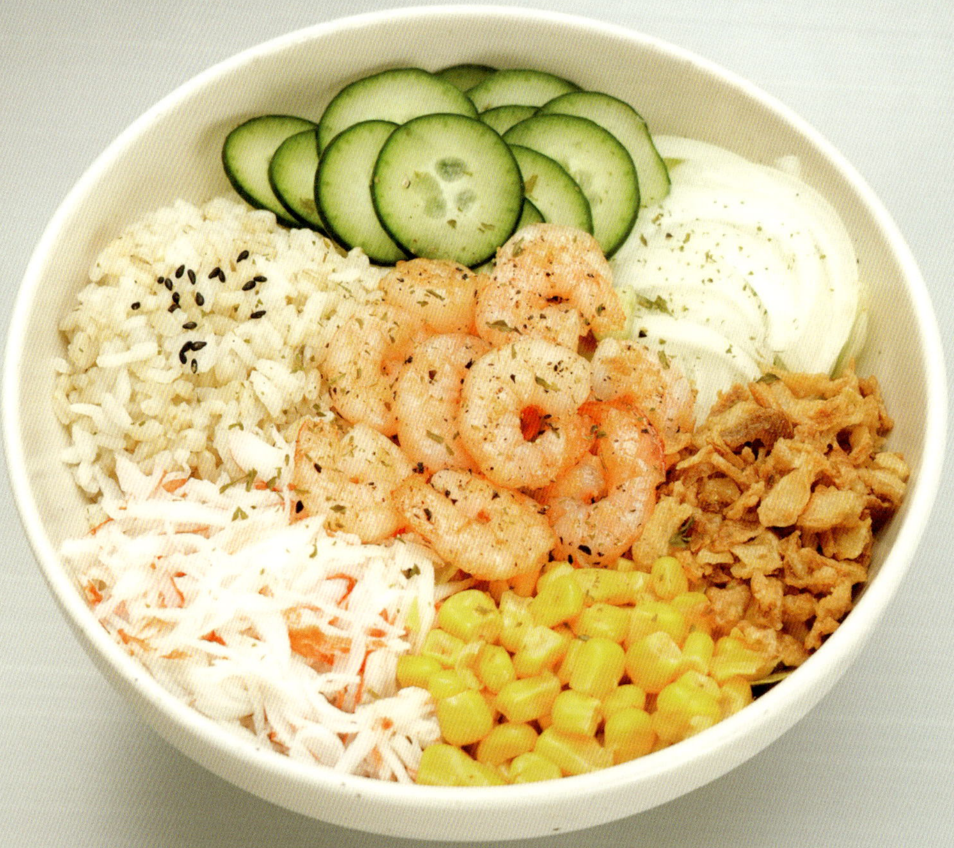

요즘 포케 한 그릇 가격이 만오천 원을 훌쩍 넘죠. 이 레시피는 집에서도 쉽고 저렴하게 맛있는 포케를 만들 수 있어 많은 사랑을 받은 유지만의 대표 포케예요. 채널 초창기부터 꾸준히 인기 있는 레시피로, 특히 만능 드레싱 소스는 다양한 샐러드에도 활용하기 좋아요.

재료(1인분)

양상추 1줌(70g)
냉동 새우 10마리
양파 1/4개
오이 1/4개
크래미 3조각(60g)
무가당 스위트콘 2숟가락
양파 플레이크 2숟가락(선택)
올리브오일 0.5숟가락
후추 약간
파슬리 약간(선택)
—
밥 크게 3숟가락(100g)
참기름 1숟가락
소금 1꼬집

- 만능 드레싱 소스
올리브오일 1숟가락
진간장 1숟가락
알룰로스 1숟가락
식초 1숟가락
레몬즙 1숟가락
저당 마요네즈 0.5숟가락
와사비 0.3숟가락
(또는 스리라차 소스 1숟가락)

요리 초보 다이어터를 위한 TIP

▶ 양상추 대신 얇게 채 썬 양배추를 넣어도 돼요.
▶ 양파 플레이크는 바삭한 식감과 풍미를 올려줘요. 양파 플레이크 대신 다진 견과류를 넣어 바삭한 식감과 고소함을 살려도 좋아요.
▶ 만능 드레싱 소스는 다양한 샐러드에 활용할 수 있어요.
▶ 스리라차 소스는 새콤 매콤한 맛으로, 와사비는 깔끔하고 톡 쏘는 맛으로 즐길 수 있어요.

조리법

1 냉동 새우는 찬물에 5분 정도 담가 해동하고, 양상추는 먹기 좋게 찢는다.
• 해동한 새우의 꼬리를 떼세요. 양상추는 물기를 완전히 털어내세요.

2 양파와 오이는 얇게 썰고, 크래미는 포크로 긁어 잘게 찢는다.
• 양파는 찬물에 10분 정도 담가 매운맛을 빼도 좋아요.

3 팬에 올리브오일을 두르고 중약불로 새우를 노릇해질 때까지 굽고, 불을 끈 뒤 팬에서 열기를 식힌다.

4 그릇에 만능 드레싱 소스 재료를 넣고 잘 섞는다.

5 그릇에 밥, 참기름, 소금을 넣고 섞는다.
• 소금은 취향껏 조절하세요.

6 그릇에 양상추를 펼친 다음 밥, 양파, 오이, 크래미, 무가당 스위트콘, 구운 새우, 양파 플레이크를 올리고, 만능 드레싱 소스와 후추, 파슬리를 뿌린다.
• 드레싱 소스의 양이 넉넉하니 취향껏 조절하세요.

참치
마요
포케

  속세맛   12분

집에 항상 있는 참치캔을 활용한 포케로, 알싸한 참치 마요에 시원한 채소를 더했어요. 간단한 건강식을 원하는 자취생들에게 특히 사랑받은 레시피예요. 더위에 지치고 힘든 여름날, 불 쓸 필요 없이 간단하고 부담 없이 즐겨보세요.

재료(1인분)

참치 1캔(100g)
양파 1/4개
오이 1/4개
방울토마토 4개
양상추 1줌(70g)
청양고추 1개
무가당 스위트콘 2숟가락
양파 플레이크 2숟가락(선택)
후추 약간
파슬리 약간(선택)
—
밥 크게 3숟가락(100g)
참기름 1숟가락
식초 1숟가락
소금 1꼬집

- 와사비 마요 소스
알룰로스 1숟가락
저당 마요네즈 1숟가락
깨 0.5숟가락
와사비 0.3숟가락
진간장/스리라차 소스/저당 머스터드 중 택 1숟가락

요리 초보 다이어터를 위한 TIP

▶ 간장은 깔끔한 맛, 스리라차 소스는 매콤한 맛, 머스터드는 새콤 달콤한 맛으로 즐길 수 있어요.
▶ 머스터드 대신 홀그레인 머스터드를 0.3~0.5숟가락을 넣어도 돼요. 신맛이 강하면 알룰로스를 취향껏 넣으세요.
▶ 양상추 대신 얇게 채 썬 양배추를 넣어도 좋아요.
▶ 양파 플레이크는 바삭한 식감과 풍미를 더해줘요. 양파 플레이크 대신 다진 견과류로 바삭한 식감과 고소함을 살릴 수 있어요.

조리법

1 양파는 얇게 채로, 오이는 반 갈라 반달 썰고, 방울토마토는 반으로 자른다.
- 양파는 찬물에 10분 정도 담가 매운맛을 빼도 좋아요.

2 양상추는 먹기 좋게 찢고, 청양고추는 작게 다진다.
- 양상추는 물기를 완전히 털어내세요.

3 그릇에 기름 뺀 참치와 와사비 마요 소스 재료, 청양고추를 넣고 잘 섞는다.
- 깨는 손으로 으깨어 넣으세요.

4 그릇에 밥을 담고, 참기름, 식초, 소금을 넣어 섞는다.
- 소금은 취향껏 조절하세요.

5 그릇에 양상추를 펼친 다음 밥, 양파, 오이, 방울토마토, 무가당 스위트콘, 양파 플레이크, 참치 마요를 올리고, 후추와 파슬리를 뿌린다.

훈제 오리 포케

 속세맛　 가스레인지　 18분

새우나 닭가슴살이 질릴 때 색다르게 즐기기 좋은 훈제 오리 포케 레시피예요. 드레싱은 시판 사우전드 아일랜드 드레싱의 원재료를 참고해, 쉽게 구할 수 있는 재료로 만들 수 있도록 직접 개발했어요. 훈제 오리와 정말 잘 어울려 자신 있게 추천 드려요.

영상과 함께 보세요!

재료(1인분)

훈제 오리 100g
양상추 1줌(70g)
양파 1/4개
토마토 1/2개
오이 1/4개
청양고추 1개
삶은 달걀 1개
무가당 스위트콘 2숟가락
양파 플레이크 2숟가락(선택)
파슬리 약간(선택)
—
밥 크게 3숟가락(100g)
참기름 1숟가락
소금 1꼬집

- 초간단 사우전드 아일랜드 드레싱
저당 마요네즈 1숟가락
저당 케첩 1숟가락
저당 머스터드 1숟가락
알룰로스 1숟가락
식초 1숟가락
레몬즙 0.5숟가락
소금 1꼬집
후추 약간

요리 초보 다이어터를 위한 TIP

▶ 양상추 대신 얇게 채 썬 양배추도 가능해요.
▶ 양파 플레이크는 바삭한 식감과 풍미를 더해줘요. 양파 플레이크 대신 다진 견과류를 넣어 바삭한 식감과 고소함을 살려도 좋아요.
▶ 머스터드 대신 홀그레인 머스터드를 0.3~0.5숟가락 넣어도 돼요. 신맛이 강하면 알룰로스를 취향껏 넣으세요.
▶ 훈제 오리 대신 닭가슴살도 어울려요.

조리법

1 끓는 물에 훈제 오리를 넣어 2분 정도 데치고, 건져내 열기를 식힌다.

2 양파와 오이는 얇게 썰고, 삶은 달걀은 도톰하게 썬다.
- 양파는 찬물에 10분 정도 담가 매운맛을 빼도 좋아요.

3 토마토는 작게 깍둑 썰고, 청양고추는 작게 다지고, 양상추는 먹기 좋게 찢는다.
- 양상추는 물기를 완전히 털어내세요

4 그릇에 초간단 사우전드 아일랜드 드레싱 재료와 청양고추를 넣고 잘 섞는다.

5 그릇에 밥, 참기름, 소금을 넣고 잘 섞는다.
- 소금은 취향껏 조절하세요.

6 그릇에 양상추를 펼친 다음 밥, 양파, 토마토, 오이, 스위트콘, 삶은 달걀, 훈제 오리, 양파 플레이크를 올리고, 드레싱 소스와 파슬리를 뿌린다.

참치 유부 포케

 초간단   8분

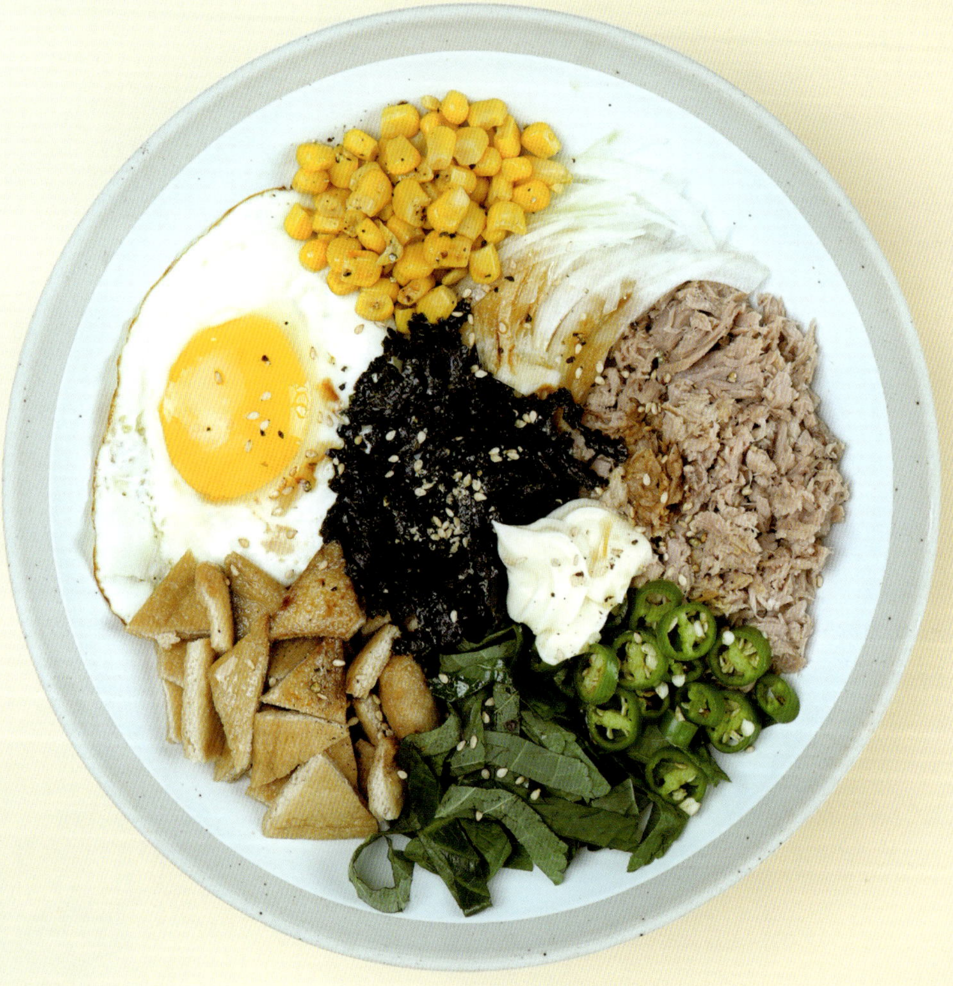

유부에 하나씩 속을 채워 넣는 번거로움 없이 간단하게 비벼 먹는 유부 포케예요. 달걀 프라이와 참치로 단백질을 더 채웠고, 불을 쓰지 않아 더운 여름에도 부담 없이 만들 수 있어요. 쉬운 재료만 들어가 후딱 싸는 도시락 메뉴로도 추천 드려요.

재료(1인분)

초밥용 유부 6장
참치 1캔(100g)
양파 1/4개
밥 크게 3숟가락(100g)
깻잎 5장
청양고추 1개(선택)
무가당 스위트콘 2숟가락
달걀 프라이 1개
김가루 약간

- 초간단 간장 드레싱
진간장 1숟가락
저당 마요네즈 0.5숟가락
참기름 1숟가락
깨 약간
후추 약간

요리 초보 다이어터를 위한 TIP

▶ 양상추, 채썬 양배추, 상추 등을 더해도 좋고, 구운 버섯을 넣어도 좋아요.
▶ 구운 두부를 추가해도 잘 어울려요.
▶ 달걀 프라이 대신 전자레인지로 수란을 만들어도 좋아요.(21p 참고)
▶ 취향에 따라 청양고추는 생략해도 좋아요.

조리법

1 유부는 소스를 적당히 짜고, 참치는 기름을 빼고, 양파는 얇게 채 썬다.
- 양파는 찬물에 10분 정도 담가 매운맛을 빼도 좋아요.

2 그릇에 밥, 양파, 기름 뺀 참치를 담는다.

3 가위로 깻잎, 청양고추, 유부를 먹기 좋은 크기로 잘라 올린다.
- 매운 청양고추는 최대한 작게 잘라요.

4 무가당 스위트콘, 달걀 프라이, 김가루를 올린 뒤 초간단 간장 드레싱 재료를 뿌려 잘 섞어 먹는다.

두부 버섯 포케

 가성비　 가스레인지　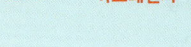 15분

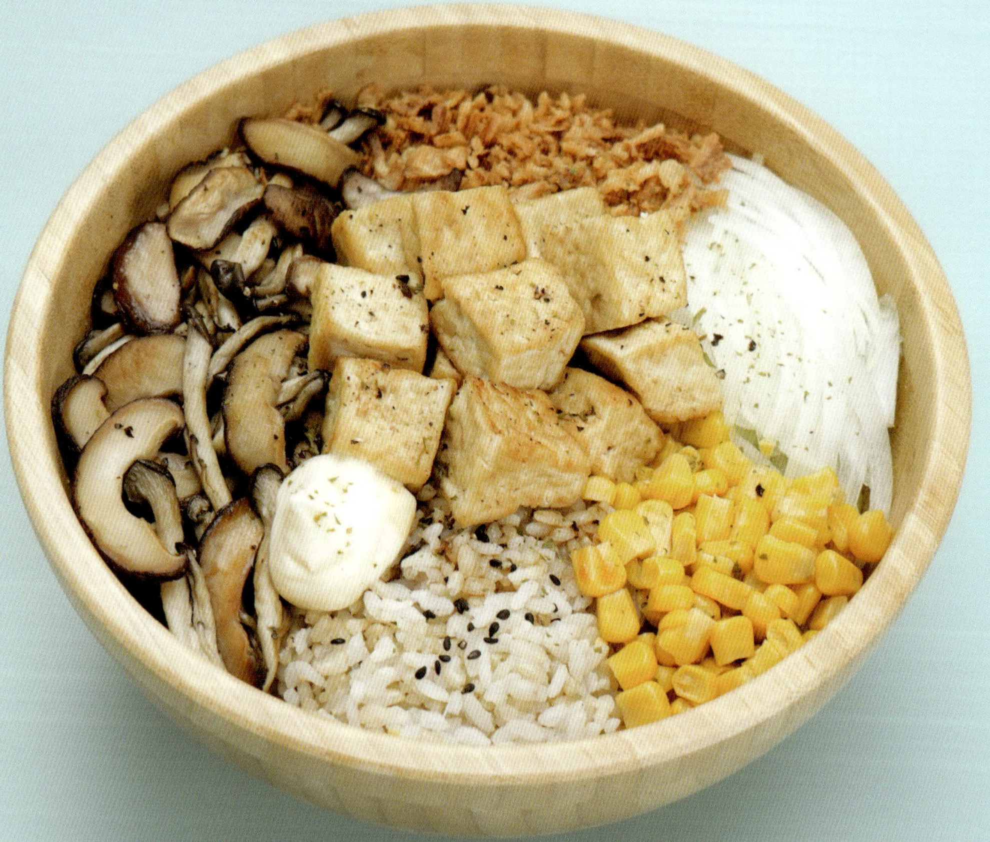

건강에도 좋고 가성비까지 좋은 두부. 다이어트 필수 재료라 자주 먹다 보니 점점 질리죠. 두부를 좀 더 색다르게 맛있게 먹을 수 있는 포케 레시피를 소개합니다. 노릇하게 구운 두부에 향긋한 표고버섯을 더해 고소하면서 상큼한 포케를 부담 없이 즐겨보세요!

재료(1인분)

두부 1/2모(150g)
양상추 1줌(70g)
양파 1/4개
표고버섯 4개(50g)
느타리버섯 1줌(50g)
올리브오일 1숟가락
소금 2꼬집
무가당 스위트콘 2숟가락
양파 플레이크 2숟가락(선택)
―
밥 크게 3숟가락(100g)
참기름 1숟가락
소금 1꼬집

- 초간단 간장 드레싱
진간장 1숟가락
알룰로스 1숟가락
식초 1숟가락
저당 마요네즈 0.5숟가락
레몬즙 0.5숟가락
깨 약간
후추 약간

요리 초보 다이어터를 위한 TIP

▶ 양상추 대신 얇게 채 썬 양배추를 넣어도 좋아요.
▶ 향이 진한 표고버섯이 가장 잘 어울리지만, 좋아하는 버섯으로 바꿔도 돼요.
▶ 부침용 두부, 찌개용 두부 모두 가능해요. 찌개용 두부는 잘 부서지니 구울 때 조심하세요.
▶ 양파 플레이크는 바삭한 식감과 풍미를 더해줘요. 양파 플레이크 대신 다진 견과류를 넣어 바삭한 식감과 고소함을 살려도 좋아요.

조리법

1 양파는 얇게 채 썰고, 양상추는 먹기 좋게 찢는다.
- 양파는 찬물에 10분 정도 담가 매운 맛을 빼도 좋아요.

2 두부는 깍둑, 표고버섯은 편으로 썰고, 느타리버섯은 밑동을 자른 후 가닥가닥 뜯는다.

3 팬에 올리브오일을 두르고, 두부와 버섯, 소금을 넣고 중약불로 볶다가, 노릇해지면 접시에 옮겨 열기를 식힌다.
- 두부는 모든 면을 노릇하게 골고루 구우세요.

4 그릇에 밥, 참기름, 소금을 넣고 잘 섞는다.
- 소금은 취향껏 조절하세요.

5 그릇에 양상추를 펼친 다음 밥, 양파, 구운 두부와 버섯, 무가당 스위트콘, 양파 플레이크를 올리고, 초간단 간장 드레싱 재료를 뿌려 잘 섞어 먹는다.

우삼겹 포케

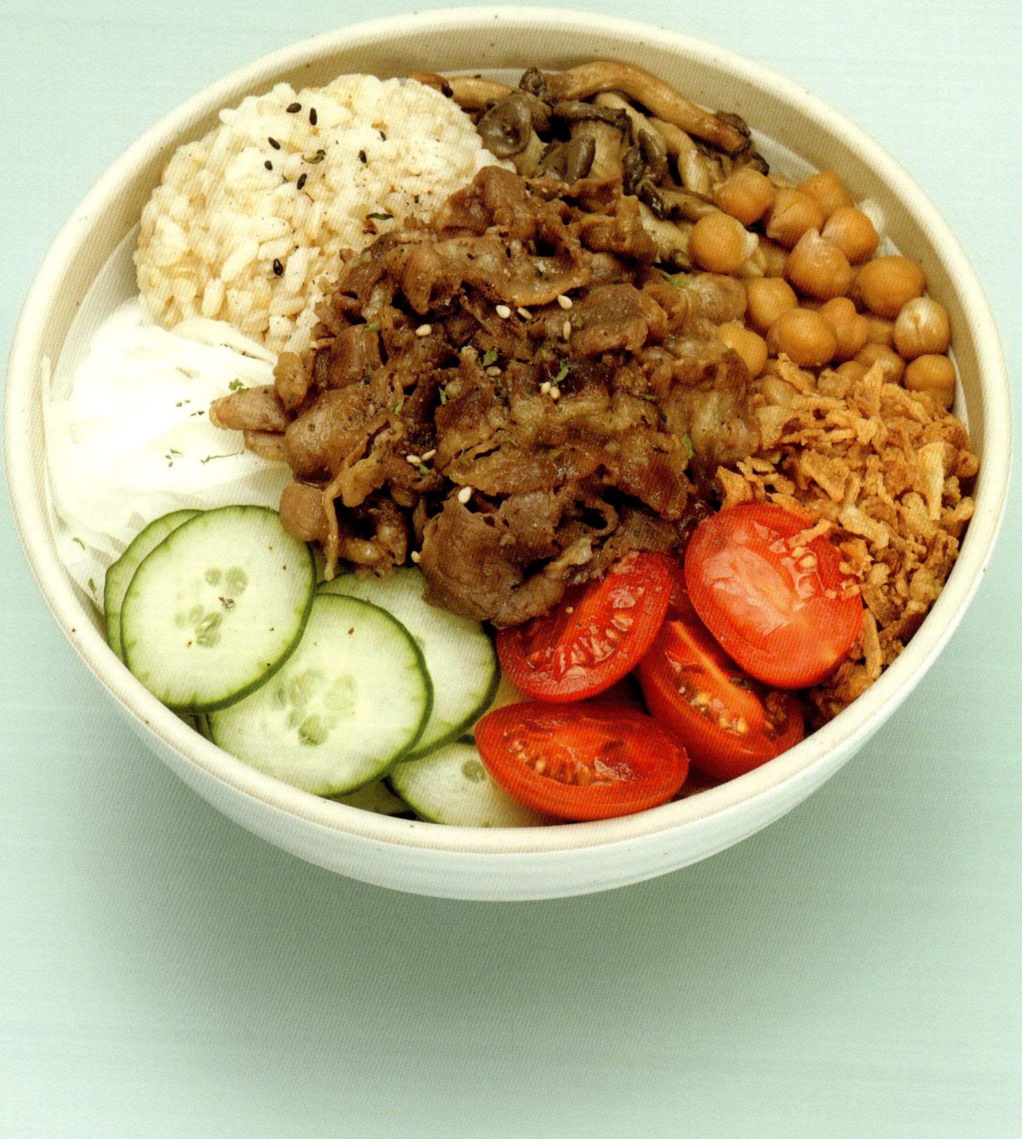

부드럽고 고소한 육즙이 매력적인 우삼겹에 초간단 땅콩 마요 소스를 곁들이면, 한입 먹는 순간 감탄이 절로 나오는 속세의 맛이에요. 더 가볍게 즐기고 싶은 날을 위한 드레싱도 함께 준비했으니, 기분에 따라 골라보세요. 단백질을 색다르게 챙기고 싶을 때, 든든하게 즐기기 좋은 포케로 추천 드려요.

재료(1인분)

우삼겹 120g

양상추 1줌(70g)

느타리버섯 1줌(50g)

양파 1/4개

오이 1/4개

방울토마토 4개

삶은 병아리콩 2숟가락

양파 플레이크 2숟가락(선택)

진간장 1숟가락

알룰로스 0.5숟가락

후추 약간

—

밥 크게 3숟가락(100g)

참기름 0.5숟가락

소금 1꼬집

- 땅콩 마요 소스

무가당 땅콩 버터 0.5숟가락

저당 마요네즈 0.5숟가락

알룰로스 1숟가락

식초 1숟가락

깨 0.5숟가락

요리 초보 다이어터를 위한 TIP

▶ 단백질이 풍부한 병아리콩은 미리 삶아 논 제품을 사용하면 편리해요. 없으면 무가당 스위트콘으로 대체 가능해요.

▶ 더 가볍게 먹고 싶으면 땅콩 마요 소스 대신 진간장 0.5숟가락, 알룰로스 1숟가락, 식초 1숟가락을 넣어도 돼요.

▶ 땅콩 버터 대신 무가당 땅콩 가루 1숟가락을 넣어도 돼요.

▶ 양파 플레이크는 바삭한 식감과 풍미를 더해줘요. 양파 플레이크 대신 다진 견과류를 넣어 바삭한 식감과 고소함을 살려도 좋아요.

조리법

1 양파와 오이는 얇게 썰고, 방울토마토는 반으로 자르고, 느타리버섯은 밑동을 자른 후 가닥가닥 뜯는다.
- 양파는 찬물에 10분 정도 담가 매운 맛을 빼도 좋아요.

2 양상추는 먹기 좋게 찢고, 그릇에 땅콩 마요 소스 재료를 넣고 잘 섞는다.
- 양상추는 물기를 완전히 털어 내세요.
- 깨는 손으로 으깨어 넣으세요.

3 팬에 우삼겹을 넣고 약불로 굽다가 기름이 나오면 느타리버섯, 진간장, 알룰로스, 후추를 넣고 중약불로 노릇해질 때까지 볶는다.

4 그릇에 밥, 참기름, 소금을 넣고 잘 섞는다.
- 소금은 취향껏 조절하세요.

5 그릇에 양상추를 펼친 다음 밥, 양파, 오이, 방울토마토, 구운 우삼겹, 버섯, 병아리콩, 양파 플레이크를 올리고, 땅콩 마요 소스를 뿌린다.

속세맛   가스레인지   20분

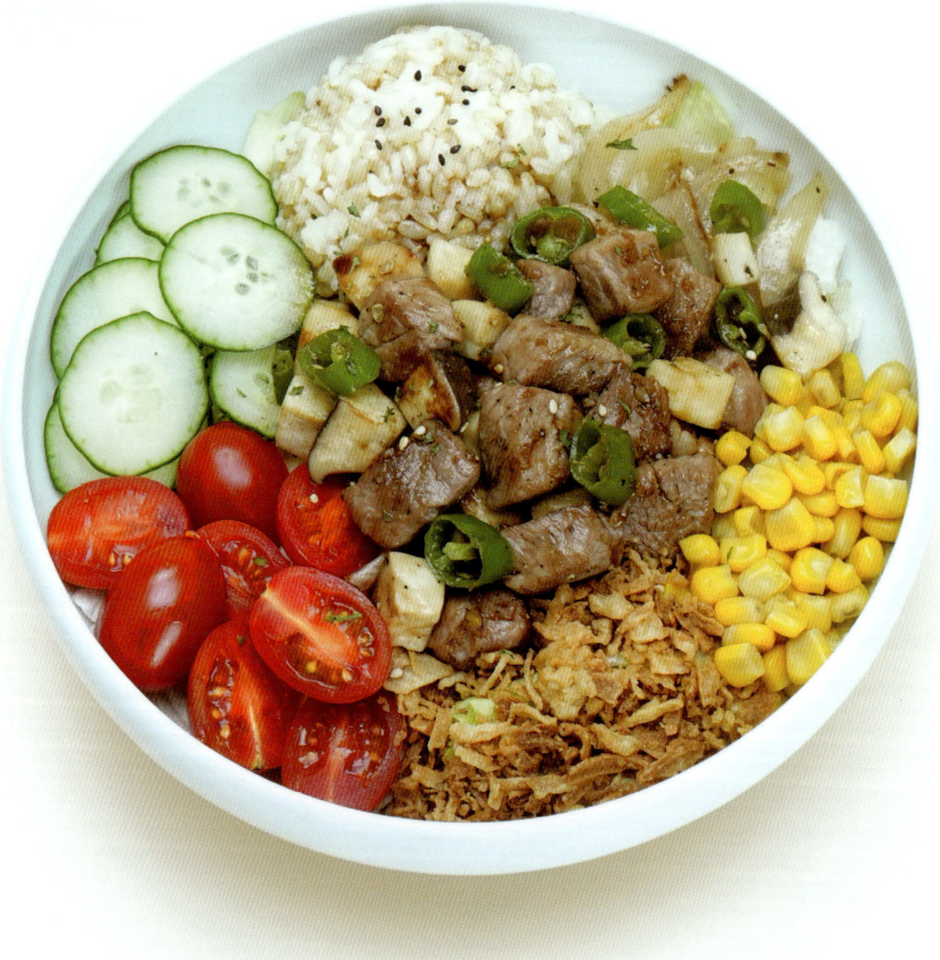

고추 목살 포케

매일 먹는 냉동 닭가슴살이 지겨울 때, 마트에서 쉽게 구할 수 있는 돼지고기 목살로 색다르게 즐겨보세요. 지방이 비교적 적은 목살에 매콤한 청양고추의 풍미를 더하고, 돼지고기와 잘 어울리는 와사비 간장 소스를 곁들여 깔끔한 맛으로 즐길 수 있어요. 든든한 단백질 보충이 필요할 때, 프레쉬하게 먹기 좋은 포케로 추천 드려요.

재료(1인분)

돼지고기 목살 120g
새송이버섯 1/2개
양상추 1줌(70g)
양파 1/4개
오이 1/4개
방울토마토 4개
청양고추 2개
무가당 스위트콘 2숟가락
양파 플레이크 2숟가락(선택)
올리브오일 1숟가락
소금 1꼬집
후추 약간
깨 약간

―

밥 크게 3숟가락(100g)
참기름 1숟가락
소금 1꼬집

• 와사비 간장 소스
진간장 1.5숟가락
알룰로스 1~1.5숟가락
식초 1숟가락
와사비 0.3숟가락

요리 초보 다이어터를 위한 TIP

▶ 두꺼운 구이용 목살을 사용했어요. 얇은 목살을 사용해도 돼요.
▶ 매운 걸 못 먹으면 청양고추의 양을 조절 하세요.
▶ 청양고추 대신 꽈리고추를 넣어 볶아도 잘 어울려요.
▶ 돼지고기 대신 닭고기나 소고기를 사용해도 좋아요.
▶ 양파 플레이크는 바삭한 식감과 풍미를 더해줘요. 양파 플레이크 대신 다진 견과류를 넣어 바삭한 식감과 고소함을 살려도 좋아요.

조리법

1 양파는 도톰하게, 오이는 얇게 썰고, 방울토마토는 반으로 자르고, 청양고추는 송송 썬다.
• 고추는 도톰하게 썰어 식감을 살리세요.

2 양상추는 먹기 좋게 찢고, 새송이버섯과 돼지고기 목살은 먹기 좋게 깍둑 썬다.

3 그릇에 와사비 간장 소스 재료를 넣고 잘 섞는다.

4 팬에 올리브오일을 두르고, 돼지고기 목살을 넣고 중약불로 볶다가 양파, 새송이버섯, 청양고추, 소금, 후추를 넣고 모든 재료가 노릇해질 때까지 볶는다.

5 그릇에 밥, 참기름, 소금을 넣어 잘 섞는다.

6 그릇에 양상추를 맨 아래 깔고 밥, 오이, 방울토마토, 무가당 스위트콘, 양파 플레이크, 볶은 재료를 올린다. 와사비 간장 소스, 후추, 깨를 뿌린다.

책 한정 레시피

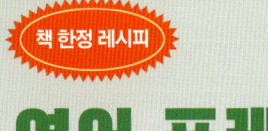

연어 포케

속세맛 15분

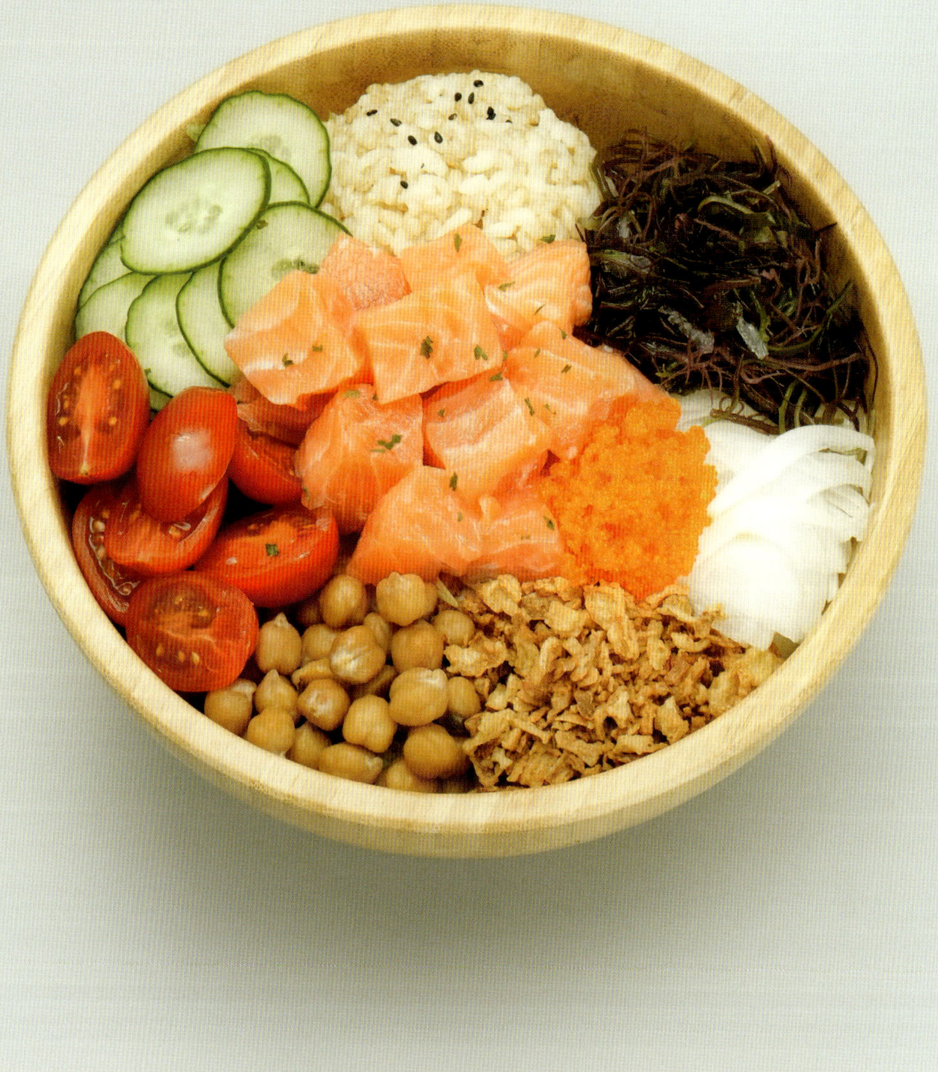

포케집에서 제가 가장 자주 시켜 먹던 최애 메뉴이자 구독자님들의 요청이 가장 많았던 레시피예요. 연어를 아낌없이 듬뿍 넣을 수 있어 집에서 더 든든하게 즐길 수 있답니다. 찰떡궁합인 스리라차 마요 소스와 오독오독한 해초무침까지 곁들이면 사 먹는 맛 그대로이니, 신선한 포케의 정석을 제대로 즐기고 싶다면 꼭 한번 만들어보세요.

재료(1인분)

생 연어 120g
양상추 1줌(70g)
오이 1/4개
양파 1/4개
방울토마토 4개
삶은 병아리콩 2숟가락
양파 플레이크 2숟가락(선택)
날치알 1숟가락(선택)
후추 약간
—
밥 크게 3숟가락(100g)
참기름 0.5숟가락
소금 1꼬집

- 해초무침(선택)
해초 1줌(45g)
식초 0.5숟가락
알룰로스 0.5숟가락

- 스리라차 마요 소스
스리라차 2숟가락
저당 마요네즈 0.5숟가락
알룰로스 1숟가락
레몬즙 0.5숟가락
와사비 0.3숟가락

요리 초보 다이어터를 위한 TIP

▶ 단백질이 풍부한 병아리콩은 미리 삶아 논 제품을 사용하면 편리해요. 없으면 무가당 스위트콘으로 대체 가능해요.
▶ 새우 포케의 만능 드레싱 소스를 활용해도 잘 어울려요.(62p)
▶ 해초무침은 생략 가능해요.
▶ 양파 플레이크는 바삭한 식감과 풍미를 더해줘요. 양파 플레이크 대신 다진 견과류를 넣어 바삭한 식감과 고소함을 살려도 좋아요.

조리법

1 양파와 오이는 얇게 썰고, 방울토마토는 반으로 자른다.
● 양파는 찬물에 10분 정도 담가 매운 맛을 빼도 좋아요.

2 씻어 물기를 털어낸 양상추는 먹기 좋게 찢고, 생 연어는 깍둑 썬다.

3 스리리차 마요 소스 재료와 해초무침 재료를 각 그릇에 넣고 잘 섞는다.

4 그릇에 밥, 참기름, 소금을 넣고 잘 섞는다.
● 소금은 취향껏 조절하세요.

5 그릇에 양상추를 펼친 다음 밥, 양파, 오이, 방울토마토, 해초무침, 연어, 병아리콩, 양파 플레이크, 날치알을 올리고, 스리라차 마요 소스와 후추를 뿌린다.

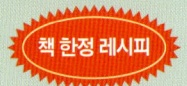

바질 치킨 샐러드 파스타

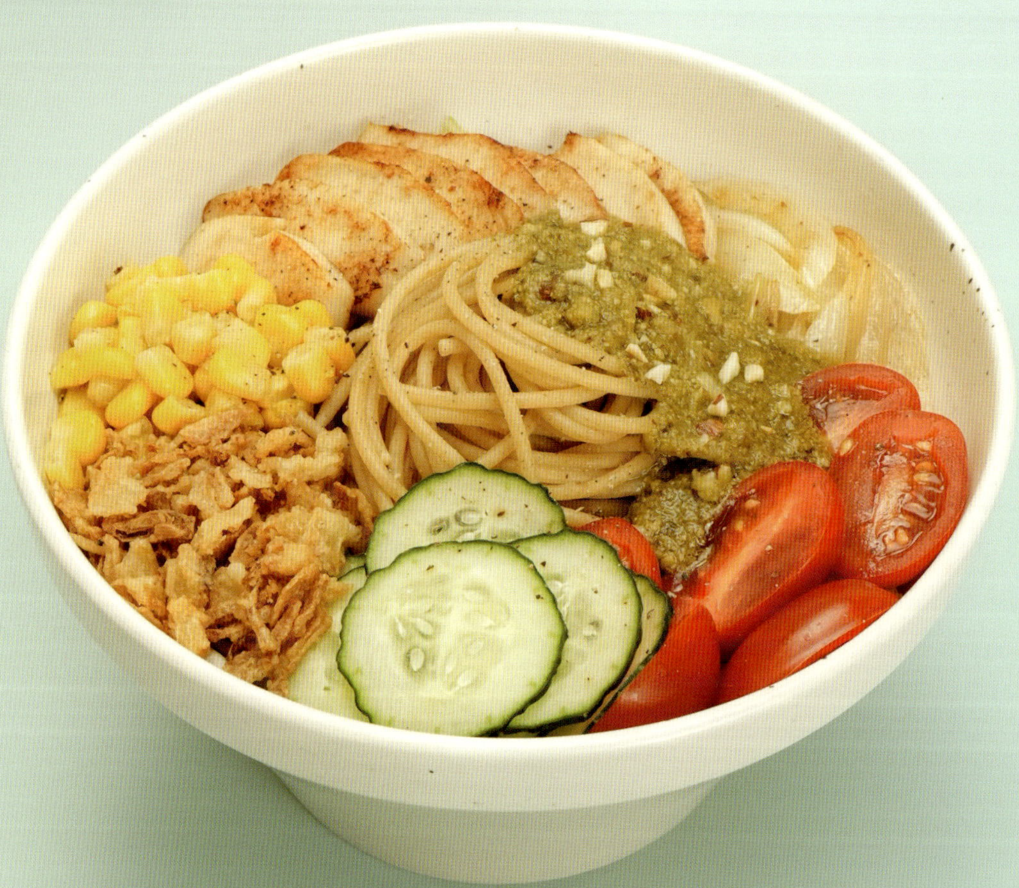

속세맛   가스레인지   25분

제가 평소 자주 가는 포케집에서 먹고 반했던 메뉴를 최대한 비슷하게 재현해 봤어요. 간단한 재료로 속세의 맛을 내기 위해 여러 번 시행착오를 거치며 최적의 소스 비율을 연구했고, 그렇게 어디서도 보기 힘든 유지만만의 독특한 샐러드 파스타 레시피가 탄생했어요. 바질을 좋아하신다면 이국적인 향과 감칠맛에 분명 반하실 거예요.

재료(1인분)

삶은 닭가슴살 100g
양상추 1줌(70g)
양파 1/4개
오이 1/4개
방울토마토 4개
견과류 1줌
올리브오일 1숟가락
양파 플레이크 2숟가락(선택)
무가당 스위트콘 2숟가락
후추 약간
파슬리 약간
—
통밀 스파게티 면 45g
물 5컵
소금 0.5숟가락

• 바질 드레싱 소스
바질 페스토 2숟가락(40g)
올리브오일 1숟가락
알룰로스 1숟가락
식초 0.8숟가락
멸치액젓 0.3숟가락

요리 초보 다이어터를 위한 TIP

▶ 견과류는 바삭한 식감과 고소함을 더해줘요. 아몬드, 호두, 캐슈넛, 땅콩 등 다양하게 사용 가능해요.
▶ 멸치액젓은 짠맛과 감칠맛을 더해줘요. 없으면 소금 1~2꼬집을 넣으세요.
▶ 소스가 첨가되어 있지 않은 닭가슴살 제품을 사용했어요. 생 닭가슴살을 사용해도 돼요.
▶ 양파플레이크는 바삭한 식감과 풍미를 더해줘요. 없으면 생략 가능해요.

조리법

1 끓는 물에 소금과 통밀 스파게티 면을 넣고 삶는다.
• 포장지에 적힌 시간에 맞춰 완전히 익히세요.

2 양파는 도톰하게, 오이는 얇게 썰고, 방울토마토는 반으로 자르고, 견과류는 작게 다진다.
• 견과류는 식감을 위해 적당히 작게 다지세요.

3 닭가슴살은 슬라이스 하고, 양상추는 먹기 좋게 찢는다. 그릇에 바질 드레싱 소스 재료와 견과류를 넣고 잘 섞는다.
• 닭가슴살은 고깃결과 직각으로 썰어야 식감이 부드러워요.

4 팬에 올리브오일을 두르고, 닭가슴살과 양파를 넣고 중약불로 노릇하게 볶는다.
• 불을 끄고 팬에서 열기를 식히세요.

5 삶은 면은 물기를 털어 그릇에 넣고 열기를 식힌다.
• 올리브오일을 살짝 넣어 섞으면 면끼리 달라붙지 않아요.

6 그릇에 양상추와 파스타면을 담고, 볶은 재료와 오이, 방울토마토, 무가당 스위트콘, 양파 플레이크를 넣고, 바질 드레싱 소스, 후추, 파슬리를 뿌린다.

샐러드 파스타

 속세맛  가스레인지   20분

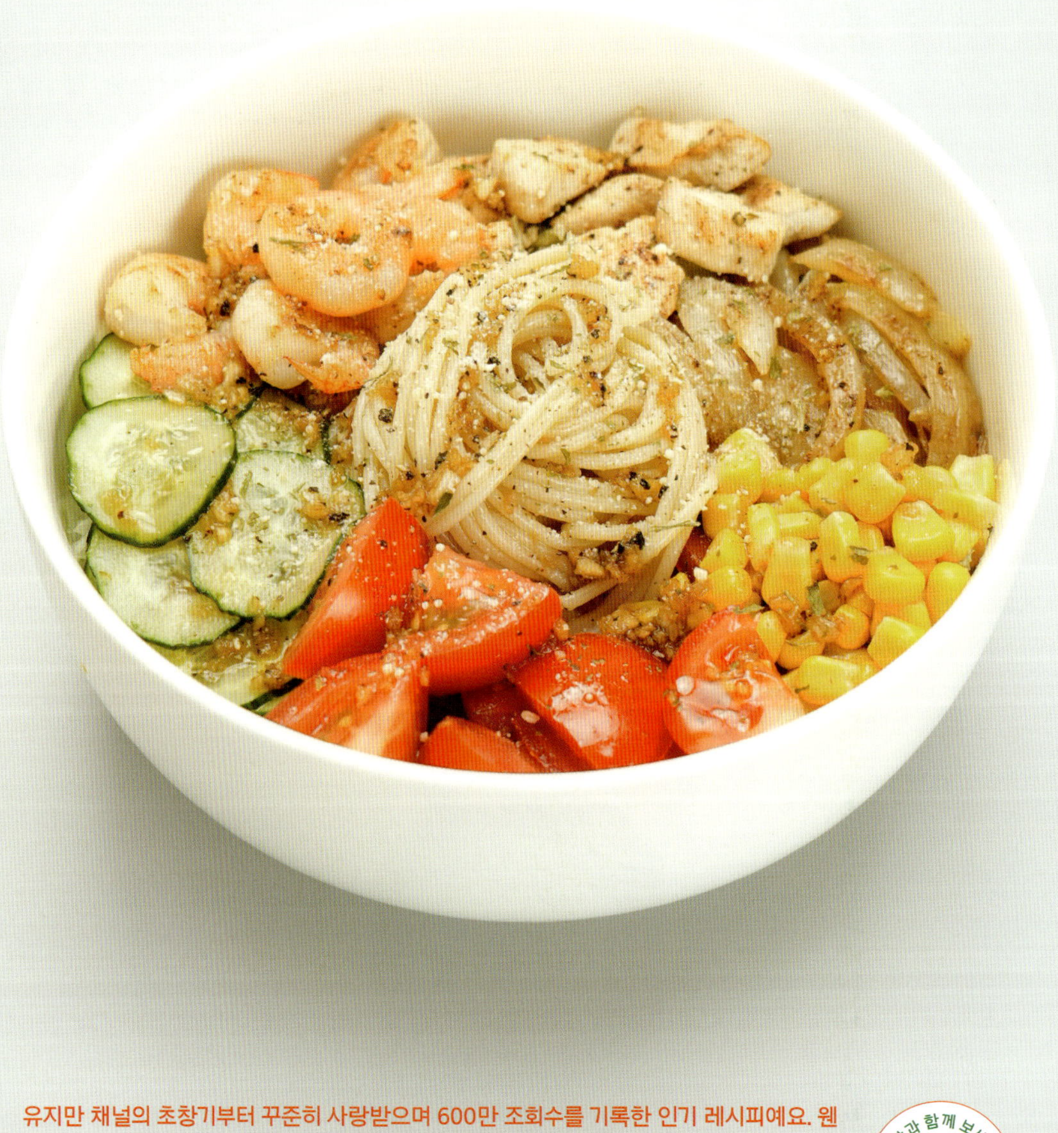

유지만 채널의 초창기부터 꾸준히 사랑받으며 600만 조회수를 기록한 인기 레시피예요. 웬만한 샐러드 가게만큼 맛있는 저당 드레싱 소스가 핵심으로, 집에 있는 재료만으로도 충분히 맛있는 샐러드 파스타를 만들 수 있어요. 한번 맛보면 계속 생각나는 속세의 맛을 그대로 담은 레시피예요.

재료(1인분)

냉동 새우 6마리
닭가슴살 100g
양상추 1줌(70g)
양파 1/4개
오이 1/4개
토마토 1/2개
—
통밀 스파게티 면 45g
물 5컵
소금 0.5숟가락
—
올리브오일 1숟가락
소금 약간
후추 약간
무가당 스위트콘 2숟가락
파마산 치즈가루 약간(선택)
파슬리 약간(선택)

- 오리엔탈 드레싱 소스

알룰로스 2숟가락
올리브오일 1.5숟가락
진간장 1숟가락
식초 1숟가락
레몬즙 0.5숟가락
참기름 0.5숟가락
다진 마늘 0.3숟가락
후추 약간

요리 초보 다이어터를 위한 TIP

▶ 시판 오리엔탈 소스를 사용한다면 다진 마늘과 레몬즙을 취향껏 추가하세요.
▶ 집에 있는 재료로 자유롭게 변형해도 좋아요.(크래미, 구운 두부, 삶은 병아리콩, 채 썬 양배추, 파프리카, 브로콜리 등)
▶ 다양한 파스타 면, 메밀면 등도 활용해 보세요.
▶ 생 닭가슴살 대신 다양한 닭가슴살 가공품으로 사용 가능해요.

조리법

1 냉동 새우는 찬물에 5분 담가 해동하고, 닭가슴살은 먹기 좋게 썰고, 양상추는 먹기 좋게 찢는다.
- 해동된 새우는 꼬리를 떼내세요.

2 양파는 도톰하게 오이는 얇게 썰고 토마토는 작게 깍둑 썬다.

3 끓는 물에 소금과 스파게티 면을 넣고 삶고 물기를 털어 그릇에 넣고 열기를 식힌다.
- 포장지에 적힌 시간에 맞춰 완전히 익히세요. 올리브오일을 살짝 넣어 섞으면 면끼리 달라붙지 않아요.

4 팬에 올리브오일을 두르고, 양파, 새우, 닭가슴살, 소금, 후추를 넣어 중약불로 노릇해질 때까지 볶는다.
- 불을 끄고 팬에서 열기를 식히세요.

5 그릇에 오리엔탈 드레싱 소스 재료를 넣고 잘 섞는다.

6 양상추를 맨 아래 깔고, 스파게티 면, 볶은 재료와 오이, 토마토, 무가당 스위트콘을 올리고, 오리엔탈 드레싱 소스, 파마산 치즈가루, 파슬리를 뿌린다.

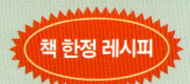 책 한정 레시피

칠리 새우 포케

  속세맛　 가스레인지　 20분

쉽게 구할 수 있는 냉동 새우로 색다른 포케를 만들어 보고 싶어, 여러 번 고민 끝에 완성한 레시피예요. 매콤 달콤한 양념이 탱글한 새우와 어우러져 한국인 입맛에 딱 맞고, 신선한 채소들과 함께 비빔밥처럼 든든하게 즐길 수 있어요. 소스는 간단하지만 맛은 확실한, 속세맛 포케를 꼭 한번 즐겨보세요.

재료(1인분)

냉동 새우 10마리
달걀 1개
양파 1/2개
오이 1/4개
방울 토마토 2개
양상추 1줌(70g)
올리브오일 1.5숟가락
무가당 스위트콘 2숟가락
양파 플레이크 2숟가락(선택)
소금 1꼬집
파슬리 약간(선택)
깨 약간
레몬즙 0.5숟가락
─
밥 크게 3숟가락(100g)
참기름 1숟가락
소금 1꼬집

● 칠리 소스
저당 케첩 2숟가락
진간장 1숟가락
알룰로스 1숟가락
고춧가루 1숟가락

요리 초보 다이어터를 위한 TIP

▶ 더 매콤한 맛을 원하면 케첩 1숟가락 대신 스리라차 소스 1숟가락을 넣어도 돼요.
▶ 매운 걸 못 드시는 분들은 고춧가루의 양을 줄이세요.
▶ 스크램블 대신 달걀 프라이를 곁들여도 좋아요.

조리법

1 냉동 새우는 찬물에 5분 정도 담가 해동한다. 그릇에 달걀과 소금을 넣어 풀고, 칠리 소스 재료를 잘 섞는다.
● 해동한 새우의 꼬리를 떼세요.

2 양파는 작게 깍둑, 오이는 얇게 썬다. 방울토마토는 반으로 자르고, 양상추는 먹기 좋게 찢는다.
● 양상추는 물기를 완전히 털어내세요.

3 팬에 올리브오일 0.5숟가락을 두르고, 풀어둔 달걀을 부어 약불에서 스크램블 한 후 접시에 따로 빼둔다.
● 달걀은 반숙 정도로 익혀야 부드럽게 먹을 수 있어요.

4 팬에 올리브오일 1숟가락을 두르고, 양파와 새우를 넣어 중약불로 볶다가 양파가 반 정도 익으면 칠리 소스를 넣고 약불로 졸인다.

5 그릇에 밥, 참기름, 소금을 넣고 섞는다.

6 그릇에 양상추를 펼친 다음 밥, 오이, 방울토마토, 볶은 새우와 양파, 무가당 스위트콘, 양파 플레이크를 올리고, 파슬리, 깨, 레몬즙을 뿌린다.

PART 3

닭가슴살이 지겨울 때, 참신한 단백질 보충 레시피

건강한 다이어트를 위해 매 끼니 충분한 단백질 섭취는 필수지만, 닭가슴살만 계속 먹다 보면 쉽게 질리고 식단을 유지하기 어려워요. 그래서 두부, 계란, 새우처럼 쉽게 구할 수 있는 다양한 재료를 활용해 맛있고 새롭게 단백질을 보충할 수 있는 레시피를 소개합니다. 먹는 즐거움을 느끼다 보면, 어느새 든든한 단백질이 자연스럽게 채워질 거예요.

크래미 달걀 덮밥

 초간단　 가스레인지　 13분

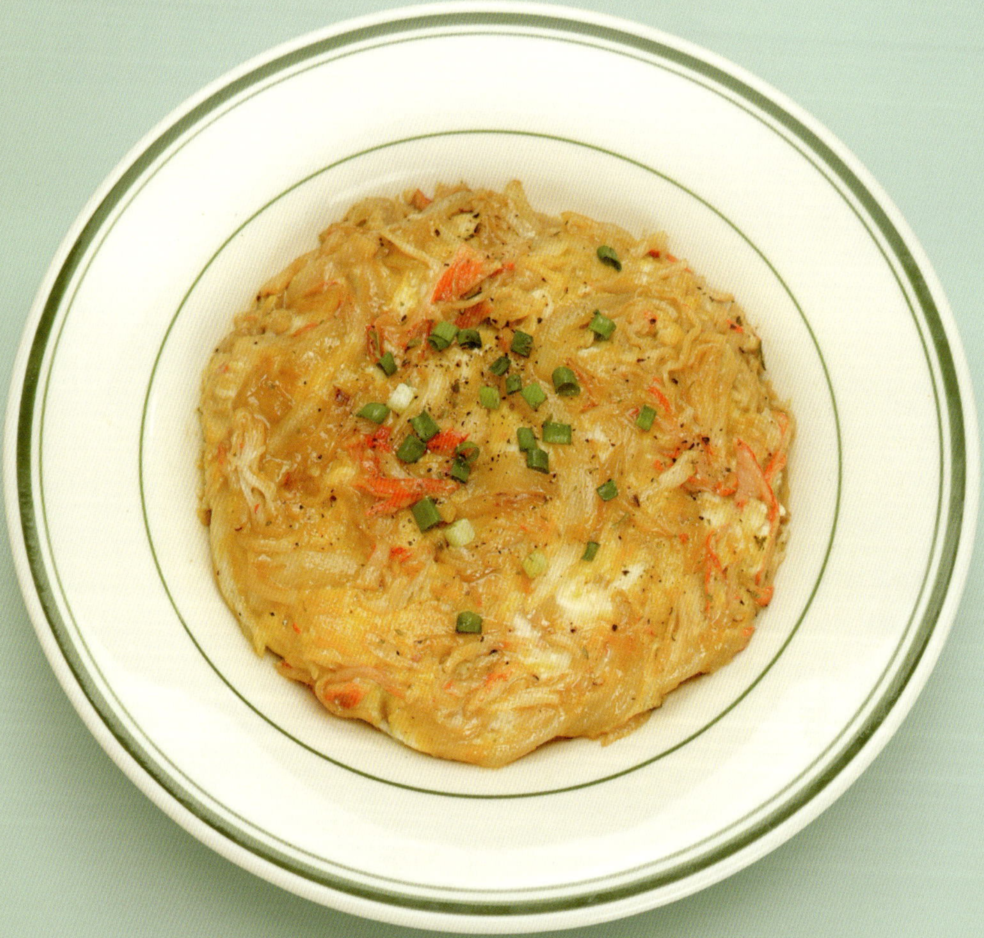

크래미 하나면 집에서도 간단하게 게살덮밥의 풍미를 즐길 수 있어요. 촉촉한 달걀과 달 짝지근한 간장 소스가 정말 잘 어울려 계속 찾게 되는 레시피이니 크래미를 제대로 활용해 보시길 바라요.

재료(1인분)

크래미 3조각(60g)
양파 1/2개
달걀 2개
밥 크게 4숟가락(130g)
올리브오일 1숟가락
참기름 1숟가락
후추 약간
쪽파 약간(선택)

• 간장 소스
진간장 1숟가락
저당 굴소스 0.8숟가락
물 1/2컵

요리 초보 다이어터를 위한 TIP

▶ 크래미 대신 잘게 찢은 닭가슴살이나 새우를 넣어 응용해도 좋아요.
▶ 굴소스가 없으면 진간장 1숟가락과 알룰로스 0.5숟가락으로 대신하세요.

조리법

1 양파는 채 썰고, 크래미는 잘게 찢고, 달걀은 그릇에 잘 풀어둔다.
• 크래미는 포크로 긁으면 쉽게 찢을 수 있어요.

2 그릇에 간장 소스 재료를 넣어 섞는다.

3 팬에 올리브오일을 두르고, 양파가 반 정도 익을 때까지 중약불로 볶는다.

4 크래미를 넣고 1분 정도 더 볶다가 만들어둔 간장 소스를 붓는다.

5 소스가 끓기 시작하면 1분 정도 졸이다가 달걀물을 골고루 붓고, 약불로 천천히 익힌다.
• 달걀은 반숙 정도로 익혀야 촉촉해요. 젓가락으로 중간중간 구멍을 내면 윗부분까지 골고루 익힐 수 있어요.

6 밥 위에 익힌 달걀을 올리고, 참기름, 후추, 쪽파를 뿌려 완성한다.

훈제 오리 덮밥

초간단

가스레인지

13분

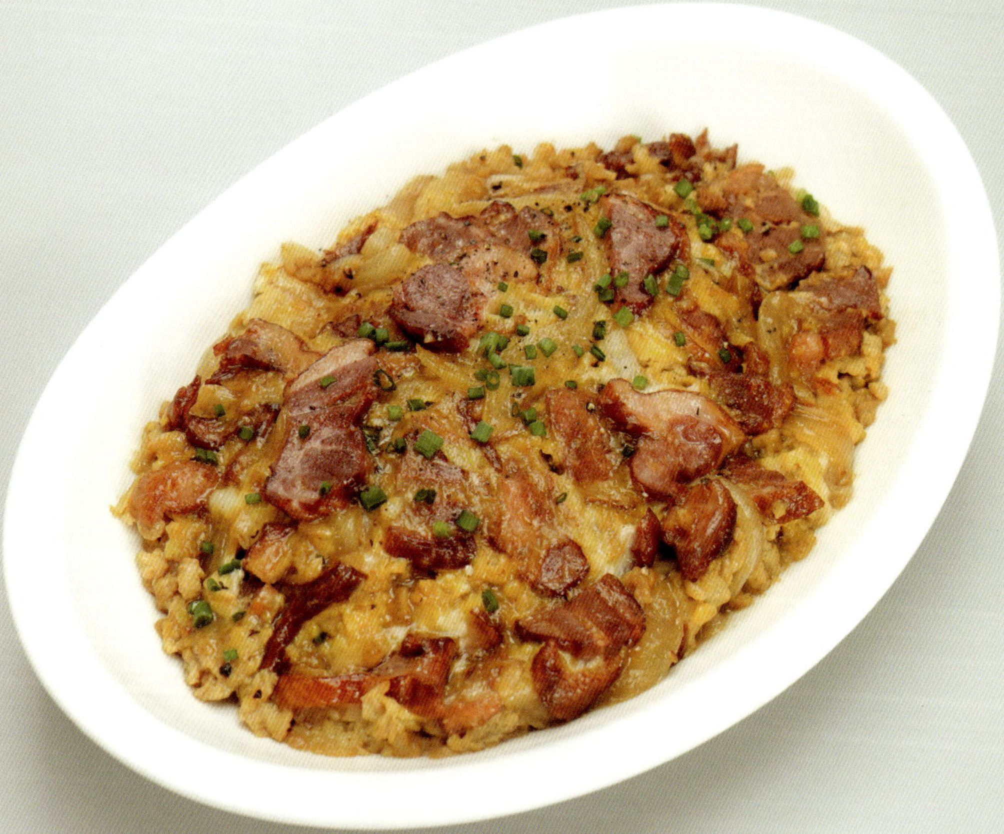

흔히 알려진 훈제 오리 활용 레시피가 대부분 볶음밥이길래 '좀 더 색다른 방법이 없을까?' 고민하다가 만들게 된 훈제 오리 덮밥이에요. 훈제 오리의 향과 달걀의 촉촉함이 만나 한입 먹으면 감탄이 절로 나오는 맛이에요. 실패 없는 초간단 레시피로 추천 드려요.

재료(1인분)

훈제 오리 100g

달걀 2개

밥 크게 4숟가락(130g)

양파 1/4개

마늘 4개

후추 약간

쪽파 약간(선택)

- 간장 소스

진간장 1숟가락

저당 굴소스 1숟가락

물 2/3컵

요리 초보 다이어터를 위한 TIP

▶ 훈제 오리는 100g씩 랩으로 싸고, 지퍼백에 담아 냉동 보관하면 하나씩 꺼내 요리하기 간편해요.

▶ 마늘을 직접 다져 사용하면 씹는 식감이 더 좋지만, 다진 마늘 1숟가락으로 대체 가능해요.

조리법

1 양파는 채 썰고, 마늘은 굵게 다지고, 훈제 오리는 먹기 좋게 자른다.

2 그릇에 달걀을 풀고, 간장 소스는 재료를 섞어둔다.

3 팬에 훈제 오리를 넣고 중약불로 볶다가, 오리에서 기름이 나오면 양파와 마늘을 넣고 볶는다.

4 양파가 살짝 투명해지면, 간장 소스를 붓고 중불로 끓인다.

5 어느 정도 졸아들면, 풀어둔 달걀물을 골고루 붓고 약불로 줄여 천천히 익힌다.

- 달걀은 반숙 정도로 익혀야 촉촉해요. 젓가락으로 중간중간 구멍을 내면 윗부분까지 골고루 익힐 수 있어요.

6 밥 위에 익힌 달걀을 올리고, 쪽파와 후추를 뿌린다.

닭가슴살 버섯 덮밥

가성비

가스레인지

15분

닭가슴살은 퍽퍽하다는 고정관념을 깨어버린 촉촉한 닭가슴살 덮밥이에요. 먹어보면 "닭가슴살이 이렇게 맛있는 거였어?"하고 놀라실 거예요. 냉동실 속 닭가슴살을 든든한 한 끼로 재탄생시키는 황금 레시피이니 맛있게 단백질 보충하시길 바라요!

영상과 함께 보세요!

재료(1인분)

냉동 닭가슴살 100g
양파 1/4개
새송이버섯 1/2개
대파 흰 부분 1줌(20g)
청양고추 1개
올리브오일 1숟가락
다진 마늘 1숟가락
달걀 1개
밥 크게 4숟가락(130g)
참기름 1숟가락
깨 약간
후추 약간

• 간장 소스
진간장 1숟가락
저당 굴소스 0.5숟가락
맛술 1숟가락
물 1/2컵

요리 초보 다이어터를 위한 TIP

▶ 달걀은 흰자와 노른자를 분리하지 않고 스크램블을 하거나, 달걀 프라이로 곁들여도 돼요.
▶ 다양한 닭가슴살 가공품으로 대체 가능해요. 염분이 첨가된 제품을 사용할 때는 간장의 양을 줄이세요.
▶ 버섯은 팽이, 느타리, 양송이, 표고버섯 등 취향껏 골라 넣으세요.
▶ 맛술은 고기의 잡내를 날리고 단맛을 더해줘요. 맛술이 없으면 알룰로스 0.3숟가락을 넣으세요.
▶ 양파 대신 채 썬 양배추를 사용해도 좋아요.

조리법

1 양파, 새송이버섯, 해동한 냉동 닭가슴살을 비슷한 크기로 작게 다진다.
• 닭가슴살은 최대한 작게 다져야 식감이 부드러워요.

2 대파 흰 부분은 송송 썰고, 청양고추는 잘게 다진다. 그릇에 간장 소스 재료와 청양고추를 넣고 섞는다.
• 토핑용 대파를 약간 남겨도 좋아요.

3 팬에 올리브오일을 두르고 다진 마늘, 대파를 넣고 중약불로 볶는다.

4 마늘이 노릇해지면, 양파, 닭가슴살, 버섯을 넣고 볶는다.

5 양파가 반 정도 익으면, 간장 소스를 붓고 중불에서 졸이다가 어느 정도 졸아들면 달걀흰자를 넣고 스크램블해 섞는다.
• 달걀노른자는 토핑용으로 따로 빼두세요.

6 밥 위에 볶은 재료와 달걀노른자를 올리고, 깨와 참기름, 후추를 뿌린다.

김치
참치
덮밥

 속세맛  가스레인지   12분

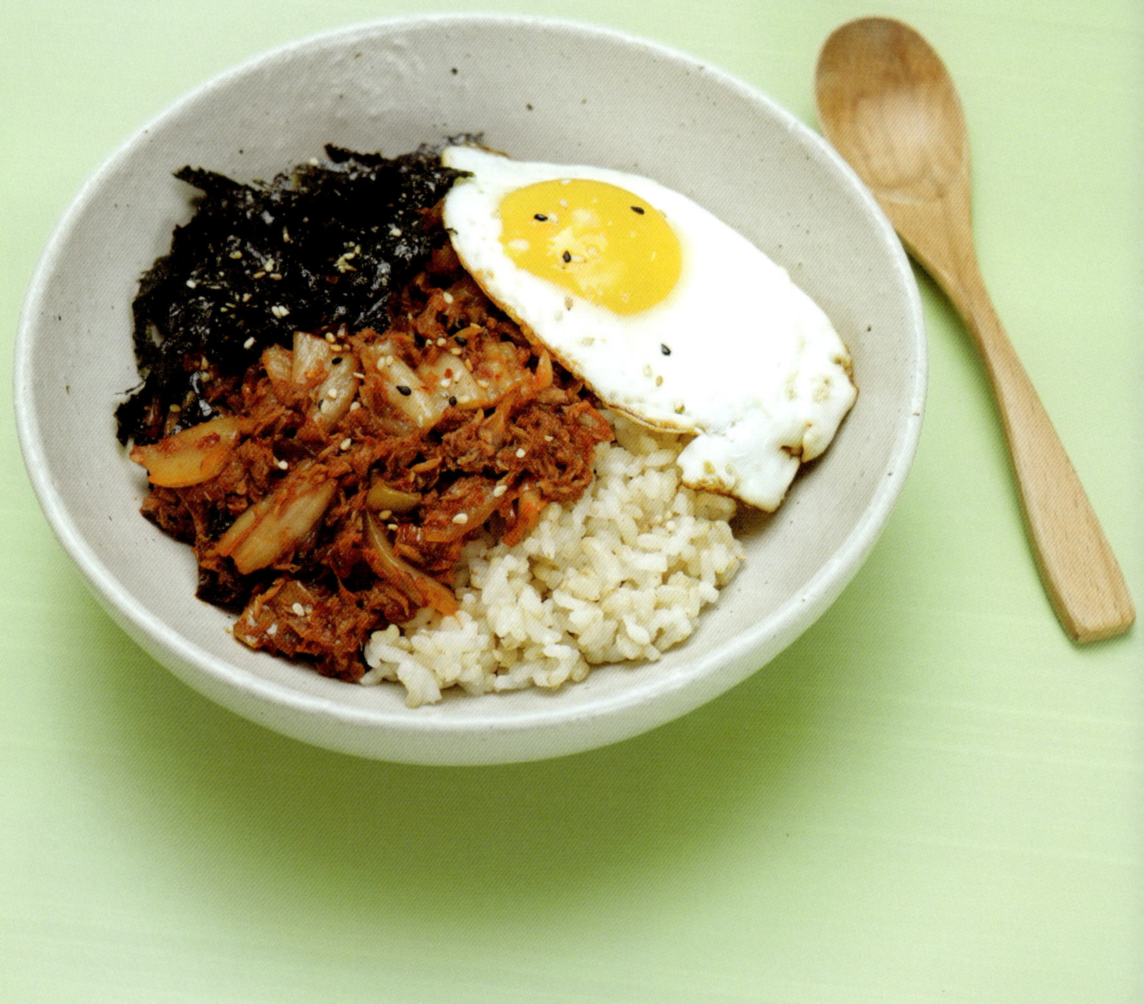

김치볶음에 참치를 듬뿍 넣어 따뜻한 밥 위에 올려 먹는 김치 참치 덮밥입니다. 없던 입맛도 되돌려 놓을 필승 조합이죠. 물을 살짝 넣어 보다 촉촉하게 즐길 수 있어요. 만드는 과정이 간단하니 꼭 만들어보세요!

재료(1인분)

- 참치 1캔(100g)
- 신 김치 3숟가락(50g)
- 양파 1/4개
- 대파 흰 부분 1줌(25g)
- 달걀 프라이 1개
- 올리브오일 1숟가락
- 고춧가루 1숟가락
- 알룰로스 0.8~1숟가락
- 진간장 1숟가락
- 참기름 1숟가락
- 물 4숟가락
- 밥 크게 4숟가락(130g)
- 김가루 약간
- 깨 약간

요리 초보 다이어터를 위한 TIP

▶ 알룰로스는 김치의 신맛을 잡아줘요. 신 김치가 아닌 생김치로 만들 때는 알룰로스 양을 반 정도 줄이세요.
▶ 마지막에 향긋한 깻잎을 잘라 올려도 잘 어울려요.
▶ 매운맛을 즐기는 분들은 5번 과정에서 다진 청양고추를 추가해도 돼요.
▶ 단백질을 더 추가하고 싶으면 달걀 프라이나 참치의 양을 늘리세요.

조리법

1 참치는 기름을 빼고, 김치는 그릇에 담아 가위로 먹기 좋게 자른다.
- 참치를 숟가락으로 꾹꾹 눌러 기름을 빼세요.

2 대파 흰 부분은 송송 썰고, 양파는 도톰하게 채 썬다.

3 팬에 올리브오일을 두르고, 대파와 고춧가루를 넣어 약불로 1분간 볶는다.
- 고춧가루는 쉽게 타기 때문에 최대한 약불로 볶는 게 안전해요.

4 양파를 넣고 양파가 반 정도 익을 때까지 중약불로 볶는다.

5 알룰로스, 진간장, 김치, 참치를 넣고, 재료들이 잘 섞일 때까지 볶다가 물을 넣어 원하는 만큼 졸인다. 불을 끄고 참기름을 넣어 잘 섞는다.
- 불을 끄고 넣어야 참기름의 고소한 향이 날아가지 않아요.

6 밥 위에 볶은 재료와 달걀 프라이를 올리고 김가루와 깨를 뿌린다.

닭가슴살 치킨 마요 덮밥

 속세맛　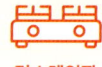 가스레인지　 15분

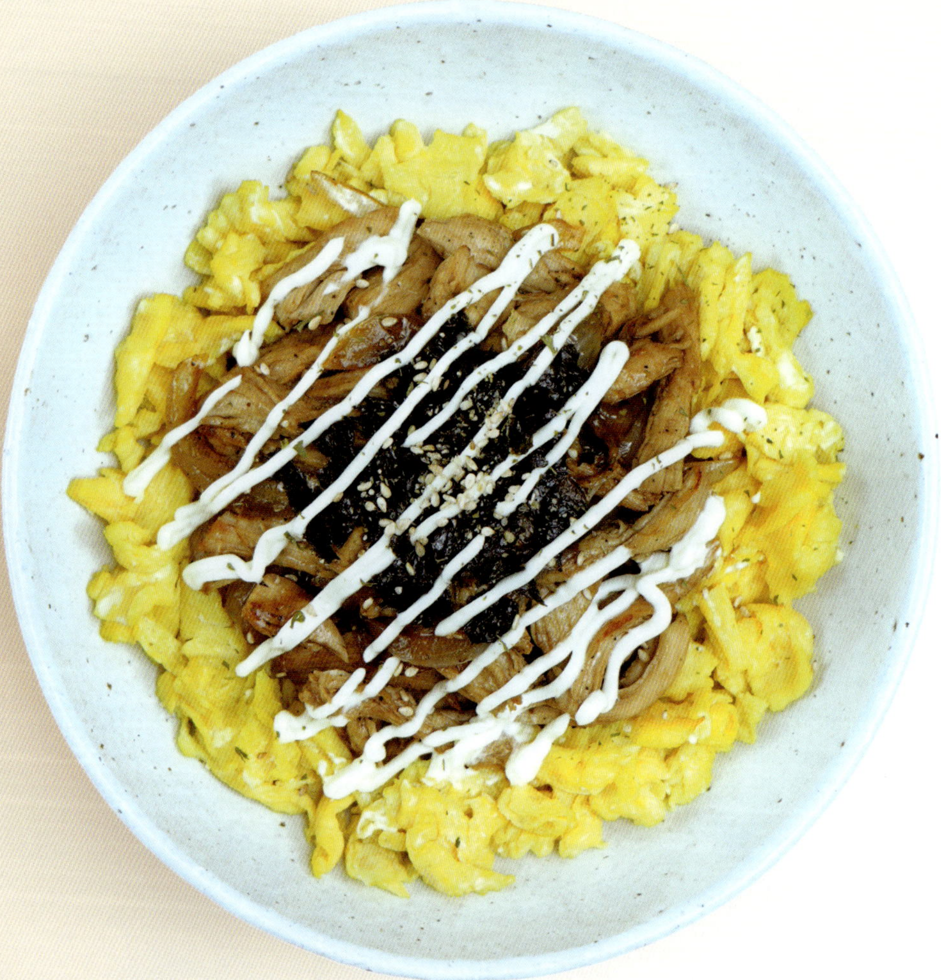

한솥도시락의 치킨 마요 덮밥이 떠오르는 맛으로, 자취생들의 극찬 후기를 받은 레시피예요. 가끔 생각나는 메뉴지만 죄책감에 못 드셨던 분들 많으실 거예요. 기름에 튀긴 치킨을 먹기 부담스러울 때는 닭가슴살을 활용해 마음껏 즐겨보세요!

재료(1인분)

삶은 닭가슴살 100g

달걀 2개

양파 1/2개

밥 크게 4숟가락(130g)

올리브오일 1.5숟가락

저당 마요네즈 0.5숟가락

김가루 약간

소금 1~2꼬집

깨 약간

파슬리 약간(선택)

● 간장 소스

진간장 1숟가락

맛술 1숟가락

알룰로스 0.5숟가락

저당 굴소스 0.8숟가락

물 2숟가락

순후추 약간

요리 초보 다이어터를 위한 TIP

▶ 생 닭가슴살은 끓는 물에 넣고 중불로 15~20분 삶아 속까지 푹 익히세요.
▶ 닭가슴살을 삶는 게 번거롭다면 적당한 크기로 썰어 팬에 구워도 돼요.
▶ 염분이 첨가된 닭가슴살 가공품으로 만들 때는 간장의 양을 반 정도 줄이세요.
▶ 마지막에 참기름 0.5숟가락을 추가해 고소한 맛을 더해도 좋아요.
▶ 마요네즈 입구에 랩을 씌워 고무줄로 고정하고 이쑤시개로 구멍을 뚫으면 얇게 뿌릴 수 있어요.

조리법

1 삶은 닭가슴살은 잘게 찢고, 양파는 도톰하게 채 썬다. 그릇에 달걀과 소금을 넣어 잘 푼다.
● 소금은 취향껏 조절하세요.

2 그릇에 간장 소스 재료를 넣어 섞는다.

3 팬에 올리브오일 0.5숟가락을 두르고 약불로 달걀을 스크램블 한 후 빼둔다.
● 달걀은 반숙 정도로 익혀야 촉촉해요.

4 같은 팬에 올리브오일 1숟가락을 두르고, 닭가슴살과 양파를 넣고 중약불로 볶는다.

5 양파가 반 정도 익으면 간장 소스를 붓고 재료에 소스가 잘 스며들도록 약불로 졸인다.

6 밥 위에 스크램블과 볶은 재료를 올리고, 저당 마요네즈, 김가루, 깨, 파슬리를 뿌린다.

칠리 새우 달걀 덮밥

 속세맛  가스레인지   15분

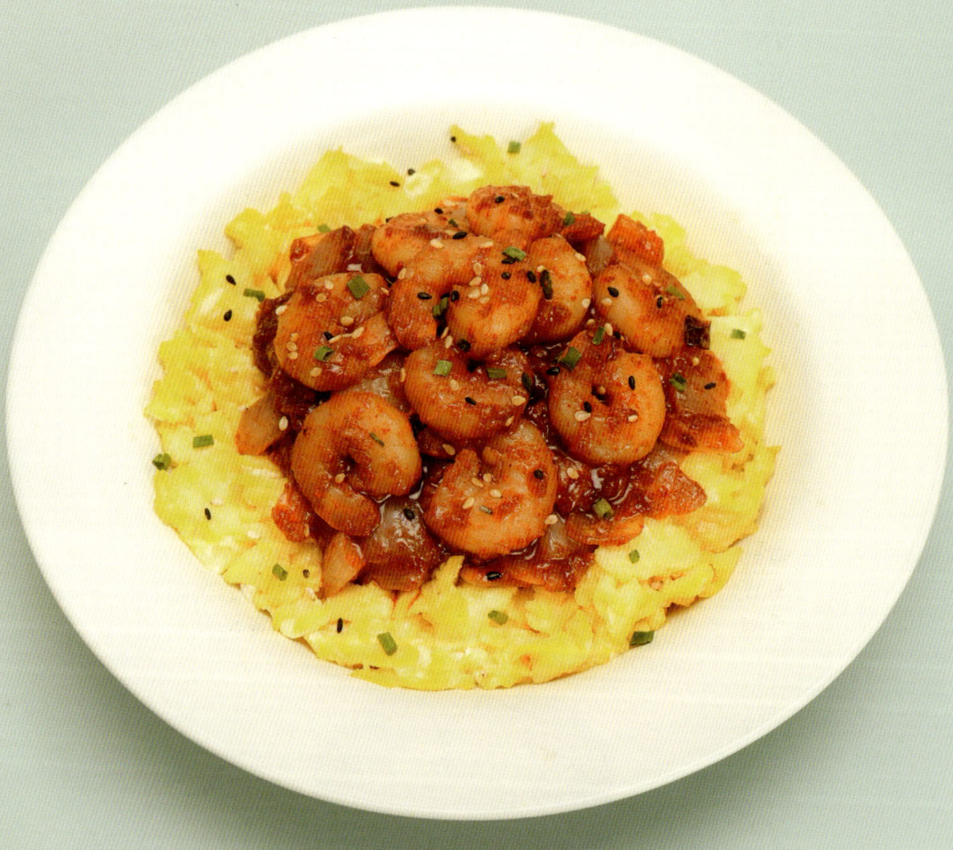

냉동 새우로 간단하게 만드는 새콤 달콤 칠리 새우는 도시락 메뉴로도 추천 드려요. 매콤한 속세맛이라 입터짐 방지에도 좋아요. 시판 칠리 소스 없이도 쉽게 만들 수 있어 많은 분들의 후기가 있는 맛보장 레시피랍니다.

재료(1인분)

냉동 새우 10마리
양파 1/2개
달걀 2개
소금 1~2꼬집
올리브오일 1.5숟가락
다진 마늘 1숟가락
밥 크게 4숟가락(130g)
깨 약간
쪽파 약간(선택)

● 칠리 소스
진간장 1숟가락
알룰로스 1숟가락
식초 1숟가락
저당 케첩 1숟가락
고춧가루 1숟가락

> **요리 초보 다이어터를 위한 TIP**
> ▶ 시판 스위트 칠리 소스가 있으면, 칠리 소스 2숟가락, 진간장 1숟가락, 식초 0.5 숟가락을 섞어 만들어도 좋아요.
> ▶ 케첩 대신 스리라차 소스를 넣어 더 매 콤하게 즐길 수 있어요.

조리법

1 냉동 새우는 찬물에 5분 정도 담가 해동하고, 양파는 작게 깍둑 썰고, 그릇에 달걀과 소금을 넣고 잘 푼다.
● 해동한 새우의 꼬리는 떼내세요.

2 그릇에 칠리 소스 재료를 넣고 섞는다.

3 팬에 올리브오일 0.5숟가락을 두르고, 풀어둔 달걀물을 부어 약불에서 스크램블 한 후 접시에 따로 빼둔다.
● 달걀은 반숙 정도로 익혀야 부드럽게 먹을 수 있어요.

4 팬에 올리브오일 1숟가락을 두르고 양파, 다진 마늘, 새우를 넣어 중약불로 볶는다.

5 양파가 반 정도 익으면 만들어둔 칠리 소스를 넣고 약불에서 1분 동안 볶는다.

6 밥 위에 달걀 스크램블과 칠리 새우를 올리고, 깨, 쪽파를 뿌려 마무리한다.

순두부 달걀 덮밥

가성비 가스레인지 12분

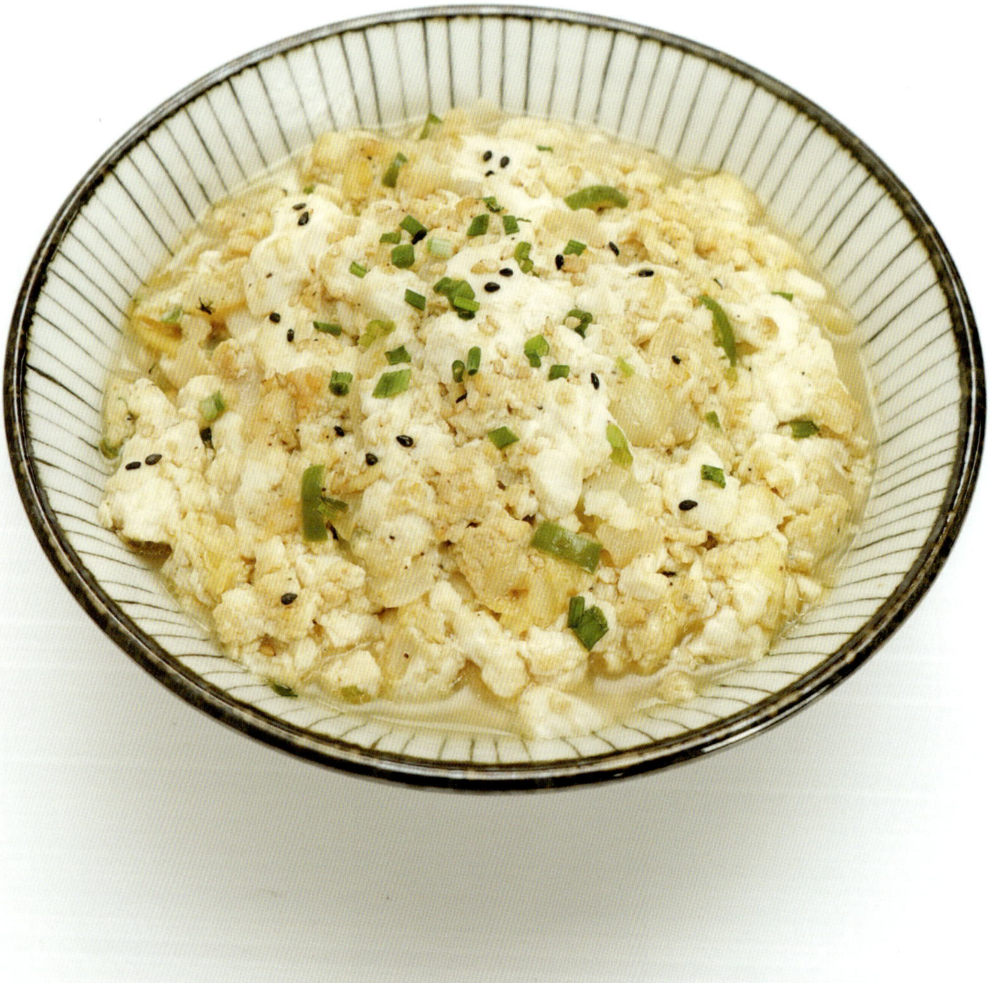

뜨끈한 국물이 자작하게 있어 마치 달걀국을 호로록 떠먹는 것 같은 덮밥이에요. 입맛도 없고 기운도 없을 때 딱이랍니다. 따뜻한 국물을 먹다 보면 몸과 마음까지 따뜻해질 거예요. 감칠맛 가득인데 만들기도 쉬워서 이제 순두부가 있을 때마다 고민하지 않고 이 레시피를 찾게 될 거예요.

재료(1인분)

- 순두부 1봉(350g)
- 양파 1/4개
- 청양고추 1개
- 달걀 2개
- 밥 크게 4숟가락(130g)
- 올리브오일 1숟가락
- 다진 마늘 1숟가락
- 물 3숟가락
- 진간장 1숟가락
- 저당 굴소스 0.5숟가락
- 참치액 1숟가락
- 순후추 약간
- 참기름 1숟가락
- 깨 약간
- 쪽파 약간(선택)

요리 초보 다이어터를 위한 TIP

▶ 참치액은 멸치액젓 1숟가락 또는 진간장 1숟가락이나 굴소스 0.5숟가락으로 대체 가능해요.

▶ 순두부에서 물이 꽤 나오니 물을 많이 넣지 않아도 됩니다.

조리법

1 양파와 청양고추는 작게 다지고, 달걀은 잘 푼다.

2 팬에 올리브오일을 두르고 양파, 청양고추, 다진 마늘을 넣고 양파가 반 정도 익을 때까지 중약불로 볶는다.

3 순두부와 달걀물을 넣고 숟가락으로 순두부를 한입 크기로 자른다.
- 순두부는 봉지째로 가운데를 칼로 잘라 넣으세요.

4 물, 진간장, 저당 굴소스, 참치액, 순후추를 넣고 중약불로 끓인다.
- 물이 자작하게 남을 때까지 졸이세요.

5 밥 위에 모두 올리고 참기름, 깨, 쪽파를 뿌린다.

화산 치즈 김치 볶음밥

 속세맛   가스레인지   18분

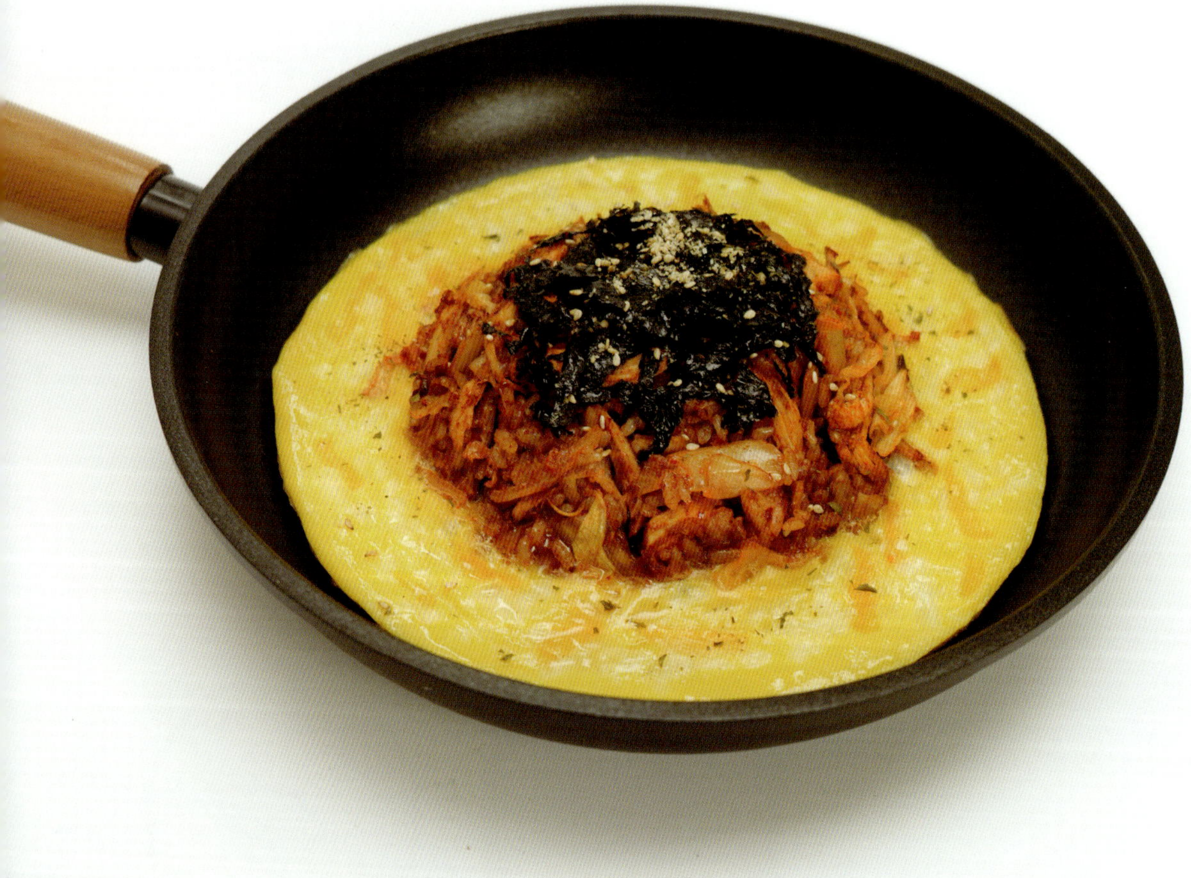

세 시간 웨이팅 해서 먹었던 고깃집의 김치볶음밥 맛을 잊을 수가 없어 집에서 따라 만들어본 레시피예요. 삼겹살 대신 닭가슴살을, 밥 대신 양배추를 듬뿍 넣은 건강한 버전으로, 멋진 비주얼만큼 맛까지 훌륭한 한 끼이니 꼭 드셔보시길 바라요.

재료(1인분)

- 삶은 닭가슴살 100g
- 달걀 2개
- 신 김치 3숟가락(50g)
- 양배추 2줌(100g)
- 대파 흰 부분 1줌(25g)
- 올리브오일 1.5숟가락
- 다진 마늘 1숟가락
- 진간장 1숟가락
- 알룰로스 1숟가락
- 고춧가루 1숟가락
- 밥 크게 3숟가락(100g)
- 모차렐라 치즈 1줌(35g)
- 참기름 1숟가락
- 김가루 약간
- 깨 약간

요리 초보 다이어터를 위한 TIP

▶ 생 닭가슴살은 끓는 물에 넣고 중불로 15~20분 삶아 속까지 푹 익히세요.
▶ 신 김치 대신 생김치로 만들 때는 알룰로스 양을 반 정도 줄이세요.
▶ 염분이 첨가된 닭가슴살 가공품을 쓸 때는 진간장의 양을 줄이세요.
▶ 닭가슴살은 오리고기, 새우, 베이컨 등 다양한 단백질 재료로 대체할 수 있어요.
▶ 간단하게 달걀 프라이로 만들어도 돼요.

조리법

1 대파 흰 부분은 송송, 양배추는 먹기 좋은 크기로 썰고, 김치는 가위로 작게 자른다.

2 삶은 닭가슴살은 잘게 찢고, 그릇에 달걀을 풀어둔다.

3 팬에 올리브오일 1숟가락을 두르고, 다진 마늘과 대파를 넣어 약불로 볶다가 마늘이 노릇해지면 닭가슴살과 양배추를 넣고 중약불로 볶는다.

4 양배추의 숨이 죽으면 진간장, 알룰로스, 고춧가루, 신 김치와 밥을 넣고 중약불에서 재료들이 잘 섞이도록 볶는다.

5 볶음밥을 팬 가운데에 둥글게 모으고, 가장자리에 올리브오일 0.5숟가락을 둘러서 풀어둔 달걀물과 모차렐라 치즈를 돌려 넣고, 뚜껑을 덮어 약불로 천천히 익힌다.

6 달걀이 익고 치즈가 녹으면, 볶음밥 위에 참기름, 김가루, 깨를 뿌린다.
• 깨를 손바닥으로 비벼 으깨서 뿌리면 더욱 고소한 향을 느낄 수 있어요.

케첩 달걀밥

가성비   가스레인지   12분

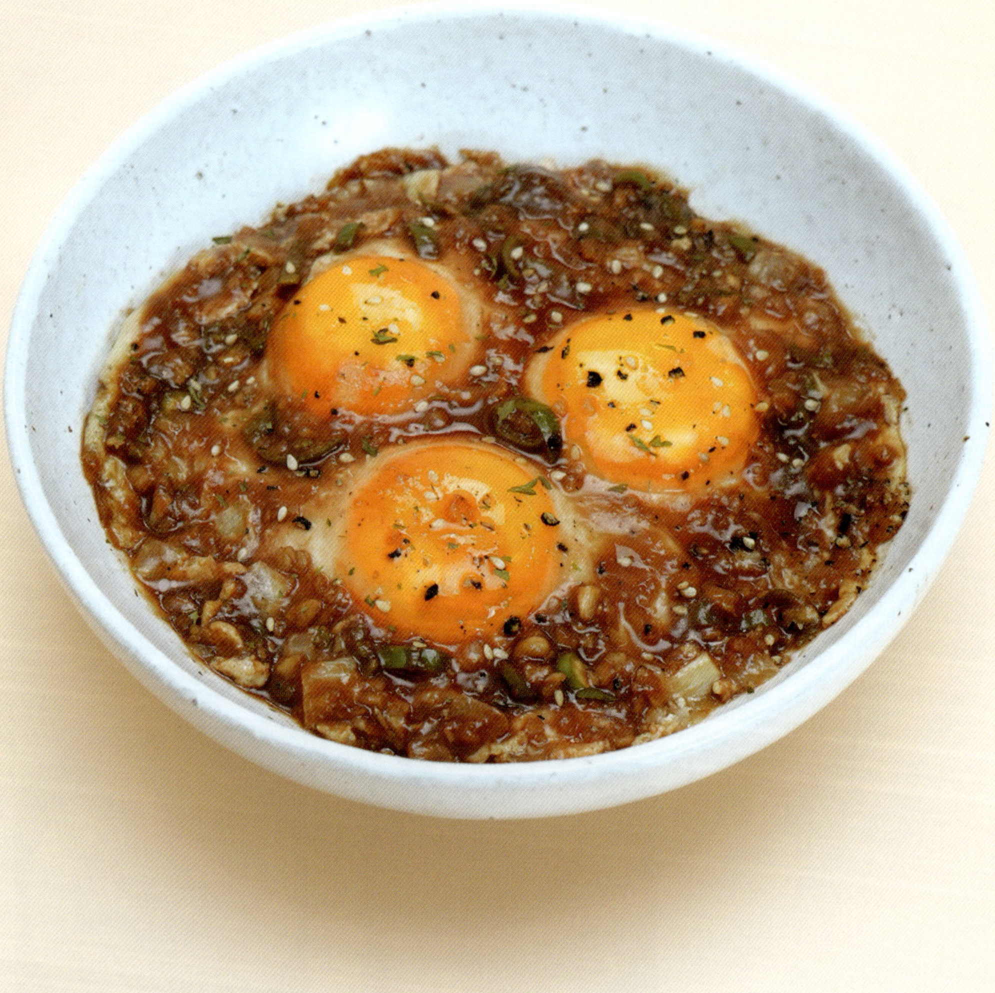

집에 달걀만 잔뜩 쌓여있거나, 매일 똑같은 간장 달걀밥이 질릴 때 유용한 레시피예요. 무려 500만 조회수를 기록할 정도로 간단함과 맛을 모두 잡은 레시피이니 꼭 드셔보시길 바라요.

재료(1인분)

달걀 3개
밥 크게 4숟가락(130g)
양파 1/4개
청양고추 1개
올리브오일 1숟가락
후추 약간
깨 약간

- 케첩 소스
저당 케첩 3숟가락
진간장 1숟가락
다진 마늘 0.5숟가락
물 1/2컵

요리 초보 다이어터를 위한 TIP

▶ 양파 대신 당근, 양배추, 파프리카 등 집에 있는 자투리 채소를 작게 다져 넣어도 좋아요.
▶ 매운 걸 못 드시는 분들은 청양고추를 생략해도 돼요.

조리법

1 양파는 작게 깍둑 썰고, 청양고추는 작게 다진다. 그릇에 케첩 소스 재료와 청양고추를 넣어 섞는다.

2 팬에 올리브오일을 두르고, 양파를 중약불로 볶는다.

3 양파가 반 정도 익으면 팬 가운데로 모으고, 달걀을 올려 익힌다.

4 달걀의 아랫면이 노릇해지면 케첩 소스를 붓고 약불에 끓인다.

5 달걀에 소스를 끼얹으면서 노른자를 취향껏 익힌다.
- 소스가 살짝 걸쭉해질 때까지 졸이세요.

6 밥 위에 익힌 달걀을 올리고 후추와 깨를 뿌린다.

달콤 두부 강정

 속세맛   가스레인지   전자레인지   20분

달콤한 닭강정은 먹고 싶은데 기름과 당이 부담스러운 분들을 위해 건강 버전으로 만들었어요. 바삭하고 쫀득한 튀김옷과, 촉촉하고 부드러운 두부가 만나 정말 매력 있는 식감이랍니다. 네 번의 테스트를 거쳐 완성된 두부 강정 소스도 제대로 속세맛이니 꼭 한번 드셔 보시길 바라요!

재료(1인분)

부침용 두부 1모(300g)
양파 1/2개
타피오카 전분 크게 2숟가락
소금 2꼬집
올리브오일 2숟가락
토핑용 견과류 약간(선택)
쪽파 약간(선택)

- 강정 소스
알룰로스 1.5숟가락
저당 케첩 2숟가락
진간장 1숟가락
저당 고추장 0.5숟가락
다진 마늘 0.5숟가락

요리 초보 다이어터를 위한 TIP

▶ 단단한 부침용 두부를 사용해야 잘 부서지지 않아요. 찌개용 두부라면 통에 한 번에 넣지 말고 한 조각씩 전분을 묻혀 구우세요.
▶ 타피오카 전분이 없으면 감자 전분이나 옥수수 전분을 써도 돼요.
▶ 토핑용 견과류는 깨, 아몬드, 호두, 땅콩, 캐슈넛 등을 다양하게 사용할 수 있어요.

조리법

1 양파는 작게 깍둑 썰고, 토핑용 견과류는 작게 다지고, 그릇에 강정 소스 재료를 넣고 섞는다.

2 부침 두부를 깍둑 썰고 접시에 올려 전자레인지에 2분 돌린 후 두부에서 나온 물기를 따라낸다.
- 두부의 수분이 잘 날아갈 수 있게 접시에 넓게 펼치세요.

3 통에 부침 두부, 타피오카 전분, 소금을 넣고 뚜껑을 닫은 다음 살살 흔든다.
- 두부에 전분가루가 골고루 묻게 앞뒤 위아래로 잘 흔드세요.

4 팬에 올리브오일을 두르고, 두부를 중불에서 골고루 굽다가 서로 달라 붙지 않을 정도가 되면 옆으로 밀어두고, 다른 쪽에서 양파를 볶는다.
- 두부는 기름이 완전히 달궈진 후에 넣으세요.
- 두부끼리 서로 붙지 않도록 간격을 띄워서 구우세요. 오일이 부족하면 조금씩 더 넣으세요.

5 양파가 반 정도 익고, 두부가 노릇해지면 가장자리에 강정 소스를 붓고, 30초 정도 약불에서 끓이다가 잘 섞는다.

6 그릇에 담고 다진 견과류와 쪽파를 뿌린다.

참치 무침 비빔밥

 초간단   가스레인지   10분

참치 무침은 저희 어머니가 어릴 적부터 자주 해주셔서 늘 즐겨 먹었던 반찬이에요. 한번 만들어두면 밑반찬, 비빔밥 등 여기저기 활용할 수 있으니 2인분으로 알려드릴게요. 요리 초보, 자취생 분들에게 더욱 추천 드려요.

재료(2인분)

참치 2캔(200g)
양파 1/4개
청양고추 1~2개

● 참치 무침 양념
다진 마늘 0.3숟가락
고춧가루 0.5숟가락
참기름 1숟가락
깨 0.5숟가락
소금 3꼬집

● 참치 비빔밥 재료(1인분)
밥 크게 4숟가락(130g)
달걀 프라이 1개
깻잎 4장
김가루 약간
스리라차 소스 1숟가락
알룰로스 0.8숟가락

> **요리 초보 다이어터를 위한 TIP**
>
> ▶ 매운 걸 못 드시는 분들은 청양고추를 생략해도 돼요.
> ▶ 다진 양파를 찬물에 10분 정도 담가 매운맛을 빼도 좋아요. 건져서 키친타월로 눌러 양파의 물기를 살짝 닦고 넣으세요.
> ▶ 스리라차 소스는 저당 고추장 0.5숟가락으로 대체 가능해요.
> ▶ 남은 참치 무침은 냉장 보관하고, 밑반찬으로 활용하세요.

조리법

1 깻잎은 채썰고 양파와 청양고추는 작게 다지고, 참치는 기름을 적당히 뺀다.
● 기름을 너무 많이 빼면 뻑뻑해지니 따라 붓는 정도로만 빼면 돼요.

2 그릇에 참치, 양파, 청양고추와 참치 무침 양념 재료를 넣고 잘 섞는다.

3 그릇에 참치 무침 절반과 비빔밥 재료를 넣어 비벼 먹는다.

달걀 고추장 조림

가성비

가스레인지

20분

평범한 간장 계란장 대신 이 레시피를 따라해 보세요. 떡볶이처럼 느껴지는 고추장 소스가 킥이에요. 떡볶이가 당길 때, 외식하고 싶은 마음은 충족하면서도 단백질 폭탄을 섭취할 수 있답니다. 밥에 쓱쓱 비벼 김자반을 뿌려 먹으면 더 잘 어울려요.

영상과 함께 보세요!

재료(3인분)

달걀 6개
올리브오일 1숟가락
다진마늘 1숟가락
밥 크게 4숟가락(130g)
참기름 1숟가락
깨 약간
김자반 약간

- 고추장 소스
고춧가루 2숟가락
저당 고추장 2숟가락
알룰로스 2숟가락
식초 1숟가락
진간장 1숟가락
저당 굴소스 1숟가락
물 2/3컵

> 요리 초보 다이어터를 위한 TIP

▶ 냉장고에서 일주일 정도 보관할 수 있어요.
▶ 고추장 소스 속 식초는 가열하면 감칠맛을 더해줘요.
▶ 김가루보다 달콤 짭조름한 김자반이 훨씬 잘 어울려요. 바삭한 식감까지 더해져 더 좋습니다.

조리법

1 실온의 달걀을 끓는 물에 넣어 6분 30초~7분 동안 삶고, 차가운 물에 담가 식힌 후 껍질을 깐다.

2 그릇에 고추장 소스 재료를 넣고 섞는다.

3 팬에 올리브오일을 두르고, 중약불에서 다진 마늘을 노릇해질 때까지 볶는다.

4 고추장 소스와 삶은 달걀을 넣고 원하는 농도가 될 때까지 졸인다.
• 달걀 위로 소스를 끼얹으며 졸이세요.

5 밥 위에 달걀을 올리고, 김자반, 참기름, 깨를 뿌려 비벼 먹는다.
• 남은 달걀과 소스는 밀폐용기에 담아 냉장 보관하세요.

달걀 카레라이스

가성비 가스레인지 12분

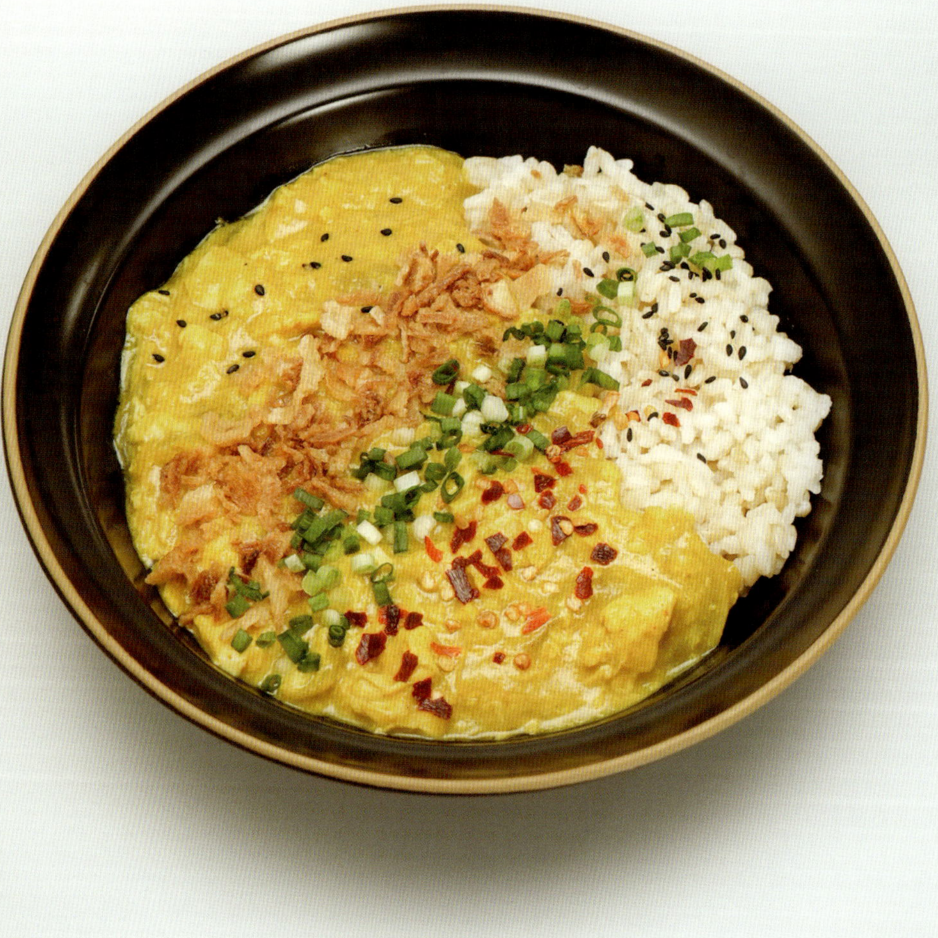

몽글몽글 부드럽게 익은 달걀이 술술 넘어가는 따뜻한 카레예요. 입맛 없을 때에도 자연스레 군침을 돌게 만드는 마법 같은 요리랍니다. 복잡한 과정 없이 간단하게 완성할 수 있으니 바쁜 일상 속 든든한 한 끼로 만들어보세요.

재료(1인분)

달걀 2개
우유 3숟가락
양파 1/2개
올리브오일 1숟가락
밥 크게 4숟가락(130g)
물 1컵
카레가루 2숟가락
쪽파 약간(선택)
양파 플레이크 약간(선택)
크러쉬드 레드페퍼 약간(선택)

요리 초보 다이어터를 위한 TIP

▶ 우유는 부드럽고 고소한 맛을 더해줘요. 취향에 맞게 저지방 우유, 귀리 우유(오트 밀크) 등으로 대체 가능해요.
▶ 달걀은 반숙 정도로 익혀야 부드러워요. 지나치게 익히지 않도록 조심하세요.
▶ 카레가루는 오뚜기 제품의 약간 매운맛을 사용했어요.

조리법

1 그릇에 달걀과 우유를 넣고 잘 푼다.

2 양파는 도톰하게 채 썬다.

3 팬에 올리브오일을 두르고 양파를 넣어 중약불로 볶는다.

4 양파가 익으면 물과 카레가루를 넣어 잘 섞는다.

5 물이 끓기 시작하면 약불로 줄이고, 달걀물을 골고루 두른 후 20초 정도 기다렸다가 젓는다.

6 밥 위에 카레를 올리고 양파 플레이크, 쪽파, 크러쉬드 레드페퍼를 뿌린다.

라이스페이퍼 군만두

 속세맛  가스레인지   25분

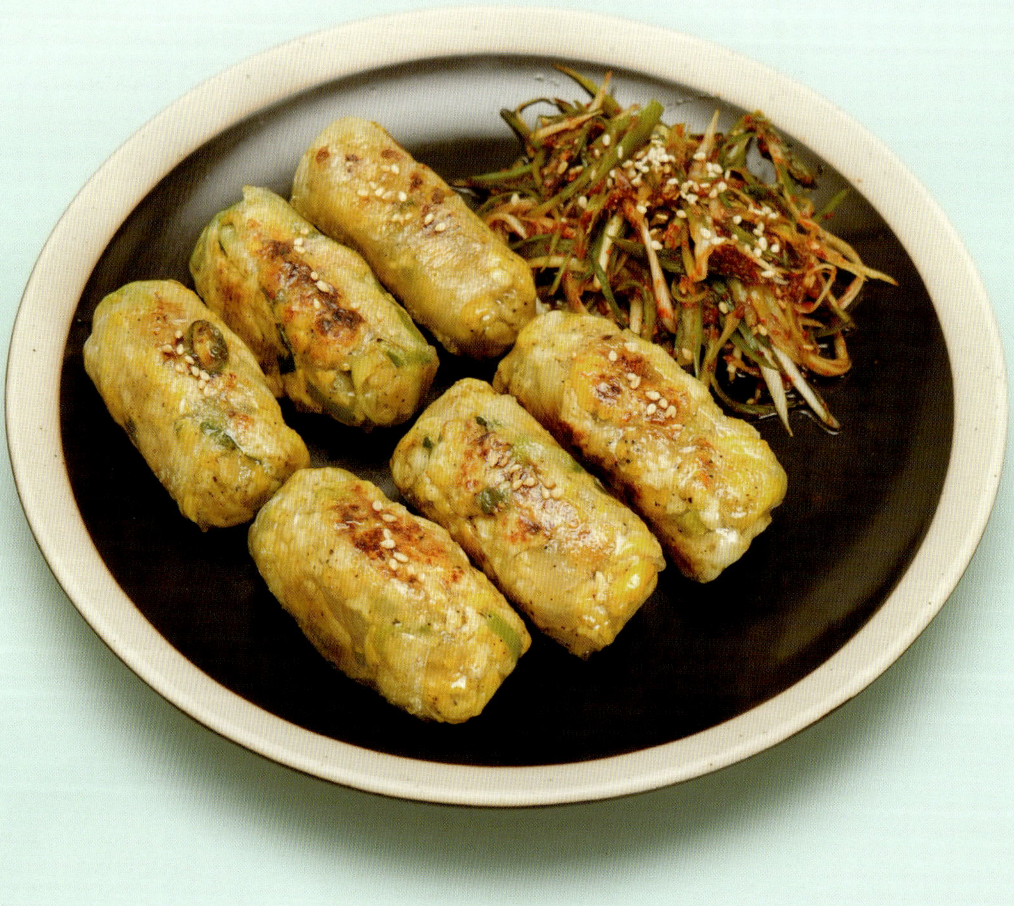

사놔도 자주 꺼내 먹지 않게 되는 라이스페이퍼를 쉽게 활용할 수 있는 레시피예요. 달걀과 대파로 만두의 속재료와 곁들임 파절이까지 한 번에 해결할 수 있어 간단하면서도 알찬 요리죠. 일반 군만두와 거의 비슷한 맛이라 한입 먹으면 깜짝 놀라실 거예요.

재료(1인분)

라이스페이퍼 6장
양파 1/2개
대파 2줌(60g)
달걀 3개
다진 마늘 1숟가락
저당 굴소스 1숟가락
순후추 약간
참기름 1숟가락
올리브오일 2숟가락

- 파절이 소스

진간장 1숟가락
식초 1숟가락
알룰로스 1숟가락
고춧가루 1숟가락
깨 약간

요리 초보 다이어터를 위한 TIP

▶ 만두에 올리브오일을 발라 에어프라이어에 노릇하게 구워도 돼요.
▶ 파절이를 만들기 번거롭다면, 간단하게 간장에 찍어 먹어도 좋아요.
▶ 달걀 대신 으깬 두부를 볶아서 수분을 날려 사용해도 좋아요.
▶ 당근, 애호박 등 자투리 채소를 다져 볶아도 돼요.

조리법

1 양파는 작게 다지고, 대파 반은 송송 썰고, 반은 파채칼로 채 썬다.
- 파채칼이 없으면 송송 썰어도 돼요.

2 팬에 올리브오일 1숟가락을 두르고, 다진 마늘과 양파를 넣고 중약불로 볶다가 양파가 반 정도 익으면 달걀을 넣어 스크램블 한다.

3 송송 썬 대파, 저당 굴소스, 순후추를 넣고 볶다가 불을 끄고, 참기름을 넣어 섞는다.
- 불을 끄고 넣어야 참기름의 고소한 향이 날아가지 않아요.

4 찬물에 적신 라이스페이퍼에 볶은 재료를 올리고, 양옆을 접고 돌돌 만다.
- 빈 공간이 생기지 않도록 라이스페이퍼를 바짝 붙여 마세요.

5 팬에 올리브오일 1숟가락을 두르고, 팬이 충분히 달궈지면, 만두를 올리고 중약불에 모든 면을 노릇하게 굽는다.
- 서로 붙지 않게 간격을 두고, 기름이 부족하면 조금씩 더 넣으세요.

6 그릇에 파채와 파절이 소스 재료를 넣고 섞어 파절이를 만들어 곁들인다.

PART 4

채소를
가장 맛있게 먹을 수 있는
냉털 레시피

채소가 다이어트에 좋다는 건 알지만 샐러드만 먹다 보니 금방 질리게 되죠. 다이어트에 좋다는 채소를 다양하게 사놔도 냉장고에서 시들해져 버리는 경우도 있어요. 큰 맘 먹고 사도 다 먹기가 힘든 것이 사실입니다. 채소만 계속 먹다가 오히려 입맛이 터져 버려서 실패하게 되는 경우도 있어요. 그래서 다양한 채소를 쉽고 맛있게 먹을 수 있는 레시피를 소개합니다. '채소가 이렇게 맛있었어?'라는 생각이 드실 거예요.

오이 참치 비빔밥

초간단 6분

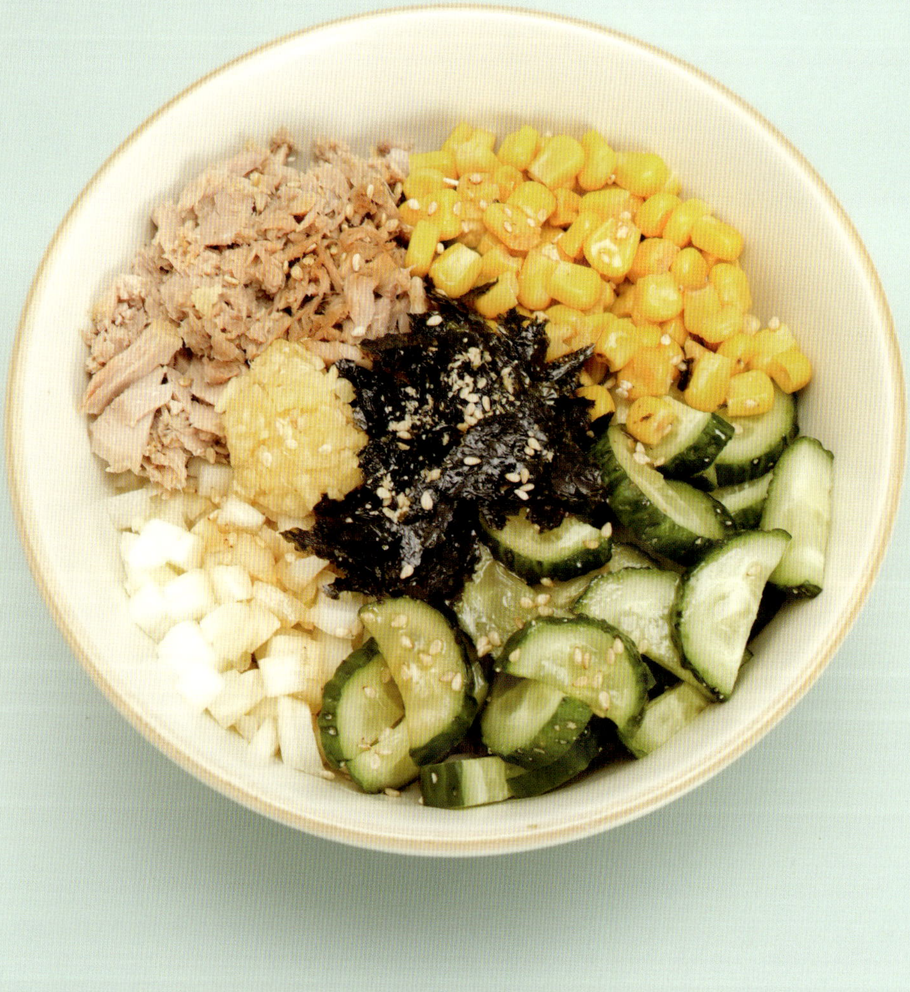

무더운 여름을 시원하게 즐길 수 있는 저의 단골 메뉴예요. 재료도 간단하고 만드는 과정도 손쉽지만, 한번 맛보면 계속 생각나는 매력이 있답니다. 건강하고 가벼운 한 끼를 원하신다면 꼭 추천 드려요.

재료(1인분)

오이 1/2개

참치 1캔(100g)

양파 1/4개

밥 크게 4숟가락(130g)

무가당 스위트콘 2숟가락

김가루 약간

진간장 1숟가락

알룰로스 1숟가락

식초 1숟가락

다진 마늘 0.3숟가락

참기름 1숟가락

깨 약간

요리 초보 다이어터를 위한 TIP

▶ 참치 대신 닭가슴살이나 다양한 닭가슴살 가공품으로 단백질을 채워도 좋아요.

▶ 조미된 김가루 대신 김밥 김 1/2장을 가위로 잘라 넣어 염분 섭취를 줄여도 좋아요.

조리법

1 양파는 작게 다지고, 오이는 도톰하게 반달 썰고, 참치는 기름을 뺀다.

• 양파는 최대한 작게 썰어야 매운맛이 덜해요. 찬물에 10분 정도 담가 매운기를 완전히 빼도 돼요.

2 그릇에 밥을 담고, 오이, 양파, 참치, 무가당 스위트콘을 올린다.

3 김가루, 진간장, 알룰로스, 식초, 다진 마늘, 참기름, 깨를 뿌려 마무리한다.

마늘 새우 볶음밥

 가성비　 가스레인지　 전자레인지　 15분

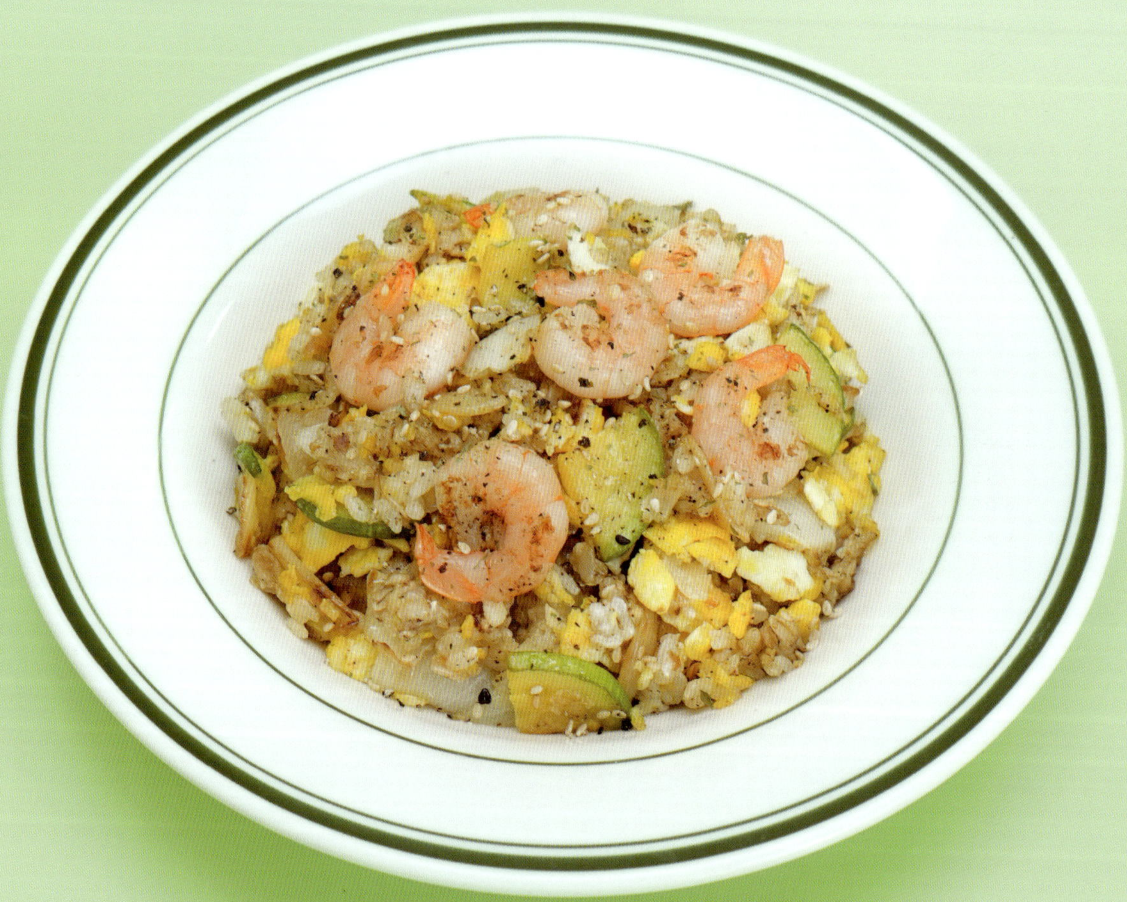

굴소스를 사용하지 않고 소금만으로 간을 해서 새우 본연의 풍미를 한층 더 잘 느낄 수 있는 볶음밥이에요. 오트밀을 활용해 건강하면서도 포만감이 오래가는 든든한 한 끼를 즐기실 수 있답니다. 담백하고 깔끔한 요리가 당길 때 꼭 한번 드셔보세요!

재료(1인분)

- 냉동 새우 6마리
- 양파 1/2개
- 애호박 1/3개
- 마늘 4개
- 다진 마늘 1숟가락
- 달걀 2개
- 밥 크게 2숟가락(60g)
- 오트밀 3숟가락(25g)
- 물 4숟가락
- 올리브오일 1.5숟가락
- 소금 3꼬집
- 후추 약간
- 참기름 1숟가락
- 깨 약간

요리 초보 다이어터를 위한 TIP

▶ 오트밀이 없으면 밥만 넣어도 돼요. 평소 드시는 양에 따라 조절하세요.
▶ 더욱 풍부한 마늘향과 식감을 위해 마늘과 다진 마늘을 함께 사용했지만, 한 가지만 넣어도 돼요.

조리법

1 냉동 새우는 찬물에 5분 정도 담가 해동하고, 그릇에 오트밀과 물을 넣어 전자레인지에 2분 돌린 후 잘 섞는다.
- 오트밀을 물에 잘 섞은 후 돌리세요.

2 양파는 먹기 좋게 깍둑 썰고, 애호박은 도톰하게 썰어 4등분 하고, 마늘은 얇게 편으로 썬다.

3 팬에 올리브오일 1숟가락을 두르고 마늘 편, 다진 마늘, 새우, 소금 1꼬집을 넣고 약불로 1분간 볶는다.

4 양파와 애호박을 넣고 중불로 볶다가 양파가 반 정도 익으면 팬의 다른 쪽에 올리브오일 0.5숟가락을 두른 뒤 달걀과 소금 2꼬집을 넣어 스크램블 한다.

5 오트밀 밥과 쌀밥을 넣고 모든 재료가 잘 섞이도록 볶는다.
- 부족한 간은 소금으로 맞추세요.

6 불을 끈 후 참기름, 후추, 깨를 뿌려 섞는다.
- 불을 끄고 넣어야 참기름의 고소한 향이 날아가지 않아요.

애호박 참치 덮밥

 속세맛  가스레인지   12분

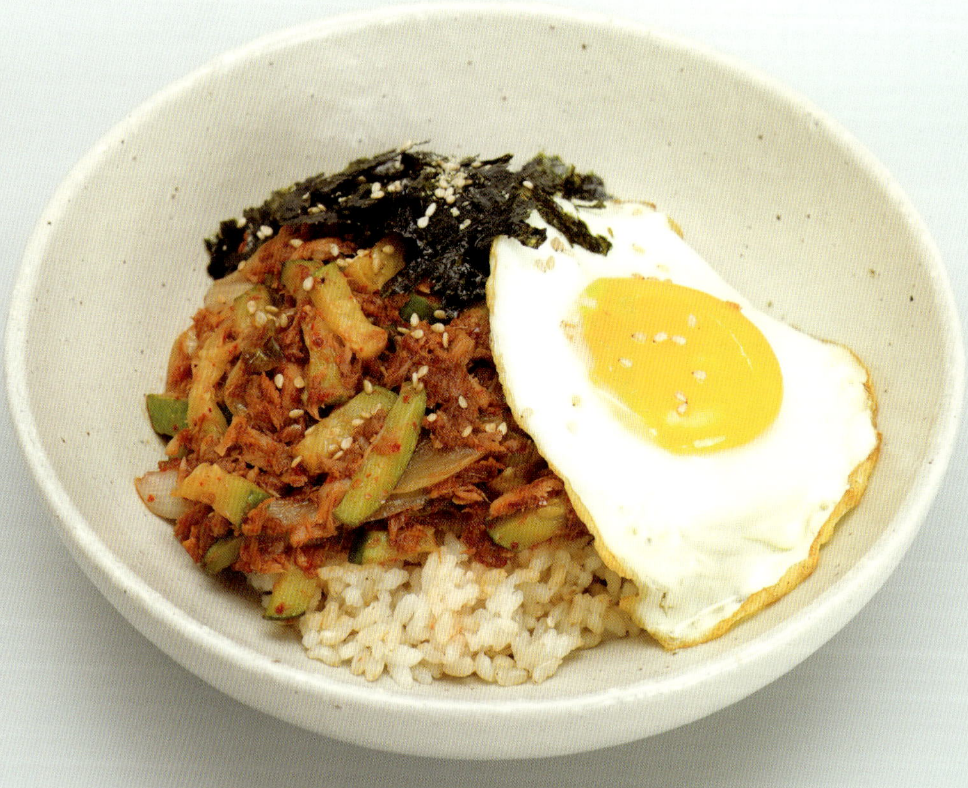

냉장고에 애매하게 남아있는 애호박을 어떻게 먹을지 고민이라면 이 레시피가 딱이에요. 구독자분들로부터 수많은 후기를 받은 인기 메뉴로, 요리 초보도 손쉽게 따라 할 수 있답니다. 달짝지근한 애호박 볶음과 감칠맛 나는 참치가 환상의 조화를 이루는 한 끼를 맛있게 즐겨보세요!

재료(1인분)

- 참치 1캔(100g)
- 애호박 1/3개(90g)
- 양파 1/2개
- 대파 흰 부분 1줌(20g)
- 밥 크게 4숟가락(130g)
- 다진 마늘 1숟가락
- 올리브오일 1숟가락
- 진간장 1숟가락
- 저당 굴소스 0.5숟가락
- 고춧가루 1숟가락
- 달걀 프라이 1개
- 참기름 1숟가락
- 김가루 약간
- 깨 약간

요리 초보 다이어터를 위한 TIP

▶ 완성 후 스리라차 소스를 뿌리면 더욱 매콤한 맛으로 즐길 수 있어요.
▶ 굴소스가 없으면 진간장 1숟가락으로 대체하세요.

조리법

1 애호박과 양파는 도톰하게 채 썰고, 대파는 송송 썰고, 참치는 숟가락으로 꾹 눌러 기름을 뺀다.

2 팬에 올리브오일을 두르고, 대파와 다진 마늘을 넣어 약불로 볶는다.

3 애호박과 양파를 넣고, 중불에서 양파가 반 정도 익을 때까지 볶는다.
• 기름이 부족하면 물을 3숟가락 정도 넣어서 볶으세요.

4 참치, 진간장, 저당 굴소스, 고춧가루를 넣고 중약불에서 볶는다.

5 재료와 소스가 잘 섞이면 불을 끄고 참기름을 넣어 섞는다.
• 불을 끄고 넣어야 참기름의 고소한 향이 날아가지 않아요.

6 밥 위에 애호박 참치 볶음과 달걀 프라이를 올리고, 김가루와 깨를 뿌린다.

중화 가지 볶음밥

 속세맛　 가스레인지　 12분

냉장고에 가지가 보이면 가장 먼저 떠오르는 레시피에요. 감칠맛을 더해주는 참치액과 굴소스가 들어가 매콤한 중화요리를 먹는 기분을 느낄 수 있어요. 가지를 싫어하던 분들조차 맛있게 먹었다는 후기가 많은 만큼 맛보장이니 꼭 한번 드셔보시길 바라요.

재료(1인분)

- 가지 1개
- 양파 1/2개
- 대파 흰 부분 1줌(20g)
- 청양고추 1개
- 밥 크게 4숟가락(130g)
- 달걀 프라이 1개
- 올리브오일 1숟가락
- 다진 마늘 1숟가락
- 물 5숟가락
- 저당 굴소스 0.5숟가락
- 참치액 1숟가락
- 고춧가루 0.5숟가락
- 참기름 1숟가락
- 깨 약간

요리 초보 다이어터를 위한 TIP

▶ 더욱 포만감 있게 먹으려면 새송이, 느타리, 팽이 등 버섯을 추가해도 좋아요.
▶ 간이 부족하면 굴소스를 취향껏 추가하세요.
▶ 참치액이 없으면, 멸치액젓 1숟가락 또는 간장 1숟가락 또는 굴소스 0.5숟가락으로 대체 가능해요.
▶ 즉석밥을 데우지 않고 바로 볶으면 더 고슬고슬한 볶음밥을 만들 수 있어요.
▶ 매운 걸 못 드시는 분들은 청양고추를 생략해도 돼요.

조리법

1 가지는 반달 모양으로, 양파는 먹기 좋게 깍둑 썰고, 대파 흰 부분은 송송, 청양고추는 작게 다진다.

2 팬에 올리브오일을 두르고, 대파와 다진 마늘을 넣고 약불로 볶는다.

3 마늘 향이 올라오면 가지와 양파, 물을 넣고 중불로 볶는다.
• 물을 넣으면 가지에 흡수되는 기름을 줄일 수 있어요.

4 가지가 흐물해지면 저당 굴소스, 참치액, 고춧가루, 청양고추, 밥을 넣고 중약불에서 2분간 볶는다.

5 불을 끄고 참기름과 깨를 뿌려 섞는다.
• 불을 끄고 넣어야 참기름의 고소한 향이 날아가지 않아요.

6 접시에 볶음밥을 담고 달걀 프라이를 올리고 깨를 뿌린다.

된장 가지 덮밥

 가성비　 가스레인지　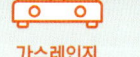 18분

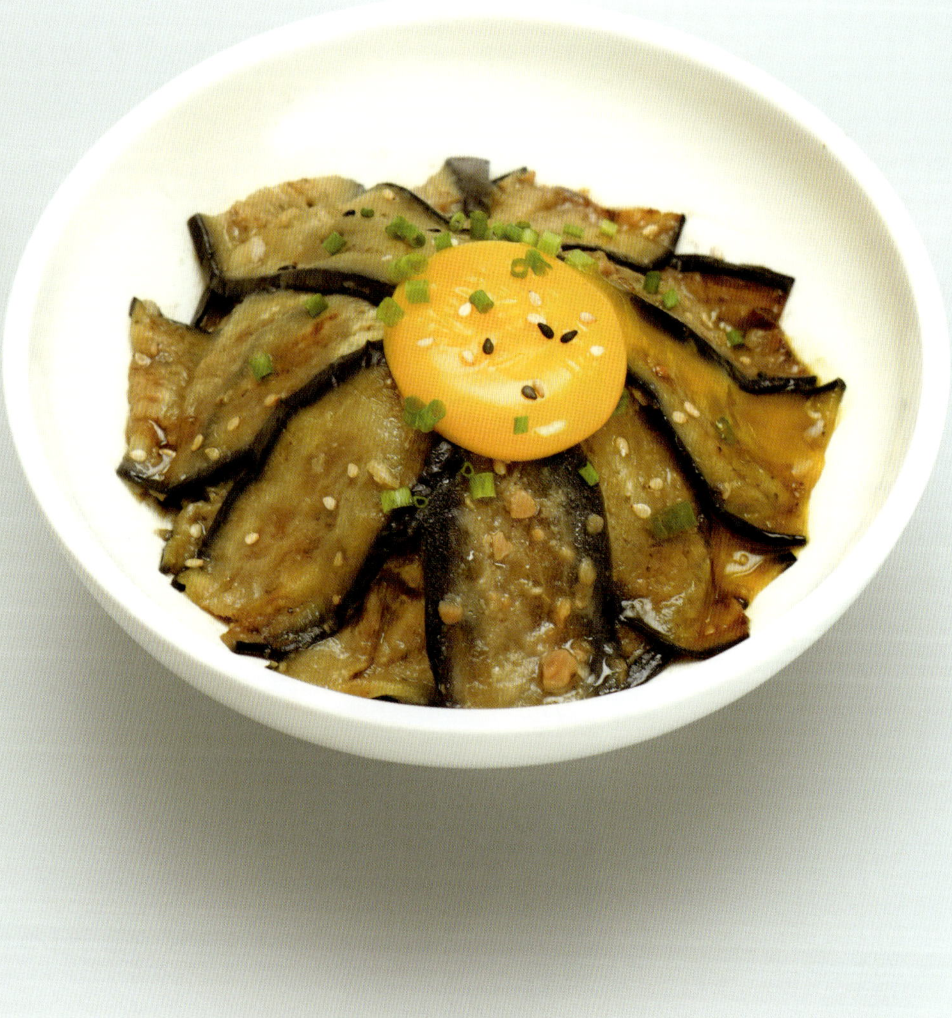

평소와는 조금 색다른 덮밥을 찾으신다면 이 레시피를 추천드려요. 된장소스에 졸인 가지는 고기인지 헷갈릴 정도로 매력 있는 식감이랍니다. 단백질 가득한 두부밥 위에 가지를 한 장씩 올려 먹는 재미를 느껴보세요.

재료(1인분)

가지 1개
청양고추 1개
두부 2/3모(200g)
밥 크게 3숟가락(100g)
달걀 1개
저당 굴소스 0.8숟가락
후추 약간
올리브오일 1숟가락
참기름 1숟가락
쪽파 약간(선택)
깨 약간

• 된장 소스
저염된장 0.8숟가락
다진 마늘 0.5숟가락
알룰로스 1숟가락
물 1/2컵

요리 초보 다이어터를 위한 TIP

▶ 더욱 포만감 있게 먹으려면 새송이, 느타리, 팽이 등 버섯을 추가해도 좋아요.
▶ 일반 된장을 사용한다면 0.5숟가락을 넣으세요.

조리법

1 가지는 가로로 반 잘라서 1cm 두께로 썰고, 청양고추는 작게 다진다. 그릇에 된장 소스 재료와 청양고추를 넣고 섞는다.

2 팬에 두부를 넣고 숟가락으로 으깬 후, 중불에서 수분을 날리며 볶는다.

3 밥과 달걀흰자, 저당 굴소스, 후추를 넣고 1분간 볶아 그릇에 담아둔다.
• 달걀노른자는 토핑용으로 따로 빼두세요.

4 팬에 올리브오일을 두르고, 가지를 노릇하게 굽는다.
• 기름이 부족하면 물을 조금 넣어 익히세요.

5 가지가 말랑해지면 만들어둔 된장 소스를 넣고 중약불에서 자박하게 졸인다.

6 밥 위에 가지와 달걀노른자를 가지런히 올리고, 참기름, 쪽파, 깨를 뿌린다.
• 소스도 남김없이 올리세요.

양배추 목살 덮밥

 가성비   가스레인지   12분

맨날 닭가슴살만 먹기 지겨울 때는 목살을 활용해 보세요. 기름을 가능한 적게 쓰고 양을 잘 조절하면 훌륭한 단백질 공급원으로 다채로운 식단을 구성할 수 있어요. 부드럽게 익힌 목살과 아삭한 양배추의 조화도 느껴보시길 바라요.

재료(1인분)

- 양배추 2줌(120g)
- 냉동 대패 목살 100g
- 밥 크게 4숟가락(130g)
- 맛술 1숟가락
- 다진 마늘 1숟가락
- 진간장 1숟가락
- 저당 굴소스 0.5숟가락
- 알룰로스 0.5숟가락
- 달걀 1개
- 깨 약간
- 후추 약간
- 쪽파 약간(선택)

요리 초보 다이어터를 위한 TIP

▶ 양배추 대신 숙주 1줌을 넣어도 좋아요. 달걀흰자를 볶은 다음 숙주를 넣어 강불에 40초 정도 볶으세요.
▶ 매콤한 걸 좋아한다면 다진 청양고추를 양념과 같이 넣고 볶으세요.
▶ 맛술은 고기의 잡내를 날려줘요. 없으면 생략 가능해요.
▶ 간단하게 달걀 프라이를 만들어도 좋아요.

조리법

1 양배추는 얇게 채 썰고, 냉동 대패 목살은 먹기 좋은 크기로 자른다.

2 팬에 목살과 맛술을 넣어 약불로 볶는다.

3 목살의 핏기가 사라지면, 양배추와 다진 마늘, 진간장, 저당 굴소스, 알룰로스를 넣고 중약불로 볶는다.

4 양배추의 숨이 죽으면 달걀흰자를 넣고 스크램블 해서 같이 볶는다.
• 달걀노른자는 토핑용으로 따로 빼두세요.

5 밥 위에 볶은 재료와 달걀노른자를 올리고, 깨, 후추, 쪽파를 뿌린다.

간장 팽이버섯 덮밥

 가성비  가스레인지   12분

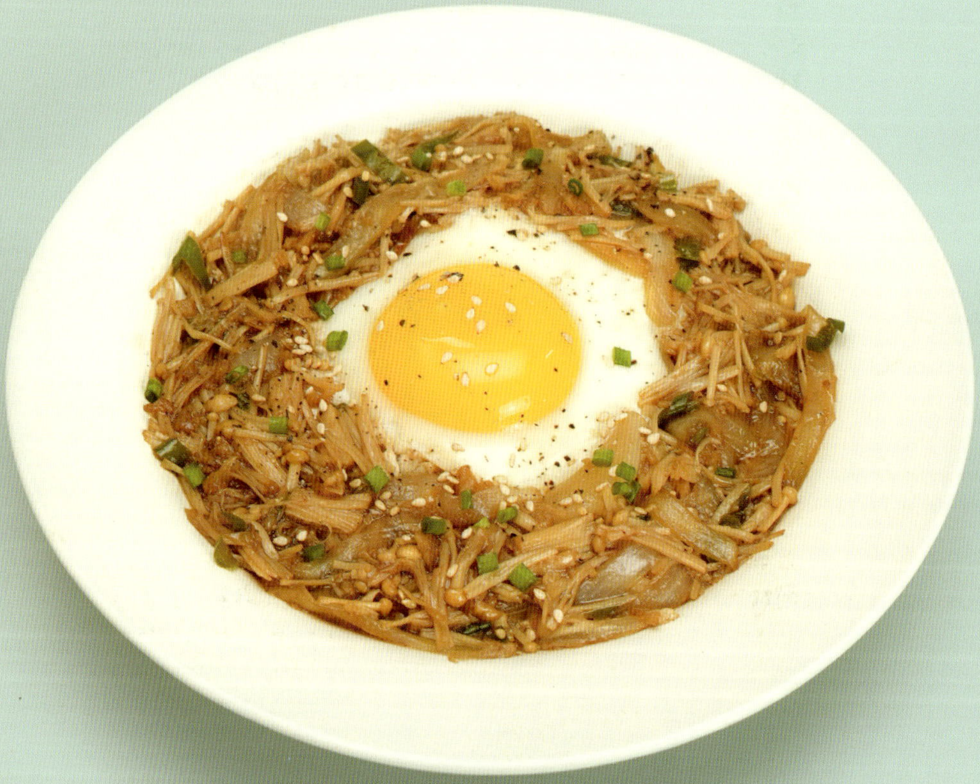

채소값이 부담스러운 요즘, 천 원짜리 팽이버섯 한 봉지로 간단하게 완성할 수 있는 가성비 레시피예요. 감칠맛 가득한 간장 소스와 오독오독한 팽이버섯의 환상적인 조화를 느껴보세요. 340만 조회수를 기록하며 많은 사랑을 받았던 인기 레시피로, 한번 만들어보시면 그 이유를 알게 돼요.

재료(1인분)

팽이버섯 1봉(100g)
양파 1/2개
청양고추 1개
밥 크게 4숟가락(130g)
다진 마늘 1숟가락
달걀 1개
올리브오일 1숟가락
진간장 1.5숟가락
물 2숟가락
맛술 1숟가락
참치액 0.5숟가락
참기름 1숟가락
깨 약간
후추 약간
쪽파 약간(선택)

요리 초보 다이어터를 위한 TIP

▶ 맛술이 없으면 소스에 알룰로스 0.5숟가락을 넣으세요.
▶ 팽이버섯 대신 느타리버섯이나 잘게 찢은 새송이버섯으로 만들어도 좋아요.
▶ 참치액젓은 멸치액젓 0.5숟가락이나 굴소스 0.5숟가락으로도 대체 가능해요.

조리법

1 팽이버섯은 밑동을 잘라내 1cm 길이로 썰고, 양파는 도톰하게 채 썰고, 청양고추는 잘게 다진다.

2 팬에 올리브오일을 두르고, 다진 마늘과 양파를 넣고 중약불로 볶는다.

3 양파가 투명해지기 시작하면 팽이버섯과 청양고추를 넣고 볶는다.

4 팽이버섯의 숨이 죽으면, 한쪽에 진간장, 물, 맛술, 참치액을 넣고 소스가 끓기 시작하면 5초 뒤 팽이버섯과 잘 섞는다.

5 팬 가운데에 자리를 만들어 달걀을 넣고, 뚜껑을 닫아 약불에서 천천히 익힌다.
• 달걀노른자는 취향껏 익히세요.

6 그릇에 밥과 볶은 재료를 올리고, 참기름, 깨, 후추, 쪽파를 뿌린다.

매콤 양배추 참치 비빔밥

 속세맛   전자레인지   10분

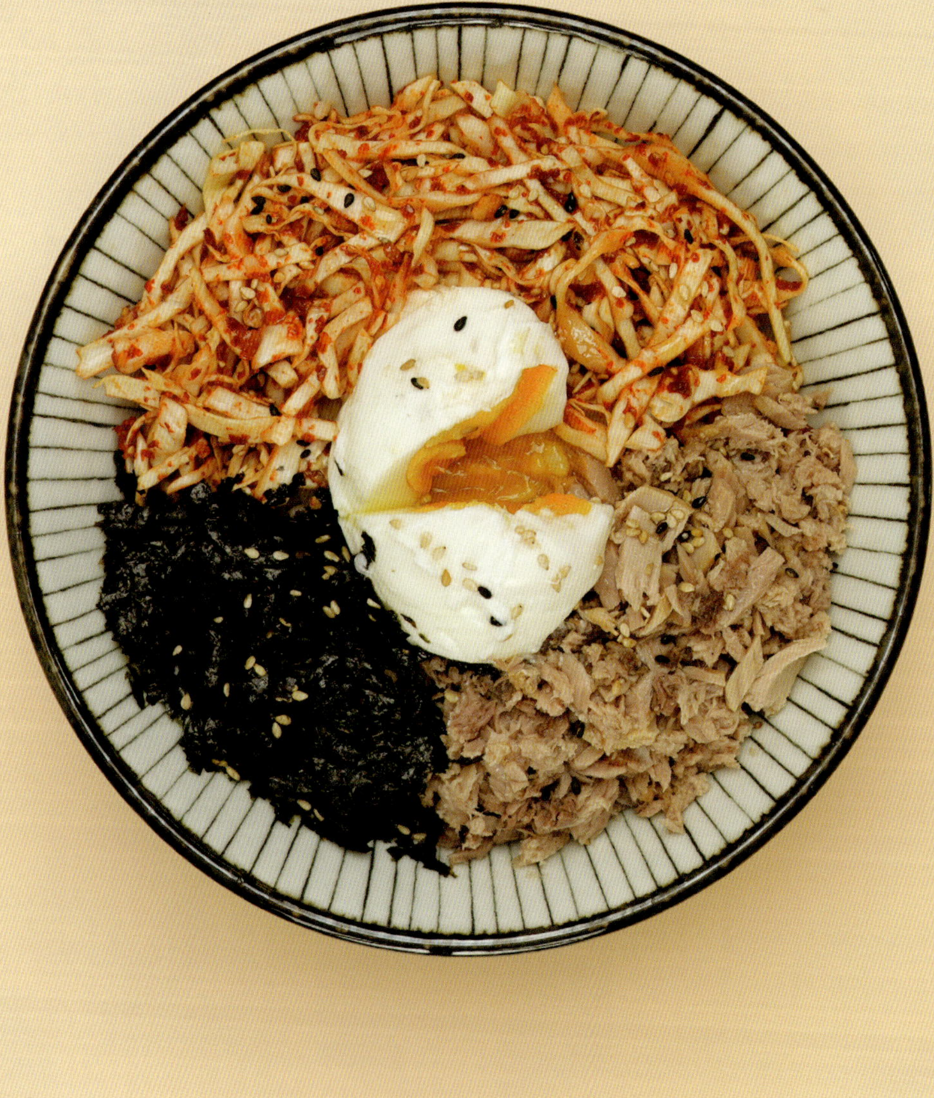

올리자마자 뜨거운 반응을 일으키며 수많은 칭찬 후기를 받은 인기 레시피예요. 어디에나 잘 어울리는 상큼한 양배추 무침에 고소한 참치를 더한 맛보장 조합이죠. 전자레인지로 만든 수란까지 곁들여 불을 사용하지 않고도 누구나 쉽게 완성할 수 있으니 꼭 한번 도전해 보세요.

재료(1인분)

양배추 2줌(120g)
참치 1캔(100g)
김가루 약간
참기름 1숟가락
깨 약간

● 양배추 무침 양념
고춧가루 2숟가락
식초 2숟가락
알룰로스 1숟가락
다진 마늘 0.3숟가락
소금 2~3꼬집
깨 약간

● 전자레인지 수란
달걀 1개
식초 1숟가락
물 밥그릇 2/3지점

요리 초보 다이어터를 위한 TIP

▶ 양배추 무침에 소금 대신 참치액이나 멸치액젓 0.5숟가락을 넣어 감칠맛을 더해도 좋아요.
▶ 수란 대신 달걀 프라이를 올려도 좋아요.

조리법

1 양배추는 얇게 채 썰고, 참치는 숟가락으로 꾹 눌러 기름을 뺀다.
● 양배추는 아삭한 식감을 느낄 수 있도록 적당히 얇게 써세요.

2 그릇에 양배추와 양배추 무침 양념 재료를 넣고 버무린다.
● 소금은 취향껏 조절하세요.

3 밥 위에 기름을 뺀 참치, 양배추 무침과 김가루를 올린다.

4 수란을 만들어 올리고, 참기름과 깨를 뿌린다.

전자레인지로 수란 만드는 법

① 밥그릇에 물을 2/3 정도 붓고, 식초 1숟가락을 푼 후 달걀 1개를 넣는다. (식초는 달걀이 물에 풀어지는 것을 막아줘요)
② 달걀이 터지지 않게 젓가락으로 노른자를 콕콕 찌른다.
③ 접시나 덮개로 덮어 전자레인지에 1분 30초 돌리고, 숟가락으로 조심히 꺼낸다. (덜 익었으면 30초씩 더 돌리세요)

오트밀 버섯 크림 리조토

 속세맛   가스레인지   15분

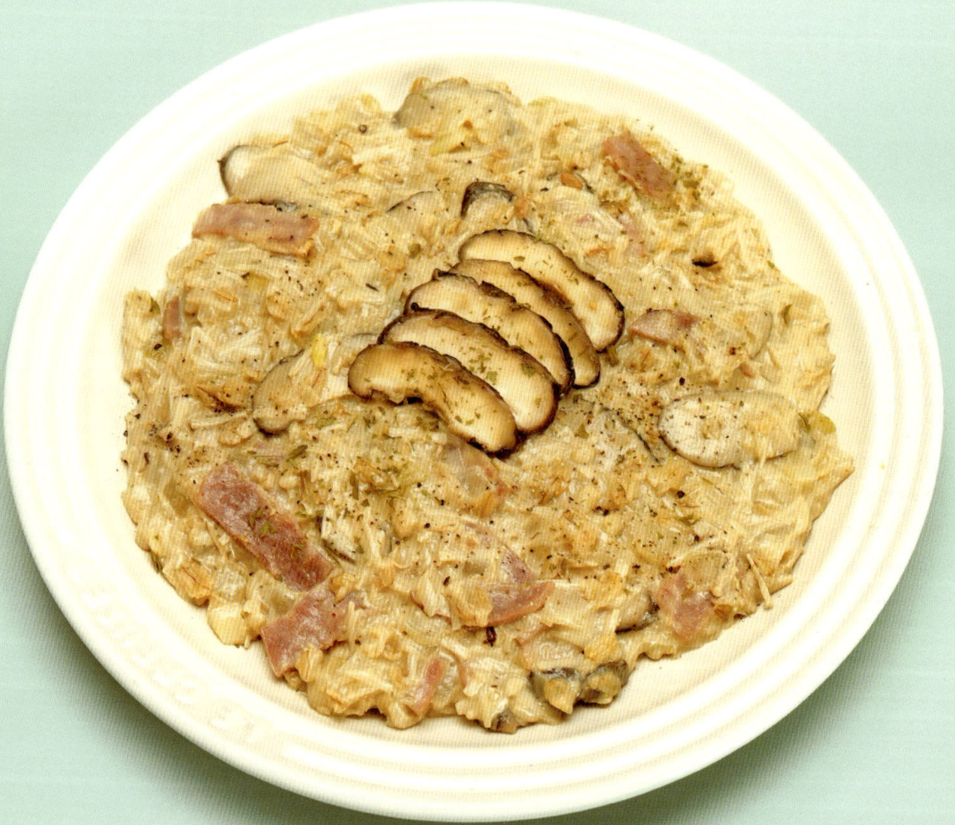

유튜브를 하기 전부터 애정해온 레시피로, 생크림 없이도 꾸덕하고 고소한 리조토를 만들 수 있다는 것을 꼭 알려드리고 싶었어요. 오트밀을 넣었지만 쌀밥과 차이가 거의 느껴지지 않아 더욱 포만감 있고 만족스러운 한 끼를 즐길 수 있어요.

재료(1인분)

- 아몬드브리즈 언스위트 2컵(380ml)
- 오트밀 4숟가락(35g)
- 양파 1/2개
- 베이컨 2줄
- 팽이버섯 1줌(70g)
- 표고버섯 1줌(50g)
- 올리브오일 1숟가락
- 다진 마늘 1숟가락
- 저당 굴소스 1숟가락
- 체다 치즈 1장
- 페페론치노 2~3개
- 소금 약간(선택)
- 후추 약간
- 파슬리 약간(선택)

요리 초보 다이어터를 위한 TIP

- ▶ 굴소스 대신 치킨스톡 1숟가락을 넣어도 돼요.
- ▶ 오트밀 대신 현미밥 130g을 넣어도 돼요. 즉석밥은 데우지 말고 바로 넣으세요.
- ▶ 베이컨 대신 새우나 닭가슴살로 단백질을 채울 수 있어요.
- ▶ 버섯은 느타리, 새송이, 양송이버섯도 가능해요. 집에 있는 버섯 한두 종류로 취향껏 넣으세요.
- ▶ 아몬드브리즈의 향이 익숙하지 않으면 우유, 두유, 귀리우유 등으로 대체 가능해요.

조리법

1 양파는 작게 다지고, 베이컨은 먹기 좋은 크기로 자른다.

2 팽이버섯은 밑동을 자른 후 1cm 길이로 썰고, 표고버섯은 편으로 썬다.

3 팬에 올리브오일을 두르고, 다진 마늘과 양파, 베이컨을 넣고 페페론치노를 찢어 넣어 중약불로 볶는다.

4 양파가 살짝 투명해지면 팽이버섯, 표고버섯, 저당 굴소스를 넣고 볶는다.

- 토핑용으로 볶은 표고버섯 3~4개를 따로 빼놓으세요.

5 버섯이 익으면 아몬드브리즈 언스위트, 오트밀, 체다 치즈를 넣고 중불로 원하는 농도가 될 때까지 저어가며 끓인다.

- 부족한 간은 소금으로 맞추세요.
- 오트밀이 충분히 불지 않았다면 물을 추가하면서 끓이세요.

6 접시에 담고, 남겨둔 표고버섯을 올린 뒤 후추와 파슬리를 뿌려 마무리한다.

노오븐 라따뚜이

 속세맛  가스레인지   25분

새해 기념으로 부모님께 만들어드렸다가 맛있다고 칭찬받은 홈파티 메뉴예요. 신선한 채소와 토마토소스가 듬뿍 들어가 남녀노소 누구나 좋아할 맛이랍니다. 오븐 없이 간단하게 만들어 가족들과 함께 따뜻한 한 끼를 즐기시길 바라요.

영상과 함께 보세요!

재료(2~3인분)

- 가지 1/2개
- 토마토 1개
- 애호박 1/2개
- 양파 1/2개
- 소고기 다짐육 100g
- 올리브오일 1숟가락
- 다진 마늘 0.5숟가락
- 토마토 파스타 소스 2컵
- 물 1/3컵
- 소금 2~3꼬집
- 후추 약간
- 모차렐라 치즈 2줌(70g)
- 바질 페스토 1숟가락(선택)

요리 초보 다이어터를 위한 TIP

▶ 소고기 다짐육 대신 닭가슴살을 작게 다져서 사용해도 좋아요.
▶ 건강한 탄수화물로 바삭하게 구운 통밀빵을 함께 곁들여도 맛있어요.
▶ 남은 자투리 채소들은 작게 깍둑 썰어서 같은 방법으로 간단하게 만들어도 돼요.
▶ 남은 소스로 파스타를 만들어 먹어도 좋아요. 부족한 간은 치킨스톡이나 소금으로 채우세요.
▶ 바질 페스토는 이국적인 맛을 더해주지만 없으면 생략 가능해요.
▶ 무가당 토마토 파스타 소스를 쓸 때는 알룰로스를 넣어 새콤한 맛을 잡으세요.

조리법

1 가지, 애호박, 토마토는 얇게 썰어 번갈아 차곡차곡 쌓는다.
- 딱딱한 애호박은 좀 더 얇게 써세요.

2 양파는 작게 다지고, 소고기 다짐육은 키친타월로 감싸 핏물을 닦는다.

3 팬에 올리브오일, 다진 마늘, 소고기 다짐육, 양파, 소금 1꼬집을 넣고 중약불로 볶는다.

4 소고기의 핏기가 사라지면 불을 끄고, 토마토 파스타 소스, 물을 넣고 섞는다.

5 준비해둔 채소-바질 페스토-모차렐라 치즈 순서로 올리고, 소금 1~2꼬집과 후추를 뿌린다.
- 채소들이 토마토 소스에 반 이상 잠겨야 타지 않고 골고루 익어요.
- 소금은 취향껏 조절하세요.

6 뚜껑을 덮고 가능한 가장 약한 불에서 익혀 끓기 시작하면 10분간 더 끓이다가, 채소에서 물이 나오면 뚜껑을 열고 원하는 만큼 수분을 날린다.
- 채소를 충분히 익히는 동안 아랫면이 타지 않는지 중간중간 확인하세요.

에그인헬

 속세맛    가스레인지   15분

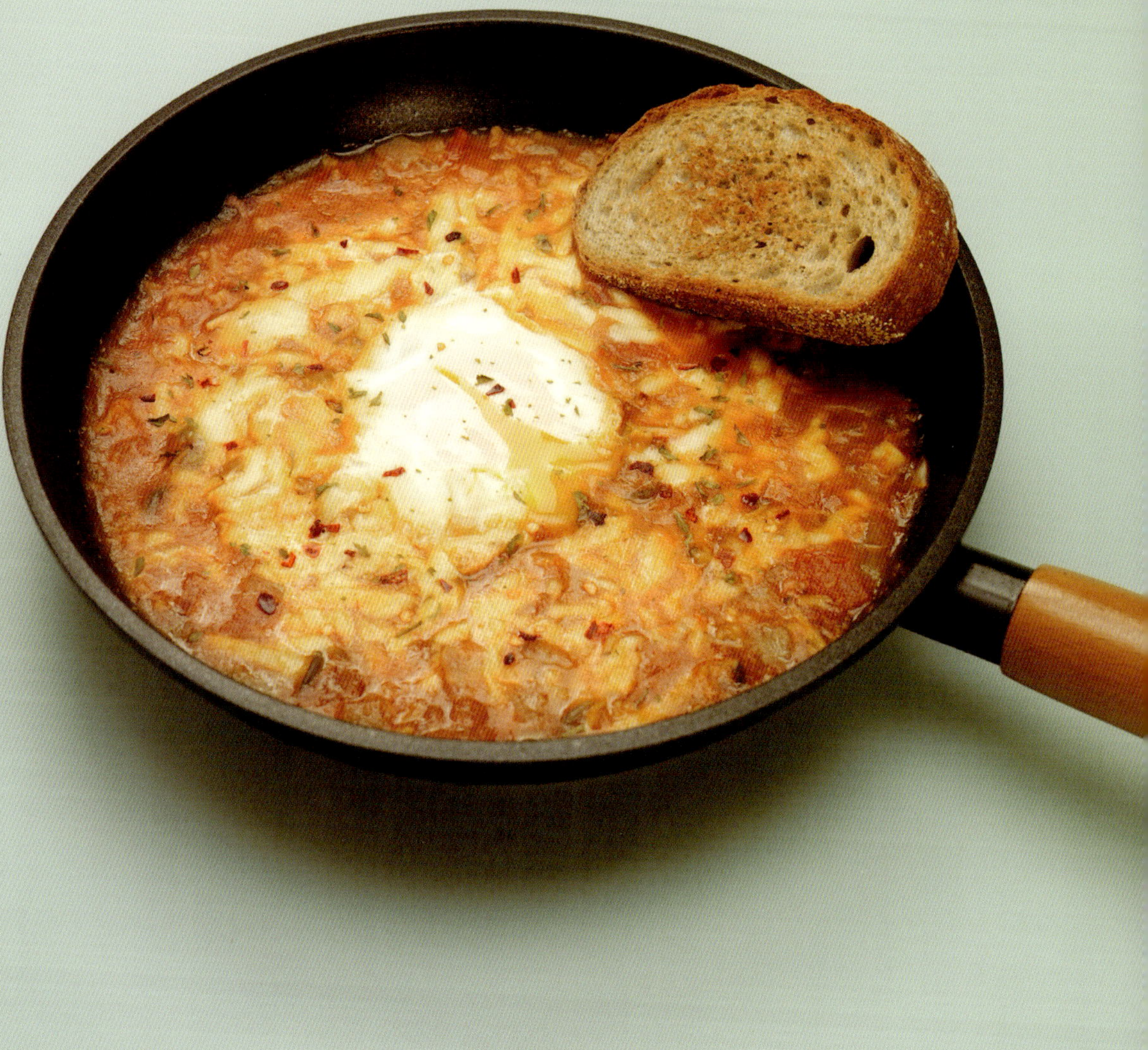

집에 토마토 소스가 있다면 에그인헬이 빠질 수 없죠. 간단한 재료로 손쉽게 만들 수 있어 부담 없고, 치즈가 쭉 늘어나 마치 떠먹는 피자를 먹는 듯한 맛이에요. 포만감 오래가는 오트밀까지 더해 든든한 한 끼로 꼭 드셔보시길 바라요.

재료(1인분)

- 토마토 1개
- 양파 1/4개
- 느타리버섯 1줌(60g)
- 베이컨 2줄
- 올리브오일 1숟가락
- 다진 마늘 1숟가락
- 저당 굴소스 1숟가락
- 토마토 파스타 소스 2숟가락
- 카레가루 0.5숟가락
- 오트밀 2숟가락
- 물 1/2컵
- 달걀 1개
- 모차렐라 치즈 1줌(35g)
- 파슬리 약간(선택)
- 크러쉬드 레드페퍼 약간(선택)

요리 초보 다이어터를 위한 TIP

- ▶ 느타리버섯 대신 새송이, 양송이, 팽이버섯 등을 다양하게 활용해 보세요.
- ▶ 카레가루가 없으면 후추를 넣어도 돼요.
- ▶ 저당 굴소스는 치킨스톡이나 소금으로 대체 가능해요.
- ▶ 크러쉬드 레드페퍼는 색감과 약간의 매콤함을 더해줘요. 없으면 생략 가능해요.
- ▶ 오트밀 대신 바삭하게 구운 통밀 식빵을 곁들여도 좋아요.
- ▶ 달걀을 더 넣어서 든든하게 먹어도 좋아요.

조리법

1 토마토는 먹기 좋은 크기로 깍둑 썰고, 베이컨은 작게 자른다. 양파는 작게 다지고, 느타리버섯은 밑동을 잘라내고 가닥가닥 뜯는다.

2 팬에 올리브오일을 두르고, 다진 마늘과 베이컨을 넣고 중약불로 볶는다.

3 베이컨이 노릇해지면, 토마토, 양파, 버섯, 저당 굴소스를 넣고 중불로 볶는다.

4 재료들의 숨이 죽으면 불을 끄고, 토마토 파스타 소스, 카레가루, 오트밀, 물을 넣고 중불로 끓인다.

5 끓기 시작하면 가운데에 달걀을 넣고, 모차렐라 치즈를 올리고 뚜껑을 덮어 약불로 익힌다.
- 달걀은 취향껏 익히세요.

6 치즈가 녹으면 파슬리와 크러쉬드 레드페퍼를 뿌려 마무리한다.

라이스페이퍼 가지튀김

 속세맛　 가스레인지　 25분

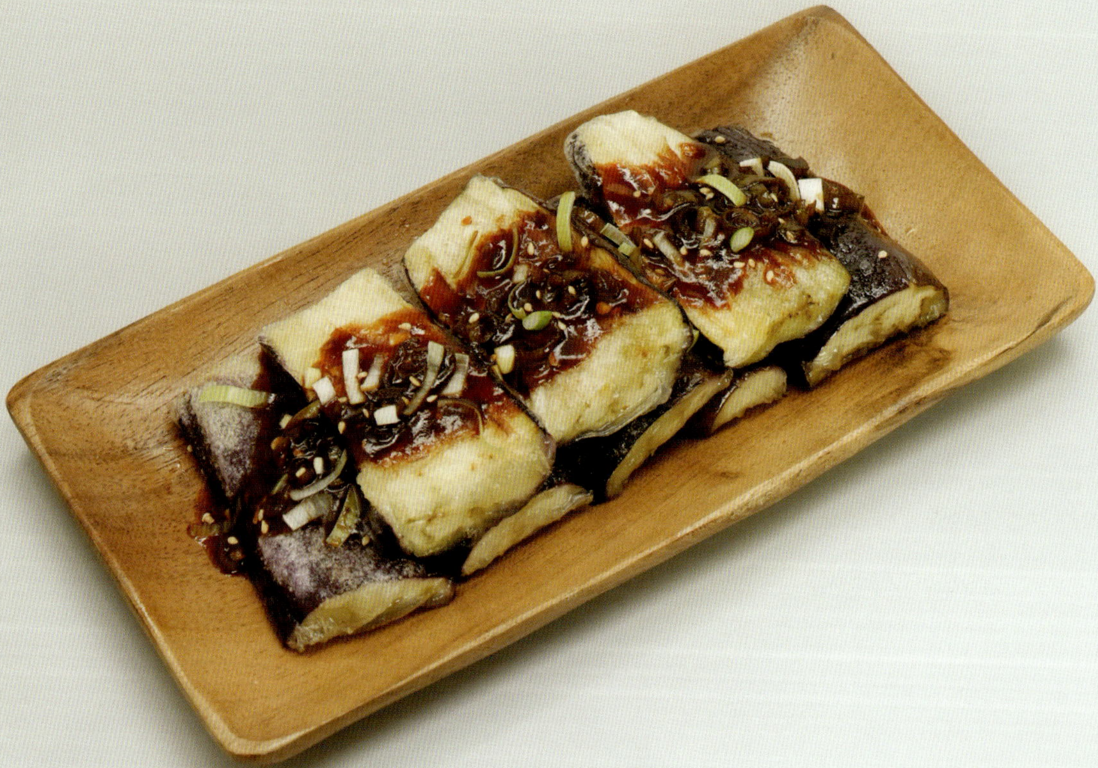

저의 레시피 중 가장 많은 시행착오 끝에 완성된 만큼 자신 있게 추천드려요. 라이스페이퍼 튀김의 바삭 쫀득한 식감은 가지를 좋아하지 않는 분들도 반할 만큼 매력적이랍니다. 중식당에서 먹어본 듯한 새콤 달콤 저당 탕수육 소스까지 맛있게 즐겨보세요.

재료(1인분)

가지 2개
라이스페이퍼 8장
청양고추 1개
대파 약간(선택)
올리브오일 2숟가락
깨 약간

- 탕수육 소스

진간장 1숟가락
식초 1숟가락
저당 케첩 1숟가락
알룰로스 1숟가락
저당 굴소스 0.5숟가락
물 3숟가락

요리 초보 다이어터를 위한 TIP

▶ 가지튀김을 접시에 담을 때 간격을 두고 놓으면, 서로 붙거나 눅눅해지는 걸 막을 수 있어요.
▶ 라이스페이퍼로 감싼 가지에 올리브오일을 발라 에어프라이어에 구워도 좋아요.
▶ 더 달달한 탕수육 소스를 원하면 알룰로스 0.5숟가락을 더하세요.

조리법

1 가지는 양끝을 잘라 가로, 세로로 반 자르고, 대파와 청양고추는 작게 다진다.

2 그릇에 탕수육 소스 재료와 청양고추를 넣고 섞는다.

3 물에 적신 라이스페이퍼의 가운데에 가지를 올리고 돌돌 말아 양끝을 접는다.
- 빈 공간이 생기지 않도록 라이스페이퍼를 바짝 붙여 마세요.
- 라이스페이퍼의 양끝을 가지의 하얀 속 쪽으로 접으세요.

4 팬에 올리브오일을 두르고, 중약불에 팬이 충분히 달궈지면 가지를 올려 모든 면을 골고루 굽고 접시에 담는다.
- 서로 붙지 않게 간격을 두고, 기름이 부족하면 조금씩 더 넣으세요.

5 같은 팬에 탕수육 소스를 넣고 약불로 졸인다.

6 가지튀김 위에 탕수육 소스를 올리고 대파와 깨를 뿌린다.

양송이 크림 수프

 속세맛  가스레인지   20분

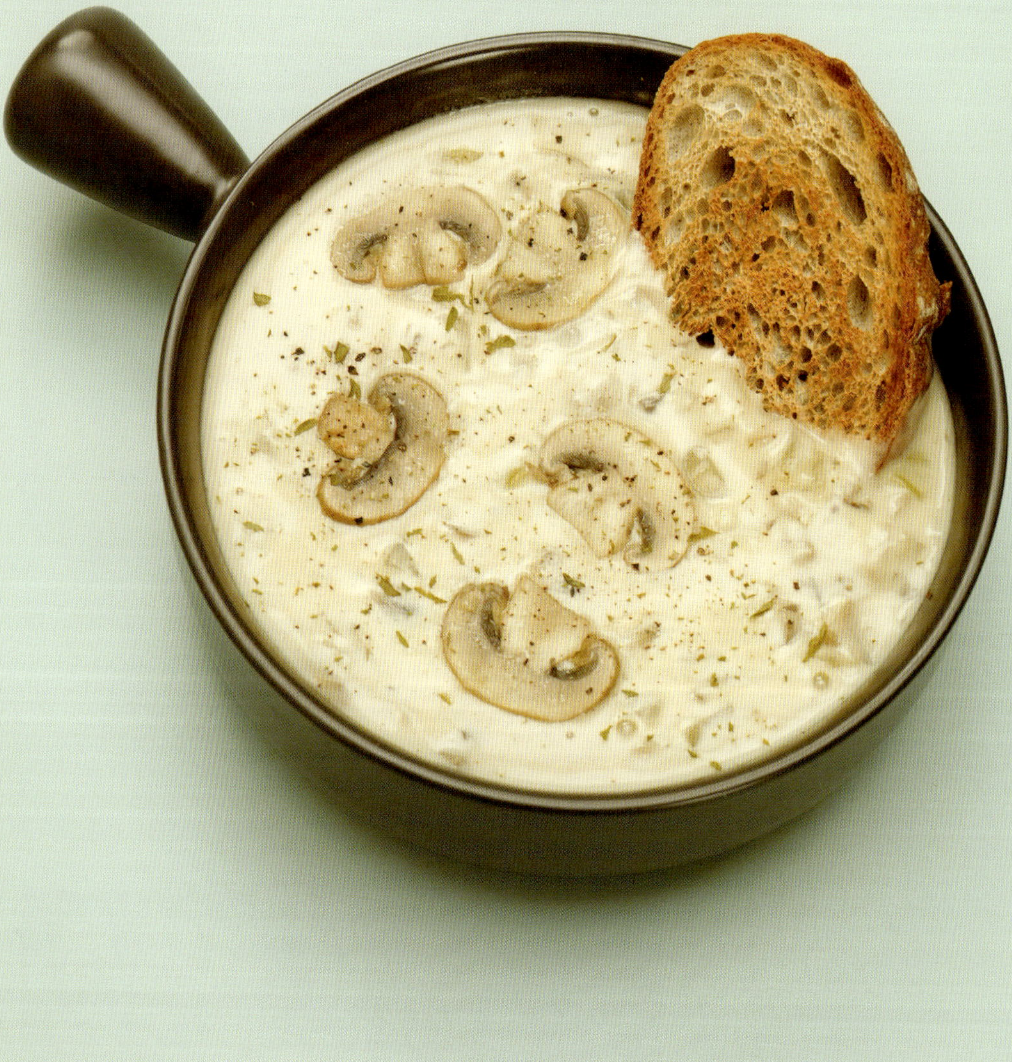

저는 돈까스를 시킬 때 나오는 따뜻한 수프를 정말 좋아하는데요. 항상 부족했던 양이 아쉬워서 마음껏 먹을 수 있게 버섯 수프를 만들었어요. 부드럽고 진한 버섯 향이 가득한 수프에 바삭하게 구운 빵을 푹 찍어 드셔보세요.

재료(1인분)

양송이버섯 10개
양파 1/2개
올리브오일 2숟가락
다진 마늘 0.5숟가락
아몬드브리즈 언스위트 2컵(380ml)
체다 치즈 1장
치킨스톡 1숟가락
후추 약간
전분 1숟가락
물 3숟가락
통밀 식빵 취향껏

요리 초보 다이어터를 위한 TIP

▶ 아몬드브리즈 언스위트 대신 우유, 두유, 귀리 우유 등을 넣어도 좋아요.
▶ 양송이버섯은 키친타월로 이물질을 가볍게 털어내거나, 흐르는 물에 살짝 씻어 쓰세요.
▶ 옥수수나 감자 전분, 타피오카 전분 등 다양하게 사용해도 돼요.
▶ 치킨스톡 대신 굴소스 1숟가락을 넣어도 돼요.

조리법

1 양파는 작게 다지고, 양송이버섯의 반은 얇게 썰고 반은 다진다.
• 양송이는 씹는 식감이 느껴지도록 적당한 크기로 다지세요.

2 팬에 올리브오일을 두르고, 다진 마늘과 양파를 넣고 중약불로 볶는다.

3 양파가 약간 투명해지면, 양송이버섯을 넣고 볶는다.
• 볶은 양송이버섯 4~5개를 토핑용으로 빼두세요.

4 버섯이 익으면 아몬드브리즈 언스위트, 체다 치즈, 치킨스톡, 후추를 넣고 중불로 끓인다.

5 5분 정도 끓인 후 약불로 줄인다. 잘 섞은 전분과 물을 넣어 걸쭉한 농도를 만든다.
• 뭉치지 않도록 전분물을 골고루 부으세요.

6 그릇에 수프를 담고 빼두었던 양송이버섯을 올린다. 통밀 식빵을 바삭하게 구워 곁들인다.

양배추 샤브샤브

 속세맛   가스레인지   15분

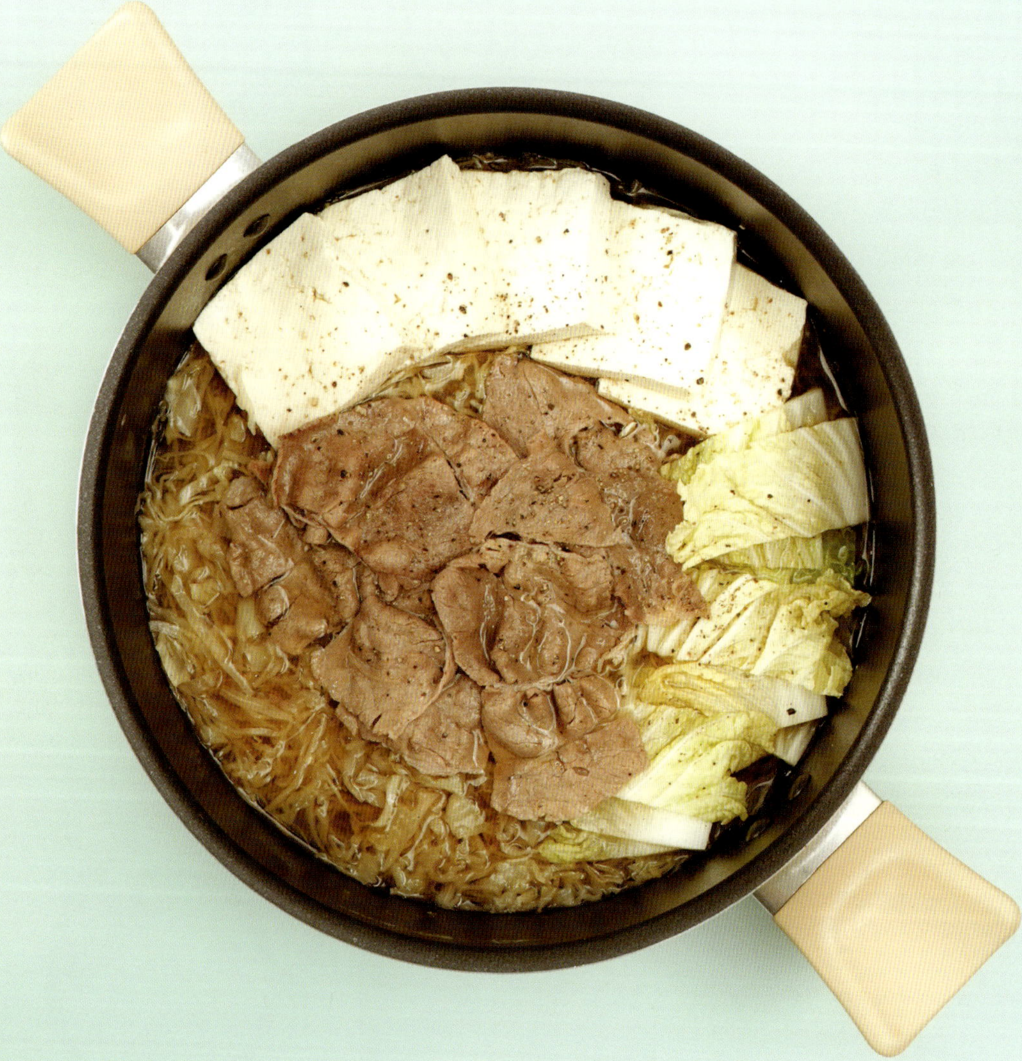

손님 초대 요리로도 좋고 가족이 다함께 즐기기도 좋은 건강한 양배추 샤브샤브예요. 집에 있는 두부, 배추, 버섯 등 좋아하는 재료를 잔뜩 넣어 푸짐하게 즐길 수 있어요. 간단하면서도 맛과 영양을 모두 챙기는 메뉴이니 꼭 한번 드셔보시길 바라요.

재료(2인분)

양배추 3줌(200g)
샤브샤브용 소고기 200g
양파 1/4개
두부 취향껏
배추 취향껏
청양고추 1개
물 4컵

• 육수 양념
진간장 2숟가락
소금 0.3숟가락
맛술 1숟가락
코인 육수 1알

• 간장 소스
진간장 2숟가락
알룰로스 1.5숟가락
식초 2숟가락
물 2숟가락
겨자 약간

요리 초보 다이어터를 위한 TIP

▶ 부족한 간은 소금으로 맞추세요. 코인 육수는 참치액이나 멸치액젓으로 대체 가능해요.
▶ 고기에서 육수가 우러나와 시간이 지날수록 더욱 맛있어져요.
▶ 재료의 종류와 양은 취향껏 조절 가능해요. 두부나 배추 외에도 버섯, 청경채, 단호박 등 좋아하는 재료를 추가하세요.
▶ 진간장 대신 국간장 1숟가락을 넣어도 돼요. 부족한 간은 소금으로 조절하세요.

조리법

1 양배추는 얇게 채 썰고, 양파와 청양고추는 작게 다진다.
• 양배추는 채칼로 썰면 편해요.

2 그릇에 간장 소스 재료와 양파, 청양고추를 넣고 섞는다.

3 냄비에 물과 육수 양념, 양배추를 넣고 중불로 끓인다.

4 물이 끓으면 샤브샤브용 소고기를 두세 점씩 넣고, 고기가 익으면 양배추와 함께 건져 간장 소스에 찍어 먹는다.

5 두부, 배추 등 재료를 취향껏 추가해 간장 소스에 찍어 먹는다.

유지만
마녀수프

 속세맛　 가스레인지　 25분

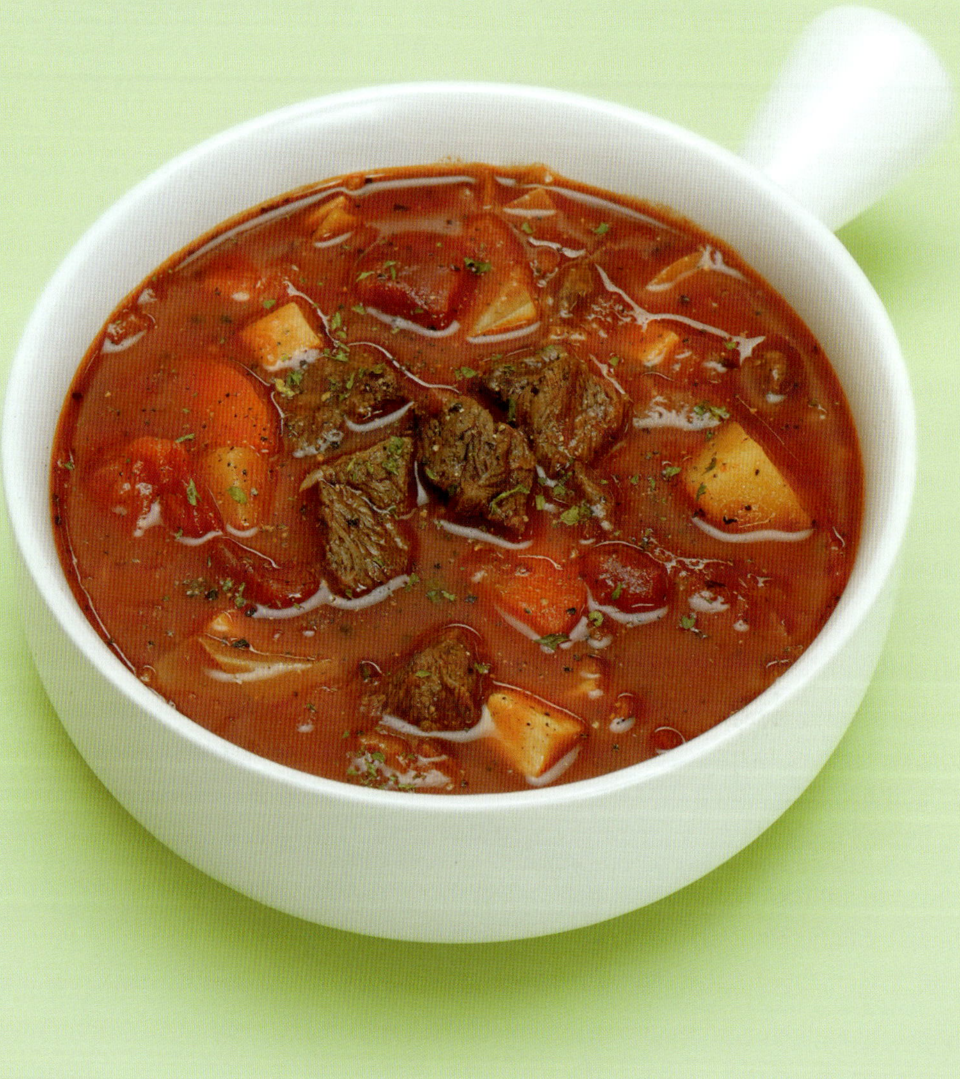

다양한 채소가 들어가 영양소가 풍부한 따뜻한 토마토 수프예요. 한때 '살 빠지는 건강 수프'로 인기를 끌었던 마녀수프의 여러 레시피들을 비교하고 테스트하며 더욱 쉽고 맛있게 저만의 스타일로 업그레이드 했어요. 재료를 냄비에 넣고 끓이기만 하면 며칠은 든든하게 먹을 수 있으니 꼭 한번 만들어보세요.

재료(4인분)

- 소고기 200g
- 양배추 2줌(120g)
- 토마토 1개(200g)
- 양파 1개(200g)
- 당근 2/3개(120g)
- 새송이버섯 1개(100g)
- 감자 1개(120g)
- 올리브오일 1숟가락
- 소금 1꼬집
- 후추 약간
- 페페론치노 2~3개
- 토마토 파스타 소스 3컵
- 물 3컵
- 월계수잎 3장(선택)
- 카레가루 0.5숟가락(선택)
- 치킨스톡 1숟가락

요리 초보 다이어터를 위한 TIP

▶ 카레가루는 익숙한 감칠맛을 위해 넣었어요. 담백하게 즐기고 싶다면 생략 가능해요.
▶ 감자 대신 고구마를 넣어도 좋아요. 양배추, 토마토, 양파는 맛과 건강을 위해 꼭 넣는 걸 추천 드려요. 브로콜리, 파프리카, 샐러리, 애호박 등도 잘 어울려요.
▶ 한 번 먹을 만큼씩 소분해서 냉장보관(7일 이내) 또는 냉동보관(6개월 이내) 해두었다가 데워 드세요.
▶ 소분한 수프에 삶은 파스타 면을 넣거나, 바삭하게 구운 통밀 빵을 곁들여 더 든든하게 먹을 수 있어요.
▶ 다진 청양고추나 고춧가루를 추가해 매콤하게 즐길 수도 있어요.
▶ 버섯은 느타리, 양송이, 팽이, 표고버섯 등으로 자유롭게 대체 가능해요.
▶ 무가당 토마토 파스타 소스나 토마토 퓨레를 쓸 때는 알룰로스를 넣어 새콤한 맛을 잡으세요.

조리법

1 양배추와 양파를 먹기 좋게 깍둑 썬다.

2 토마토와 소고기도 먹기 좋게 깍둑 썬다.

3 당근은 반달 모양으로, 감자와 버섯을 작게 깍둑썬다.
• 딱딱한 재료들은 잘 익을 수 있게 작게 썰어요.

4 냄비에 올리브오일을 두르고, 소고기, 양파, 소금, 후추를 넣고, 페페론치노를 찢어 넣어 중약불로 볶는다.

5 소고기의 핏기가 사라지면 당근과 감자를 넣고 중불로 3분 정도 볶다가 양배추, 토마토, 새송이버섯을 넣고 숨이 죽을 때까지 볶는다.
• 딱딱한 재료들을 먼저 넣으세요.

6 토마토 파스타 소스와 물, 월계수잎, 카레가루를 넣어 뚜껑을 덮고 5분 정도 끓이다가, 재료들이 완전히 익으면 치킨스톡과 후추를 넣는다.
• 월계수잎은 건져내세요.

오트밀 된장술밥

 가성비  가스레인지   15분

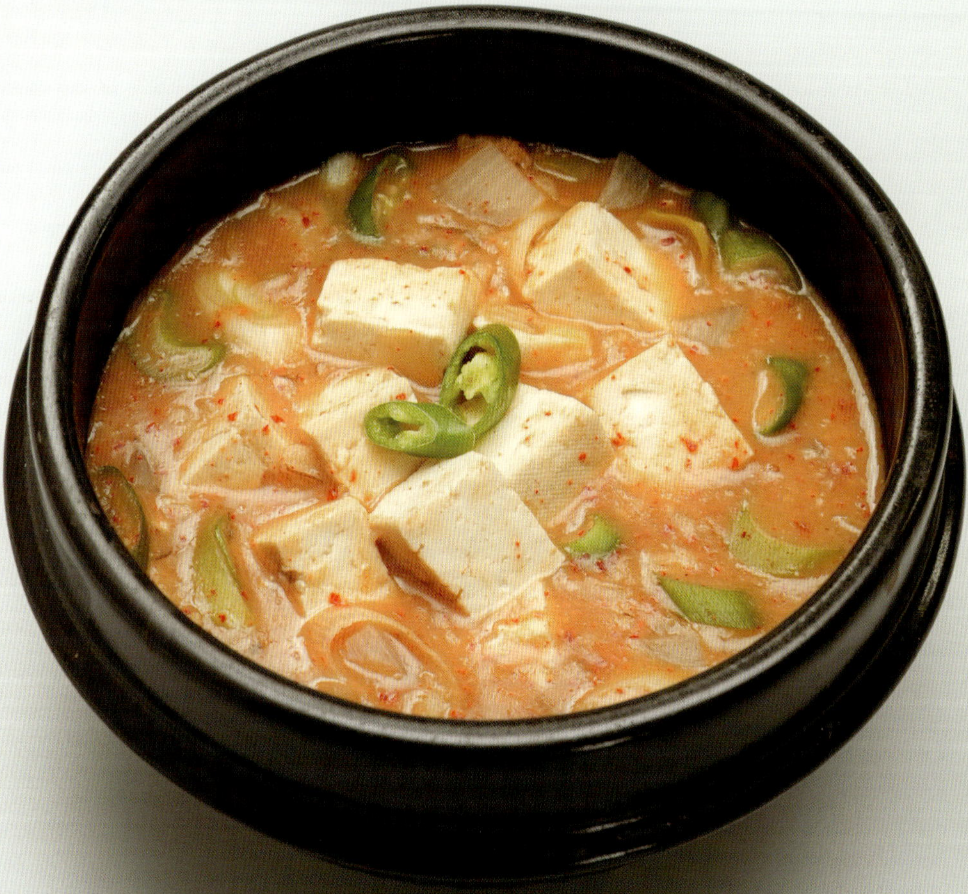

오트밀이 밥알처럼 불어 뜨끈한 된장술밥을 떠먹는 기분 그대로예요. 뜨끈한 국물이 생각나는 겨울에도 좋고, 해장용으로도 좋아요. 채소와 두부가 듬뿍 들어가 깊고 진한 된장술밥을 마음껏 즐겨보세요.

재료(1인분)

두부 1/2모(150g)

양파 1/2개

대파 1줌(25g)

청양고추 1개

오트밀 4숟가락(35g)

물 2컵

코인 육수 1알

저염 된장 1숟가락

다진 마늘 0.5숟가락

고춧가루 0.5숟가락

요리 초보 다이어터를 위한 TIP

▶ 아래에 가라앉은 된장을 잘 섞어 간을 봐야 돼요. 부족하면 소금이나 된장으로 맞추세요.

▶ 일반 된장을 사용하는 경우 0.5숟가락만 넣은 후 맛보며 양을 조절하세요.

▶ 오트밀이 없으면 밥으로 대체하세요.

▶ 두부 대신 냉동 새우로 단백질을 채워도 돼요.

조리법

1 두부와 양파는 깍둑 썰고, 대파와 청양고추는 어슷 썬다.

2 냄비나 뚝배기에 물과 코인 육수를 넣고, 된장을 풀어 넣는다.

• 된장이 뭉치지 않게 잘 풀어 넣으세요.

3 물이 끓기 시작하면 양파, 오트밀을 넣고 중불로 2분 정도 끓인다.

4 두부, 대파, 청양고추, 다진 마늘, 고춧가루를 넣고 오트밀이 충분히 불을 때까지 끓인다.

• 국물 위에 뜨는 거품을 걷어내면 깔끔해요. 물이 부족하면 조금씩 추가하며 끓이세요.

들깨
버섯
볶음밥

 가성비   가스레인지   15분

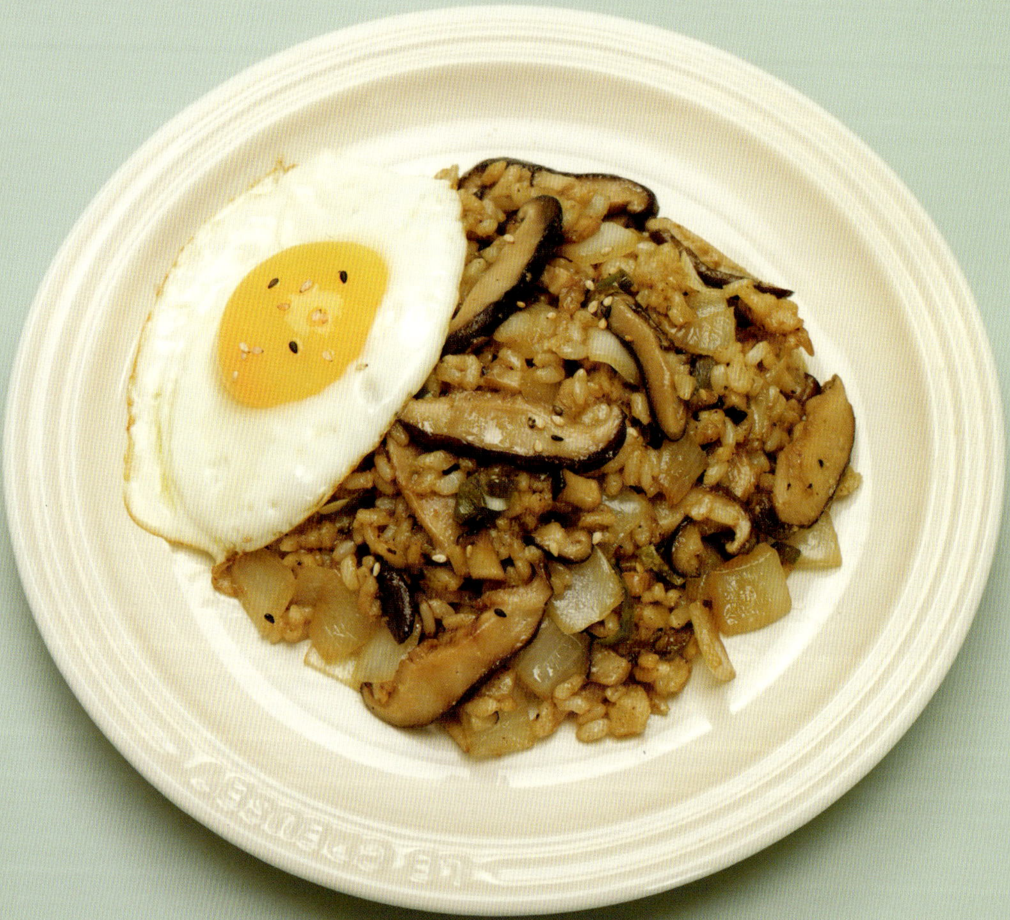

집에 표고버섯이 산처럼 쌓여있어 어떻게 처리할지 고민하다가 탄생한 메뉴예요. 주로 국물 요리에 사용하는 들깨가루를 볶음밥에 활용하는 참신한 레시피입니다. 향긋한 표고버섯과 고소한 들깨의 조화를 느껴보세요.

재료(1인분)

- 표고버섯 4개(80g)
- 양파 1/2개
- 청양고추 1개
- 달걀 프라이 1개
- 올리브오일 1숟가락
- 물 3숟가락
- 밥 크게 4숟가락(130g)
- 진간장 1숟가락
- 참치액 1숟가락
- 후추 약간
- 들깨가루 1숟가락
- 들기름 1숟가락
- 깨 약간

요리 초보 다이어터를 위한 TIP

▶ 청양고추는 들깨가루와 들기름의 느끼함을 잡기 위해 사용했어요. 매운 것을 못 드시는 분들은 생략하세요.
▶ 참치액은 멸치액젓 1숟가락이나 굴소스 0.5숟가락으로 대체 가능해요.
▶ 새송이버섯, 느타리버섯 등으로 만들어도 되지만 향이 진한 표고버섯이 제일 잘 어울려요.
▶ 단백질 재료로 달걀 프라이 대신 작게 자른 닭가슴살을 추가해도 좋아요.
▶ 즉석밥을 데우지 않고 넣으면 더 고슬고슬한 볶음밥을 만들 수 있어요.

조리법

1 표고버섯은 반은 편으로 반은 작게, 양파는 작게 깍둑 썰고, 청양고추는 작게 다진다.

• 버섯은 키친타월로 이물질을 털어내거나, 흐르는 물에 가볍게 씻으세요.

2 팬에 올리브오일을 두르고, 양파와 청양고추를 넣고 중약불로 볶는다.

3 양파가 반 정도 익으면 표고버섯과 물을 넣고 볶는다.

• 물을 넣으면 기름을 최소화할 수 있어요.

4 버섯이 익으면 밥, 진간장, 참치액, 후추를 넣고 볶는다.

5 재료들이 잘 섞이면 불을 끄고, 들깨가루와 들기름을 넣어 섞는다.

6 접시에 볶음밥을 담고 달걀 프라이를 올리고 깨를 뿌린다.

PART 5

요리 초보도 무조건 성공하는 초간단 전자레인지 레시피

가스레인지를 쓰는 건 불 조절도 어렵지만 냄비나 프라이팬을 설거지하는 게 생각보다 큰 스트레스죠. 그래서 자취생은 물론, 요리와 뒷정리에 자신 없는 분들도 부담 없이 만들 수 있도록 전자레인지만으로 완성하는 초간단 레시피를 준비했어요. 간단하지만 완성도 높은 맛으로, 전자레인지 레시피라는 말이 무색할 정도로 만족스러울 거예요. 누구나 성공할 수 있으니 꼭 한 번 도전해 보세요.

순두부
치즈
그라탱

 가성비   전자레인지   20분

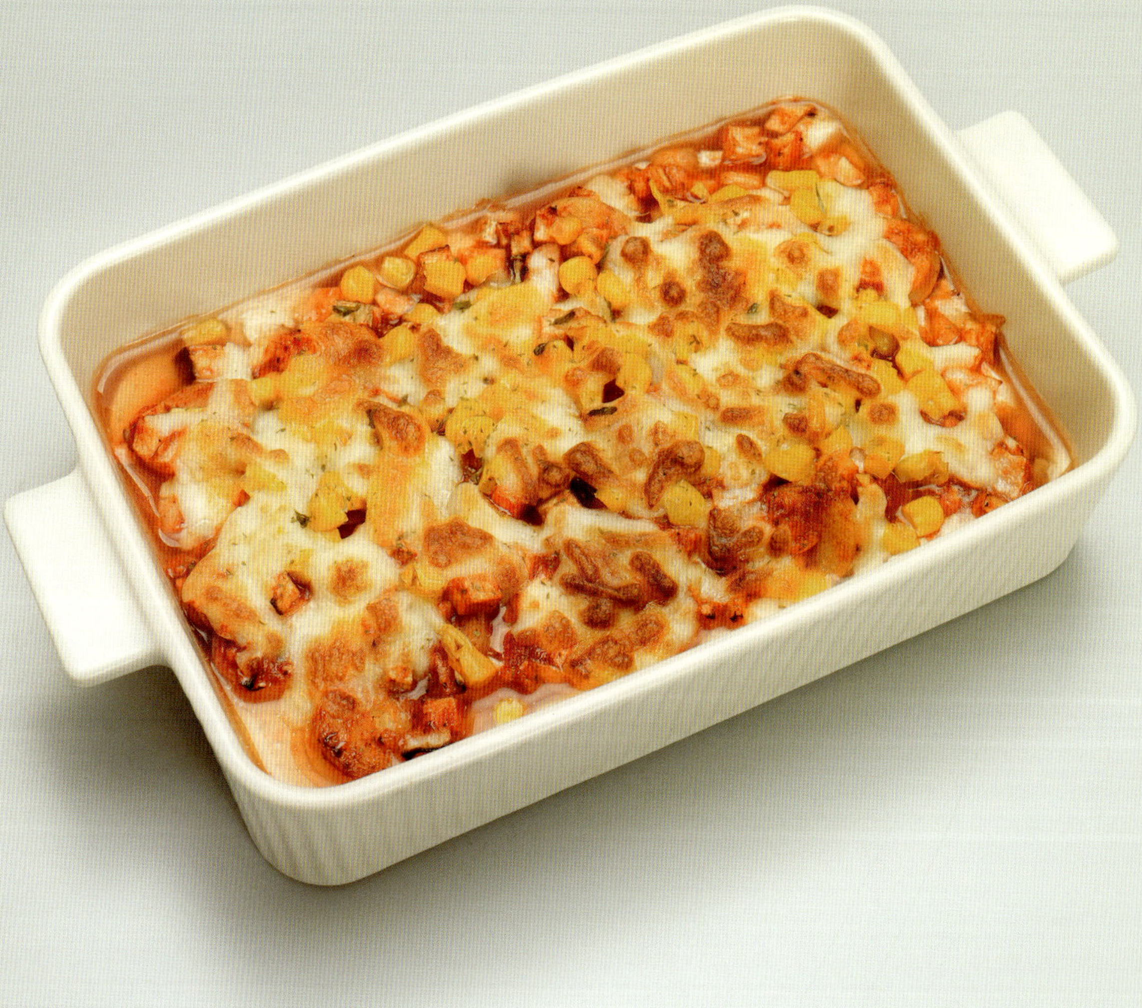

순두부를 이용한 색다른 레시피를 고민하다가 '순두부를 피자처럼 만들어 먹으면 맛있지 않을까?' 하고 시도해 본 레시피예요. 옥수수가 들어가 콘치즈 같으면서도 순두부에서 나온 뜨끈한 국물을 계속 떠먹게 되는 매력적인 그라탱이랍니다.

재료(1인분)

순두부 1봉(350g)
양파 1/4개
새송이버섯 1/2개
닭가슴살 소시지 2개(100g)
무가당 스위트콘 2숟가락
모차렐라 치즈 1줌(35g)

● 저당 그라탱 소스
저당 케첩 2숟가락
스리라차 소스 2숟가락
알룰로스 1숟가락
다진 마늘 0.5숟가락
소금 1~2꼬집
후추 약간

요리 초보 다이어터를 위한 TIP

▶ 전자레인지를 사용할 땐 치즈가 완전히 녹을 때까지, 에어프라이어를 사용할 땐 치즈가 적당히 노릇해질 때까지 구우세요.
▶ 당이 첨가된 일반 스위트콘을 사용할 경우 알룰로스 양을 반으로 줄이세요.
▶ 더욱 간단하게 만들고 싶다면 저당 그라탱 소스 대신 토마토 파스타 소스 4숟가락을 넣어도 돼요.

조리법

1 접시에 순두부를 잘라 올리고, 전자레인지에서 2분간 돌린 후 나온 물을 버린다.
● 수분이 잘 날아갈 수 있게 넓게 펼쳐 담으세요.

2 양파와 새송이버섯은 작게 다지고, 닭가슴살 소시지는 먹기 좋은 크기로 자른다.

3 그릇에 양파, 새송이버섯, 닭가슴살 소시지를 담고, 저당 그라탱 소스 재료를 넣어 섞는다.

4 그릇에 물기 제거한 순두부를 깔고, 그 위에 섞은 재료를 올린다.

5 무가당 스위트콘과 모차렐라 치즈를 뿌리고, 전자레인지에 10~15분 돌려 익힌다.
● 에어프라이어에서 180도로 10~15분 익혀도 돼요. 오븐용 그릇을 사용하세요.

김피두
(김치 피자 두부 그라탱)

 초간단    전자레인지   10분

탕수육 위에 김치, 치즈, 피자 토핑을 올려 먹는 일명 '김피탕'이 유행했었죠. 좀 낯설어도 꽤 중독성있는 음식인데 기름에 튀긴 탕수육을 먹기가 좀 망설여지더라고요. 그래서 김피탕의 탕수육 대신 두부와 오트밀을 넣어 건강 버전 레시피를 만들었어요. 재료들의 조화가 좋고, 쭉 늘어나는 치즈가 매력적인 그라탱을 마음껏 즐겨보세요.

재료(1인분)

- 두부 1/2모(150g)
- 신 김치 3숟가락(50g)
- 알룰로스 1숟가락
- 달걀 1개
- 오트밀 4숟가락(35g)
- 양파 1/4개
- 토마토 파스타 소스 3숟가락
- 후추 약간
- 모차렐라 치즈 1줌(35g)
- 파슬리 약간(선택)

요리 초보 다이어터를 위한 TIP

▶ 전자레인지를 사용할 땐 치즈가 완전히 녹을 때까지, 에어프라이어를 사용할 땐 치즈가 적당히 노릇해질 때까지 구우세요.
▶ 오트밀은 밥으로 대체 가능해요. 잘 구운 빵에 올려 먹어도 좋아요.
▶ 두부는 찌개용과 부침용 모두 사용 가능해요.
▶ 취향에 따라 스위트콘, 작게 자른 버섯 등을 넣어도 좋아요.
▶ 토마토 파스타 소스는 저당 케첩 2숟가락과 스리라차 소스 2숟가락으로 대체 가능해요.

조리법

1 신 김치는 가위로 작게 자르고, 알룰로스를 넣어 섞는다.
• 생김치라면 알룰로스 0.5숟가락만 넣으세요.

2 그릇에 두부를 으깨넣고, 달걀, 오트밀, 토마토 파스타 소스 1숟가락, 후추를 넣어 섞는다.
• 두부는 손으로 주무르거나 숟가락으로 으깨세요.

3 두부 위에 양파를 가위로 작게 잘라 올리고, 김치를 올린다.

4 토마토 파스타 소스 2숟가락을 넓게 펴 바르고, 모차렐라 치즈를 뿌린다.

5 덮개나 랩을 씌워 전자레인지에 4분 돌리고 파슬리를 뿌려 마무리한다.
• 에어프라이어 180도에서 8분 돌려도 돼요. 오븐용 그릇을 사용하세요.

김치 참치
오트밀 죽

 속세맛   전자레인지   10분

오트밀은 적은 양으로도 포만감이 오래 유지되는 좋은 재료지만, 조리법에 따라 맛이 크게 달라질 수 있어요. 한국인 입맛에 딱 맞는 얼큰한 김치참치죽으로 맛있게 즐겨보세요. 감기 기운도 싹 달아나게 할 따뜻하고 든든한 한 끼예요.

재료(1인분)

김치 3숟가락(50g)

참치 1캔(100g)

오트밀 4숟가락(35g)

청양고추 1개

물 1.5컵

진간장 1숟가락

고춧가루 1숟가락

다진 마늘 0.5숟가락

순후추 약간

참기름 1숟가락

김가루 약간

깨 약간

요리 초보 다이어터를 위한 TIP

▶ 오트밀은 쌀밥으로도 대체 가능해요. 쌀밥으로 할 땐 물을 1컵만 넣고, 부족하면 조금씩 더 넣으세요.

▶ 두부, 달걀, 숙주나물, 양배추 등을 추가해 더욱 포만감 있게 먹을 수 있어요.

▶ 전자레인지에 한 번 돌린 후 체다 치즈나 모차렐라 치즈를 올려 한 번 더 돌리면 더욱 속세맛으로 즐길 수 있어요.

▶ 간장 대신 참치액 1숟가락으로 간하면 더욱 감칠맛 있어져요.

▶ 물이 부족하면 조금씩 추가하고, 물이 많다면 전자레인지에 추가로 돌려 수분을 날리세요.

조리법

1 그릇에 김치를 넣고, 가위로 작게 자른다.

- 신 김치일 경우, 알룰로스 0.5숟가락을 넣어 신맛을 잡으세요.

2 기름 뺀 참치와 오트밀을 넣고, 청양고추를 가위로 작게 잘라 넣는다.

- 토핑용 참치를 조금 남겨두세요.

3 물, 진간장, 고춧가루, 다진 마늘, 순후추를 넣고 잘 섞는다.

4 전자레인지에 2분 돌린 후 잘 섞어 3분 더 돌린다.

- 수분이 잘 날아가도록 랩을 씌우지 말고 돌리세요.

5 남겨둔 토핑용 참치를 올리고, 참기름, 김가루, 깨를 뿌린다.

카레
오트밀
죽

 초간단   전자레인지   10분

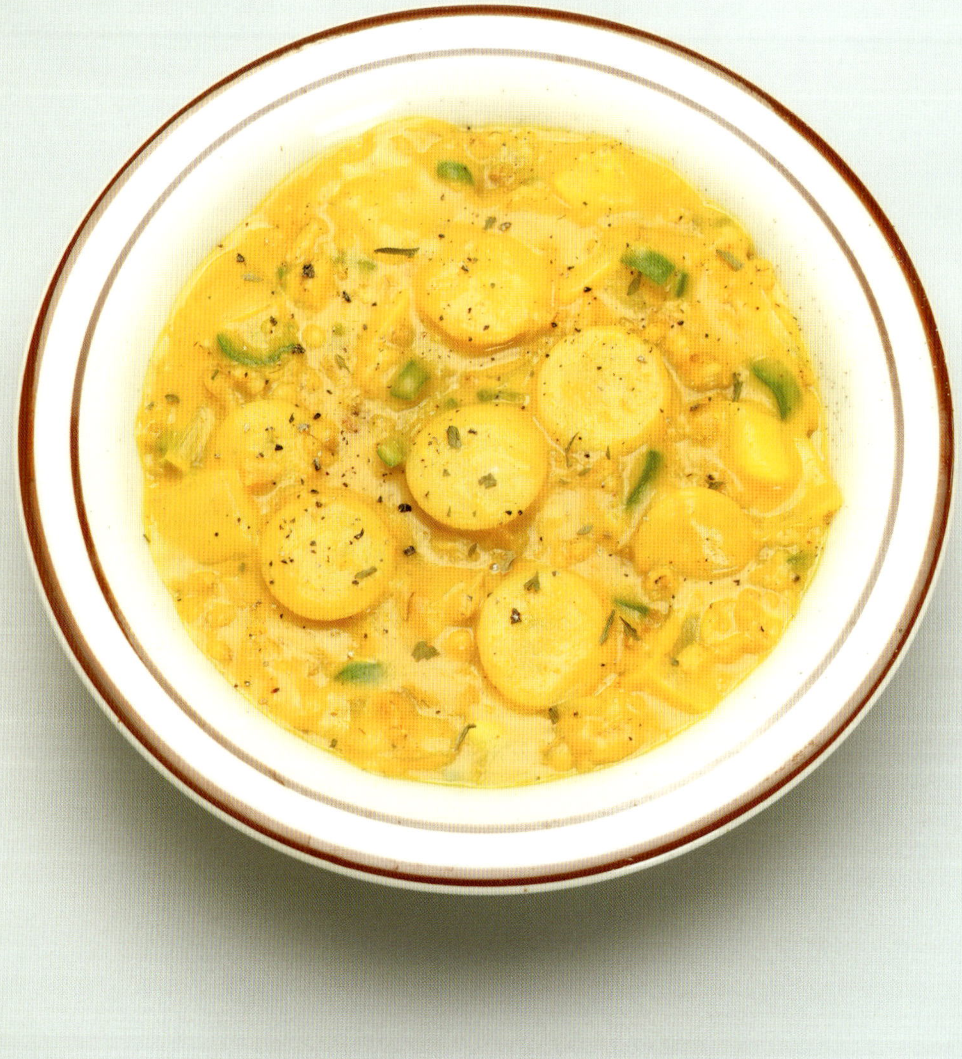

가스불 쓰지 않고 간단하게 한 끼 해결하고 싶을 때 있죠? 전자레인지만 있으면 뚝딱 완성되는 카레죽이에요. 포만감이 오래가는 든든한 오트밀 요리로, 바쁜 아침이나 간편한 저녁 메뉴로 추천 드려요.

재료(1인분)

- 닭가슴살 소시지 2개(100g)
- 양파 1/4개
- 청양고추 1개
- 물 1컵
- 오트밀 4숟가락(35g)
- 카레가루 2숟가락
- 치킨스톡 0.5숟가락
- 체다 치즈 1장
- 파슬리 약간(선택)

요리 초보 다이어터를 위한 TIP

▶ 치킨스톡이 없으면 굴소스 0.5숟가락 또는 소금으로 간을 맞추세요.
▶ 물이 부족하면 조금씩 추가하고, 물이 많다면 전자레인지에 추가로 돌려 수분을 날리세요.
▶ 매운 걸 못 먹는다면 청양고추는 생략 가능해요.

조리법

1 양파는 작게 깍둑 썰고, 닭가슴살 소시지는 먹기 좋은 크기로 자르고, 청양고추는 작게 다진다.

2 그릇에 오트밀, 양파, 닭가슴살 소시지, 물, 카레가루, 치킨스톡, 청양고추를 넣어 섞는다.

3 잘 섞어 전자레인지에 3분간 돌린다.
• 수분이 잘 날아가도록 랩을 씌우지 말고 돌리세요.

4 체다 치즈를 올리고 전자레인지에 2분간 더 돌린다.

5 잘 섞은 다음 파슬리를 뿌려 마무리한다.

달걀죽

 초간단　 전자레인지　 10분

요리하기 귀찮은 날에도 밥은 든든하게 챙겨 먹어야죠. 전자레인지로 4분 만에 간단하게 완성하는 단백질 가득 달걀죽이에요. 마치 부드러운 달걀찜에 밥을 말아먹듯 속이 따뜻하고 편안해지는 맛이에요. 450만 조회수를 기록한 인기 레시피이니 꼭 한번 도전해 보세요.

재료(1인분)

달걀 2개
밥 크게 4숟가락(130g)
물 2/3컵
대파 약간(15g)
소금 2~3꼬집
순후추 약간
참기름 1숟가락
깨 약간

요리 초보 다이어터를 위한 TIP

▶ 대파 대신 양파, 청양고추, 버섯 등 자투리 채소를 취향껏 활용해도 돼요.
▶ 소금 대신 간장이나 참치액 0.8숟가락을 넣어 감칠맛을 더해도 좋아요.
▶ 완성 후 간이 부족하면, 간장을 취향껏 뿌려드세요.
▶ 다양한 밑반찬을 곁들여 먹어도 좋아요.

조리법

1 그릇에 밥, 달걀, 물을 넣는다.
- 데우지 않은 즉석밥을 사용해도 좋아요.

2 대파를 가위로 송송 잘라 넣고, 소금과 순후추를 넣고 섞는다.
- 소금은 취향껏 조절하세요.

3 접시를 얹거나 랩을 씌운 후 전자레인지에 2분 돌리고, 꺼내서 잘 섞은 다음 2분 더 돌린다.
- 바닥까지 골고루 섞으세요.

4 참기름과 깨를 뿌려 마무리한다.

버섯 콩나물 비빔밥

 가성비   전자레인지   10분

식재료값이 부담스러운 요즘, 여전히 저렴하게 구할 수 있는 콩나물로 초간단 비빔밥을 만들어보세요. 간단하지만 든든하게 한 끼를 해결할 수 있어 자취생 구독자분들에게 꾸준히 사랑받고 있어요. 특히 양념장이 정말 맛있으니 꼭 드셔보시길 바라요. 달걀 프라이가 귀찮으면 전자레인지로 간단하게 수란을 만들어도 좋아요.

재료(1인분)

콩나물 1줌
느타리버섯 1줌(40g)
달걀 프라이 1개
청양고추 1개
대파 약간(10g)
밥 크게 4숟가락(130g)

- 양념장

진간장 2숟가락
고춧가루 1숟가락
참기름 1숟가락
알룰로스 0.5숟가락
다진 마늘 0.5숟가락
깨 약간

요리 초보 다이어터를 위한 TIP

▶ 버섯은 새송이, 팽이, 느타리, 표고버섯 등 취향껏 선택하세요.
▶ 김가루를 뿌리거나 김에 싸먹어도 좋아요.

조리법

1 느타리버섯은 밑동을 잘라 가닥가닥 뜯고, 대파와 청양고추는 작게 다지고, 콩나물은 씻어 물기를 털어낸다.

2 그릇에 밥, 느타리버섯, 콩나물 순서로 올린 뒤 랩을 씌우거나 접시를 얹어 전자레인지에 3분 돌린다.

3 그릇에 양념장 재료와 대파, 청양고추를 넣고 섞는다.

4 달걀 프라이를 만들어 올리고, 양념장을 올린다.
- 전자레인지 수란을 올려도 좋아요

전자레인지로 수란 만드는 법

① 밥그릇에 물을 2/3 정도 붓고, 식초 1숟가락을 푼 후 달걀 1개를 넣는다. (식초는 달걀이 물에 풀어지는 것을 막아줘요)
② 달걀이 터지지 않게 젓가락으로 노른자를 콕콕 찌른다.
③ 접시나 덮개로 덮어 전자레인지에 1분 30초 돌리고, 숟가락으로 조심히 꺼낸다. (덜 익었으면 30초씩 더 돌리세요)

된장 두부
부추
비빔밥

초간단

전자레인지

13분

두부를 간장에만 비벼 먹던 고정관념에서 벗어나, 구수한 된장 소스로 색다르게 즐기는 비빔밥이에요. 된장찌개에 밥 비벼 먹는 듯한 감칠맛이 느껴진다는 칭찬 후기가 많은 레시피랍니다. 아삭한 양파와 향긋한 부추의 풍미를 함께 즐겨보시길 바라요.

영상과 함께 보세요!

재료(1인분)

두부 1/2모(150g)

부추 1줌(25g)

양파 1/4개

청양고추 1개

밥 크게 4숟가락(130g)

달걀 프라이 1개

깨 약간

후추 약간

• 된장 소스

저염 된장 1숟가락

알룰로스 0.8숟가락

식초 1숟가락

참기름 1숟가락

요리 초보 다이어터를 위한 TIP

▶ 일반 된장을 사용할 때는 0.8숟가락만 넣으세요.

▶ 양파를 물에 담구기 번거롭다면, 최대한 잘게 다져 매운기를 줄이는 것도 좋아요

▶ 부추의 알싸한 맛이 어려운 분들은 오이 1/3개를 썰어 넣어도 돼요.

▶ 두부는 마른 팬이나 기름 두른 팬에 구워 넣어도 좋아요.

▶ 달걀 프라이가 귀찮다면 전자레인지 수란이나 두부를 추가해 단백질을 채워도 좋아요.

조리법

1 양파와 청양고추는 작게 다지고, 부추는 1cm 길이로 썬다.

• 다진 양파는 찬물에 10분 정도 담가 매운맛을 빼고, 키친타월로 물기를 닦으세요.

2 그릇에 된장소스 재료와 다진 청양고추를 넣고 섞는다.

3 그릇에 밥을 담고, 작게 깍둑 썬 두부를 올려 전자레인지에 3분 돌린다.

4 데운 밥 위에 양파, 부추, 된장소스, 달걀 프라이를 올리고 깨와 후추를 뿌린다.

전자레인지로 수란 만드는 법

① 밥그릇에 물을 2/3 정도 붓고, 식초 1숟가락을 푼 후 달걀 1개를 넣는다. (식초는 달걀이 물에 풀어지는 것을 막아줘요)

② 달걀이 터지지 않게 젓가락으로 노른자를 콕콕 찌른다.

③ 접시나 덮개로 덮어 전자레인지에 1분 30초 돌리고, 숟가락으로 조심히 꺼낸다. (덜 익었으면 30초씩 더 돌리세요)

명란
두부
비빔밥

속세맛　전자레인지　8분

짭조름한 명란젓은 누구나 좋아할 만한 밥도둑이죠. 가스불도 쓰기 싫은 날, 번거롭게 찌거나 구울 필요 없이 전자레인지로 간단하게 완성하는 명란 비빔밥이에요. 매콤한 명란에 두부를 추가해 든든한 한 끼가 됩니다. 도시락 메뉴로도 추천 드려요.

재료(1인분)

- 명란젓 2줄(80g)
- 두부 1/3모(100g)
- 밥 크게 3숟가락(100g)
- 대파 약간(15g)
- 고춧가루 1.5숟가락
- 참기름 2숟가락
- 알룰로스 0.8숟가락
- 달걀노른자 1개(선택)
- 김가루 약간
- 깨 약간

요리 초보 다이어터를 위한 TIP

- ▶ 고춧가루 대신 청양고추를 작게 썰어 넣어도 좋아요.
- ▶ 두부를 팬에 노릇하게 구워 올려도 좋아요.
- ▶ 명란찜만 넉넉히 만들어 밑반찬으로도 활용해 보세요.
- ▶ 달걀노른자 대신 달걀 프라이로 곁들여도 돼요.

조리법

1 그릇에 명란젓과 대파를 가위로 작게 잘라 넣고 고춧가루, 참기름, 알룰로스를 넣어 잘 섞는다.

2 접시를 얹거나 랩을 씌워 전자레인지에 1분 30초 돌린 후 잘 섞는다.

3 두부를 깍둑 썰어 그릇에 담고, 전자레인지에 2분 돌린 후 나온 물기를 버린다.
- 수분이 잘 날아가도록 랩을 씌우지 말고 돌리세요.

4 그릇에 밥과 명란, 두부, 달걀노른자를 올리고, 김가루와 깨를 뿌려 마무리한다.

간장 수란밥

가성비

전자레인지

10분

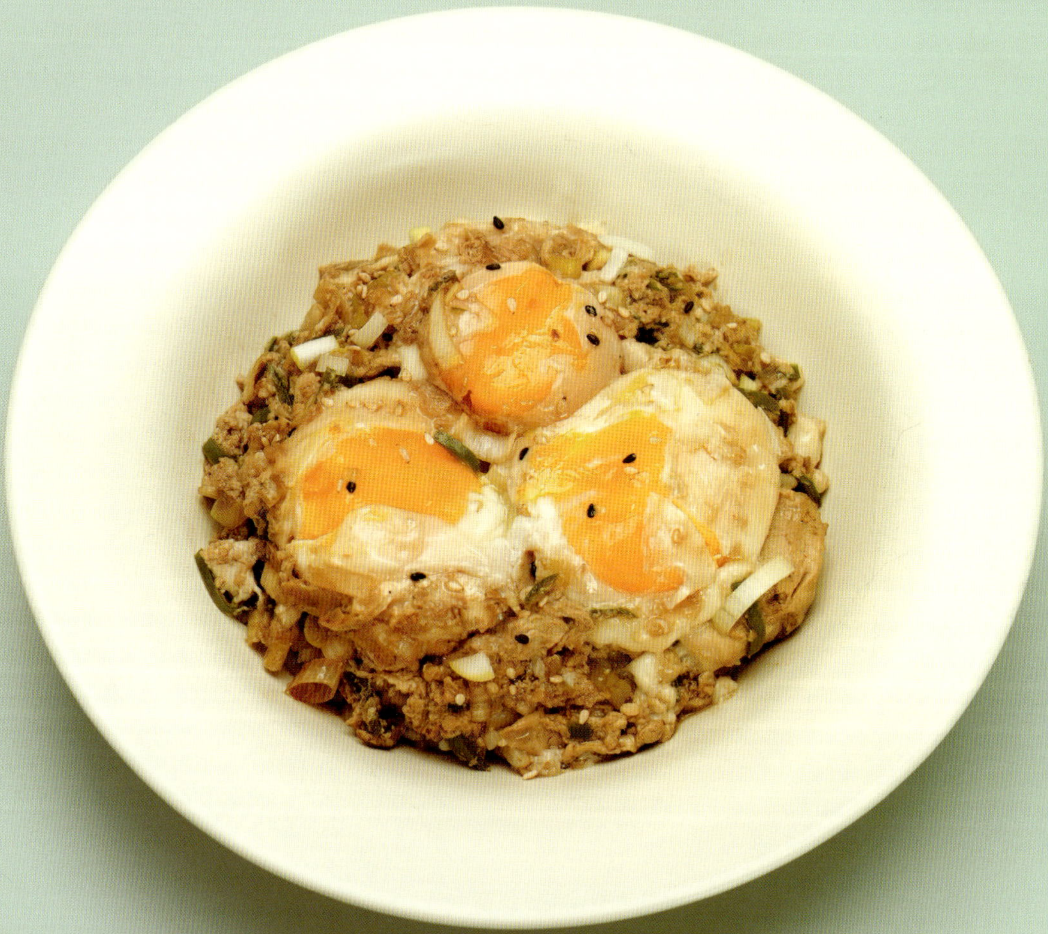

"간장 계란장을 전자레인지로 간편하게 만들 수는 없을까?" 라는 생각에 여러 번 시도해 완성한 레시피예요. 달걀을 삶는 대신 수란으로 만들고 참치액을 더해 감칠맛을 살렸어요. 촉촉한 반숙 달걀과 짭짤한 간장 소스가 어우러져 밥 한 공기를 순식간에 비우게 만드는 밥도둑이랍니다.

재료(1인분)

달걀 3개
청양고추 1개
대파 흰 부분 1줌(20g)
밥 크게 4숟가락(130g)

• 간장 소스
진간장 2숟가락
참치액 1숟가락
참기름 1숟가락
물 3숟가락
깨 약간

요리 초보 다이어터를 위한 TIP

▶ 달걀이 차가울수록 빨리 익지 않아요. 상태를 확인하며 추가로 돌리세요.
▶ 달걀이 많으면 골고루 익지 않을 수 있으니 한 그릇에 최대 3개씩만 넣으세요.
▶ 대파와 청양고추 중 한 가지만 넣어도 돼요.

조리법

1 청양고추와 대파 흰 부분을 작게 다진다.

2 그릇에 간장 소스 재료와 청양고추, 대파를 넣고 섞는다.

3 달걀을 넣고, 젓가락으로 달걀노른자를 1~2번 찌른 후 접시로 덮거나 랩을 씌우고 구멍을 뚫어 전자레인지에 2분 30초 돌린다.
• 달걀노른자를 찔러 전자레인지에서 달걀이 터지는 것을 막을 수 있어요.

4 상태를 확인하며 전자레인지에 1분씩 더 돌린다.
• 달걀노른자를 익히는 정도는 취향껏 조절하세요.

5 수란을 건져 밥 위에 올리고, 간장 소스를 조금씩 뿌려 먹는다.
• 간장 소스에 밥을 바로 넣으면 짤 수 있으니 수란만 건지고, 소스의 양을 조절하세요.

대패
목살
말이

 속세맛   전자레인지   10분

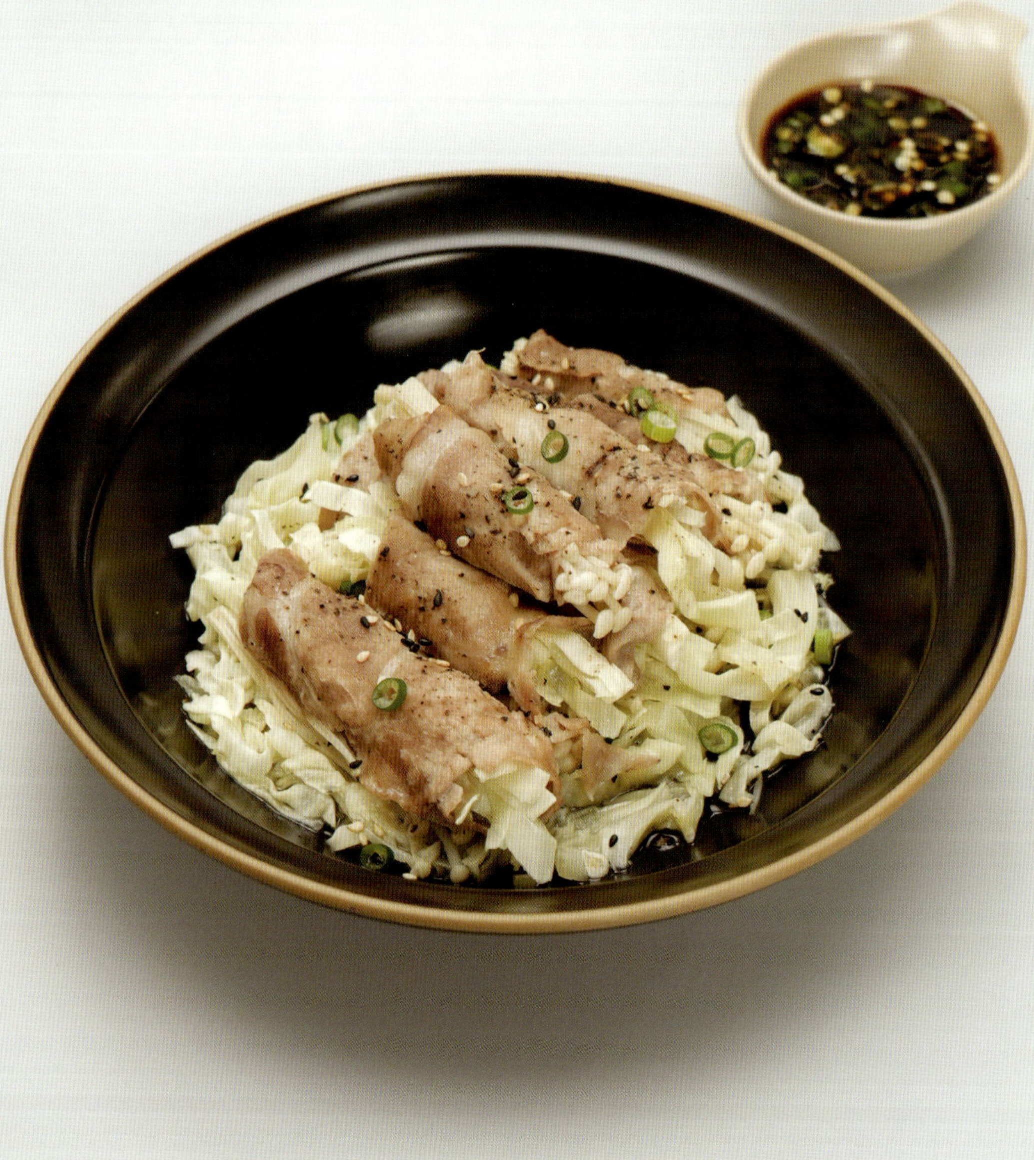

전자레인지만으로 냉동실에 잠들어 있는 대패 목살을 든든한 한 끼로 뚝딱 완성할 수 있어요. 새콤 달콤한 간장 소스를 곁들이면 마치 한정식집에 온 듯한 기분이랍니다. 양배추와 버섯을 듬뿍 넣어 건강까지 챙길 수 있는 레시피이니 간편한 한 끼로 꼭 드셔보시길 바라요.

재료(1인분)

냉동 대패 목살 100g
양배추 2줌(120g)
팽이버섯 1봉(100g)
청양고추 1개
소금 약간
후추 약간
맛술 1숟가락
쪽파 약간(선택)
깨 약간

● 간장 소스
진간장 1숟가락
식초 1숟가락
물 1숟가락
알룰로스 0.5숟가락

요리 초보 다이어터를 위한 TIP

▶ 맛술은 고기의 잡내를 잡아줘요. 없으면 생략 가능해요.
▶ 전자레인지 사양에 따라 다를 수 있으니, 고기가 잘 익었는지 꼭 확인하세요.
▶ 팽이버섯과 양배추 중 한 가지만 넣어도 돼요.
▶ 돌돌 마는 것이 번거롭다면 양배추와 버섯 위에 대패 목살을 올려 익혀도 돼요.

조리법

1 양배추는 얇게 채 썰고, 팽이버섯은 밑동을 잘라 뜯고, 청양고추는 작게 다진다.

2 대패 목살 위에 양배추와 팽이버섯을 조금씩 올리고 돌돌 만다.

3 그릇에 남은 양배추와 팽이버섯을 깔고, 소금과 후추를 뿌린다.

4 말아둔 대패 목살을 올리고, 사이사이에 소금과 후추를 뿌린다.

5 맛술을 뿌리고 덮개나 랩을 씌워 전자레인지에 4분 돌리고, 쪽파와 깨를 뿌린다.

6 그릇에 간장 소스 재료와 청양고추를 넣고 잘 섞어서 곁들인다.

매콤
가지
비빔밥

 초간단   전자레인지   10분

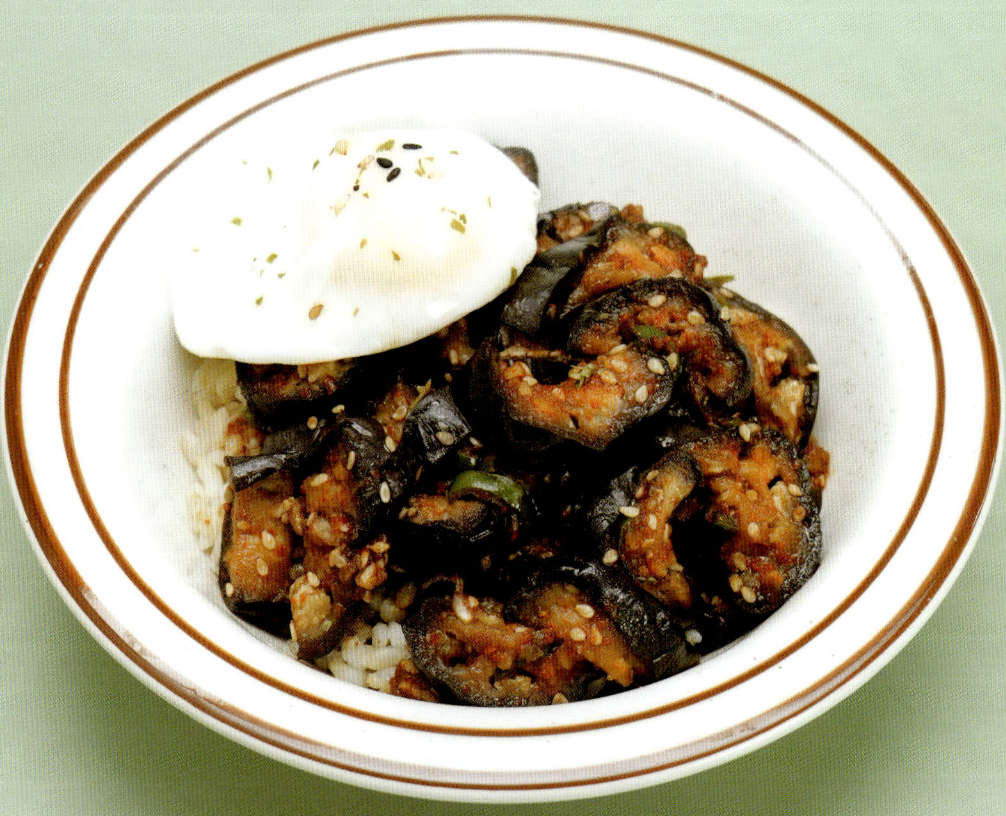

만들기는 간단하지만 맛은 절대 간단하지 않은 초간단 가지요리예요. 특히 양념장이 절묘해서 마치 꼬막 비빔밥을 먹는 듯한 풍미를 느낄 수 있답니다. 극찬 후기가 많은 레시피이니 믿고 꼭 한번 드셔보세요!

재료(1인분)

가지 1개
밥 크게 4숟가락(130g)
청양고추 1개

● 전자레인지 수란
달걀 1개
식초 1숟가락
물 밥그릇 2/3지점

● 무침 양념
진간장 1숟가락
참치액 0.8숟가락
고춧가루 1숟가락
다진 마늘 0.3숟가락
참기름 1숟가락
깨 약간

요리 초보 다이어터를 위한 TIP

▶ 매운 걸 못 드시는 분들은 청양고추를 생략해도 돼요.

조리법

1 가지는 세로로 반 갈라서 1cm 두께로 썰고, 청양고추는 작게 다진다.

2 그릇에 가지를 담고 접시나 랩으로 덮어 전자레인지에 4분 돌린다.

3 말랑말랑해진 가지에 무침 양념 재료와 청양고추를 넣고 잘 섞어 무친다.

4 밥 위에 가지무침과 전자레인지 수란을 올린다.

전자레인지로 수란 만드는 법

① 밥그릇에 물을 2/3 정도 붓고, 식초 1숟가락을 푼 후 달걀 1개를 넣는다. (식초는 달걀이 물에 풀어지는 것을 막아줘요)
② 달걀이 터지지 않게 젓가락으로 노른자를 콕콕 찌른다.
③ 접시나 덮개로 덮어 전자레인지에 1분 30초 돌리고, 숟가락으로 조심히 꺼낸다. (덜 익었으면 30초씩 더 돌리세요)

PART 6

빵은 절대 못 참는 다이어터를 위한 저탄수 레시피

다이어트 할 땐 빵을 무조건 피해야 한다고 생각하기 쉽지만, 건강한 탄수화물과 적당한 양만 지키면 빵도 충분히 든든한 한 끼가 될 수 있어요. 저도 그렇지만, 제 주변에도 빵은 절대 못 참는 빵순이들이 정말 많거든요. 그래서 밀가루는 최대한 줄이고 단백질은 챙기면서도, 입맛까지 만족시킬 수 있는 저탄수 레시피를 모았습니다. 죄책감 없이 맛있게 즐길 수 있는 지속 가능한 식단, 저와 함께 이어가요.

양배추 오코노미야끼

 속세맛  가스레인지   12분

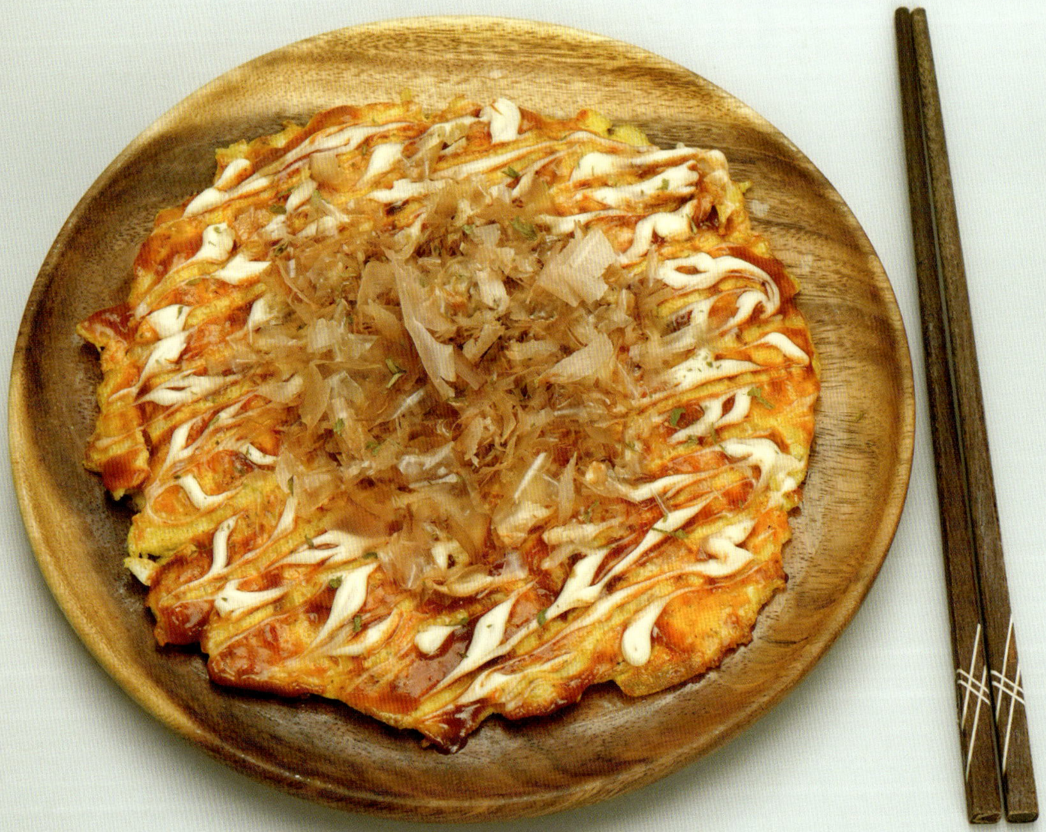

유튜브를 시작하기 전부터 수십 번 만들어 먹었던 저의 최애 양배추 레시피예요. 이 꿀 같은 레시피를 많은 분들과 나누고 싶어 영상으로 담아낸 것이 유지만 채널의 첫 번째 영상이 되었답니다. 밀가루가 들어간 오코노미야끼 못지않게 맛있고, 단백질까지 든든하게 챙길 수 있으니 꼭 한번 만들어보세요!

재료(1인분)

- 양배추 2줌(100g)
- 냉동 새우 6개
- 달걀 2개
- 모차렐라 치즈 1줌(35g)
- 소금 2꼬집
- 후추 약간
- 올리브오일 1숟가락
- 저당 바베큐소스 2숟가락
- 저당 마요네즈 1숟가락
- 가쓰오부시 1줌
- 파슬리 약간(선택)

요리 초보 다이어터를 위한 TIP

▶ 다진 청양고추를 추가해도 좋아요.
▶ 마요네즈 용기 입구에 랩을 씌워 고무줄로 고정하고, 이쑤시개로 구멍을 뚫으면, 얇게 뿌릴 수 있어요.

조리법

1 양배추는 얇게 채 썰고, 해동한 냉동 새우는 손가락 한마디 크기로 썬다.
• 냉동 새우는 찬물에 5분 정도 담가 해동하고, 꼬리를 떼내세요.

2 그릇에 양배추, 새우, 달걀, 소금, 후추, 모차렐라 치즈를 넣고 섞는다.

3 팬에 올리브오일을 두르고 섞어둔 재료를 펼쳐 올려 약불로 익힌다.

4 아랫면이 노릇해지면 뒤집어 반대편을 익힌다.
• 접시를 덮어 뒤집으면 편해요.

5 저당 바베큐소스를 골고루 펴바르고, 저당 마요네즈를 뿌려 젓가락으로 모양을 낸다.

6 가쓰오부시와 파슬리를 뿌린다.

토마토
바질
퀘사디아

속세맛　가스레인지　12분

재료들을 섞어 또띠아에 올리기만 하면 완성되는 간단한 요리입니다. 이국적인 피자 맛을 물씬 느낄 수 있어 입터짐을 방지할 수 있는 소중한 레시피랍니다. 쭈욱 늘어나는 치즈로 만족감을 얻을 수 있어요. 채소가 듬뿍 들어가 또띠아 한 장으로도 배부르고 행복한 다이어트가 가능하답니다.

재료(1인분)

통밀 또띠아 1장

양파 1/4개

토마토 1/4개

닭가슴살 소시지 2개(100g)

저당 케첩 1숟가락

스리라차 소스 1숟가락

후추 약간

바질 페스토 1숟가락

모차렐라 치즈 1줌(35g)

요리 초보 다이어터를 위한 TIP

▶ 에어프라이어에 노릇하게 구워도 돼요. (180도에 10분 정도)
▶ 지름 20cm 또띠아를 사용했어요. 더 큰 사이즈가 만들기 편해요.
▶ 닭가슴살 소시지는 다양한 닭가슴살 제품으로 대체 가능해요.
▶ 케첩과 스리라차 소스 대신 토마토 파스타 소스 2숟가락을 넣어도 돼요.

조리법

1 그릇에 양파와 토마토, 닭가슴살 소시지를 가로로 작게 잘라 넣는다.

2 저당 케첩, 스리라차 소스, 후추를 넣고 섞는다.

3 통밀 또띠아의 반쪽에 바질 페스토를 골고루 바른다.

4 나머지 반쪽에 섞은 재료와 모차렐라 치즈를 올려 또띠아를 반 접는다.

5 팬 위에 올리고, 뒤집개로 두세 번 뒤집으며 약불로 익힌다.

● 또띠아가 바삭해지고, 치즈가 녹으면 불을 끄세요.

땡초 양배추 피자

 가성비   가스레인지   12분

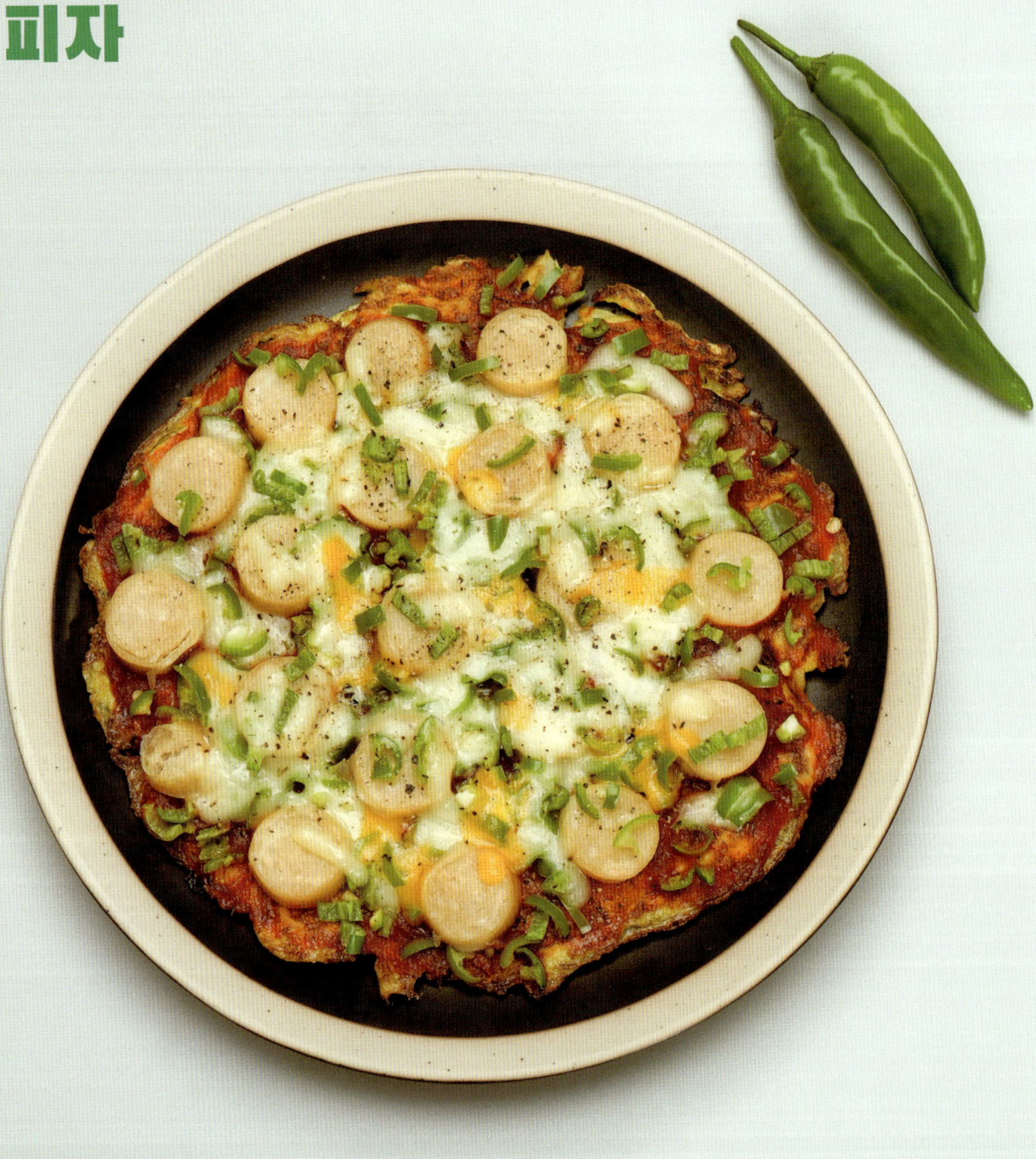

청양고추로 매콤함을 더해 자주 먹어도 질리지 않는 피자예요. 피자가 너무 먹고 싶을 때, 밀가루 없이 양배추와 달걀로 만든 건강한 피자를 마음껏 즐겨보세요.

재료(1인분)

양배추 1줌(80g)

닭가슴살 소시지 2개(100g)

양파 1/4개

청양고추 4개(40g)

달걀 2개

소금 2꼬집

후추 약간

올리브오일 1숟가락

저당 케첩 2숟가락

스리라차 소스 1숟가락

모차렐라 치즈 1줌(35g)

요리 초보 다이어터를 위한 TIP

▶ 청양고추의 양은 취향껏 조절하세요.
▶ 케첩과 스리라차 소스 대신 토마토 파스타 소스 2~3숟가락을 발라도 돼요.
▶ 프라이팬 뚜껑이 없으면 접시에 담아 전자렌지에 돌려 치즈를 녹이세요.

조리법

1 양배추는 얇게 채 썰고, 닭가슴살 소시지는 먹기 좋은 크기로 썬다.

2 양파와 청양고추는 작게 다진다.

3 그릇에 양배추, 양파, 달걀, 소금, 후추를 넣고 섞는다.

4 팬에 올리브오일을 두르고, 섞어둔 재료를 펼쳐 올려 약불로 익힌다.

5 아랫면이 노릇해지면 뒤집고, 저당 케첩과 스리라차 소스를 골고루 바른다.

● 접시를 덮어 뒤집으면 편해요.

6 닭가슴살 소시지, 청양고추, 모차렐라 치즈를 올리고 뚜껑을 덮어 약불로 치즈를 녹인다.

애호박
달걀
피자

가성비   가스레인지   12분

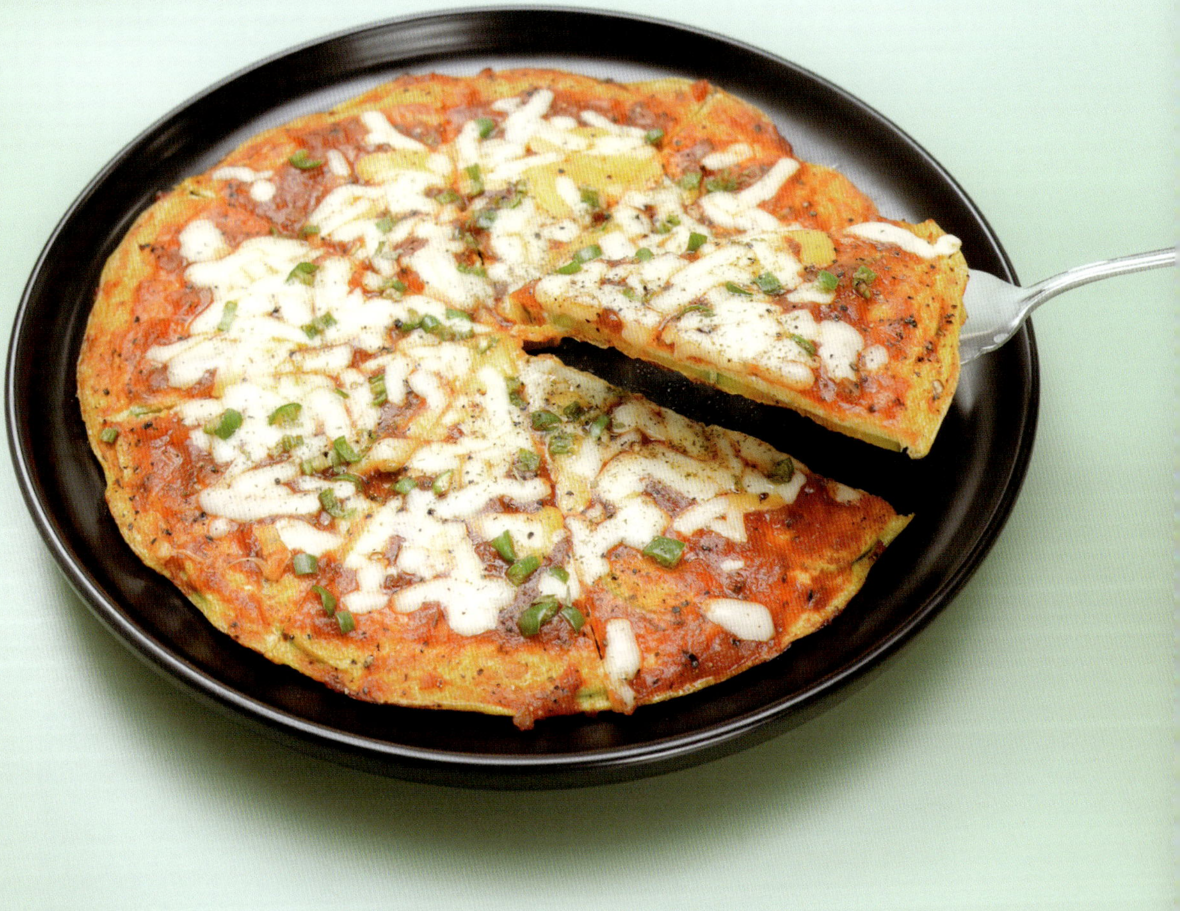

두툼한 애호박전을 응용해 새로운 다이어트용 피자를 만들었어요. 애호박이 간장 대신 토마토 소스와 치즈를 만나니 사 먹는 피자보다 더 고소한 피자가 되었어요. 밀가루가 없어 소화에도 부담 없는 색다른 건강 피자이니 집에서 간단하게 만들어 드시길 바라요.

재료(1인분)

애호박 1/2개

청양고추 1개

달걀 3개

소금 2~3꼬집

후추 약간

올리브오일 1숟가락

토마토 파스타 소스 3숟가락

모차렐라 치즈 1줌(35g)

요리 초보 다이어터를 위한 TIP

▶ 토마토 파스타 소스 대신 저당 케첩 2숟가락과 스리라차 소스 1숟가락을 발라도 좋아요.

▶ 청양고추의 매콤함은 달걀 특유의 냄새를 잡아주는 역할도 해요.

▶ 프라이팬 뚜껑이 없으면 접시에 담아 전자렌지에 돌려 치즈를 녹이세요.

조리법

1 애호박은 0.5cm 두께로 썰고, 청양고추는 작게 다진다.

2 그릇에 달걀, 소금, 후추를 넣고 잘 풀어둔다.
- 소금은 취향껏 조절하세요.

3 팬에 올리브오일을 두르고, 애호박을 빙 둘러 올린다.

4 풀어둔 달걀물을 애호박 위에 골고루 붓고 약불로 익힌 뒤, 아랫면이 노릇해지면 뒤집는다.
- 접시를 덮어 뒤집으면 편해요.

5 불을 끈 후 토마토 파스타 소스를 바르고, 모차렐라 치즈, 청양고추, 후추를 뿌리고, 뚜껑을 덮어 약불로 치즈를 녹인다.

새우
마늘
피자

 속세맛　 가스레인지　 17분

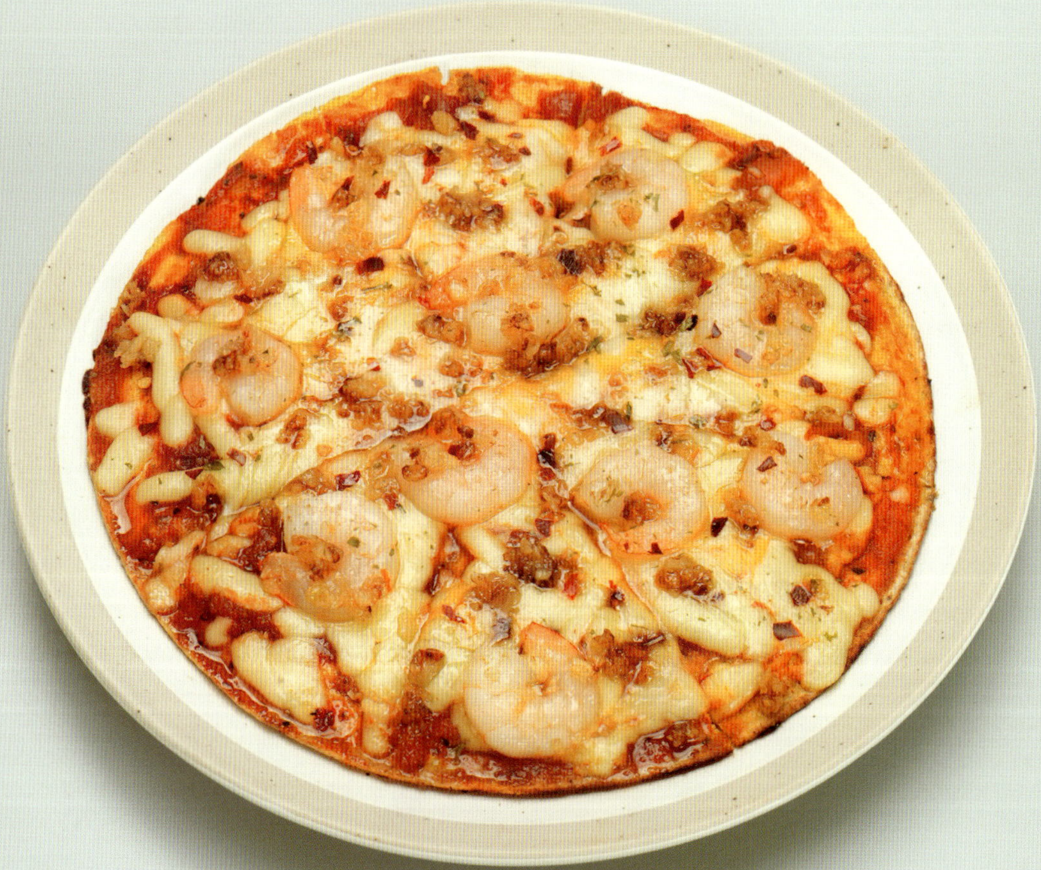

저의 속세맛 레시피 중 다섯 손가락 안에 들어갈 정도로 적극 추천하는 레시피예요. 900만 조회수를 넘기며 채널에서 조회수 1위를 기록하고 있을 만큼 많은 사랑을 받고 있어요. 사 먹는 피자맛이라서 다이어트를 하지 않는 분들도 맛있게 즐길 수 있으니 가족, 친구들과 함께 만들어 드시길 바라요.

재료(1인분)

- 냉동 새우 10마리
- 양파 1/4개
- 달걀 2개
- 소금 2꼬집
- 버터 1조각(10g)
- 다진 마늘 1숟가락
- 통밀 또띠아 1장
- 토마토 파스타 소스 3숟가락
- 모차렐라 치즈 1줌(35g)
- 알룰로스 취향껏
- 파슬리 약간(선택)
- 크러쉬드 레드페퍼 약간(선택)

요리 초보 다이어터를 위한 TIP

▶ 양파 대신 작게 다진 양배추를 넣어도 돼요.
▶ 크러쉬드 레드페퍼는 색감과 약간의 매콤함을 더해줘요. 없으면 생략하세요.
▶ 프라이팬 뚜껑이 없으면 접시에 담아 전자렌지에 돌려 치즈를 녹이세요.

조리법

1 냉동 새우는 찬물에 5분 정도 담가 해동하고, 양파는 작게 다진다. 그릇에 달걀, 소금, 다진 양파를 넣고 잘 풀어둔다.
- 해동한 새우는 꼬리를 떼내세요.

2 팬에 버터를 녹인 후 다진 마늘과 새우를 넣고, 약불로 새우가 노릇해질 때까지 볶아서 그릇에 담아둔다.

3 새우 볶은 팬을 닦지 말고 달걀물을 붓는다.

4 달걀물 위에 통밀 또띠아를 올려 약불로 익히다 달걀이 익으면 뒤집는다.
- 또띠아를 달걀물에 잘 붙이세요.
- 접시를 덮어 뒤집으면 편해요.

5 불을 끈 후 달걀 위에 토마토 파스타 소스를 골고루 바른다. 모차렐라 치즈, 볶은 새우와 마늘을 올리고, 뚜껑을 덮어 약불로 치즈를 녹인다.
- 또띠아가 타지 않게 약불로 천천히 익히세요.

6 치즈가 다 녹으면 알룰로스, 크러쉬드 레드페퍼, 파슬리를 뿌린다.
- 알룰로스의 양은 취향껏 조절하세요.

크래미
달걀
피자

 가성비   가스레인지 17분

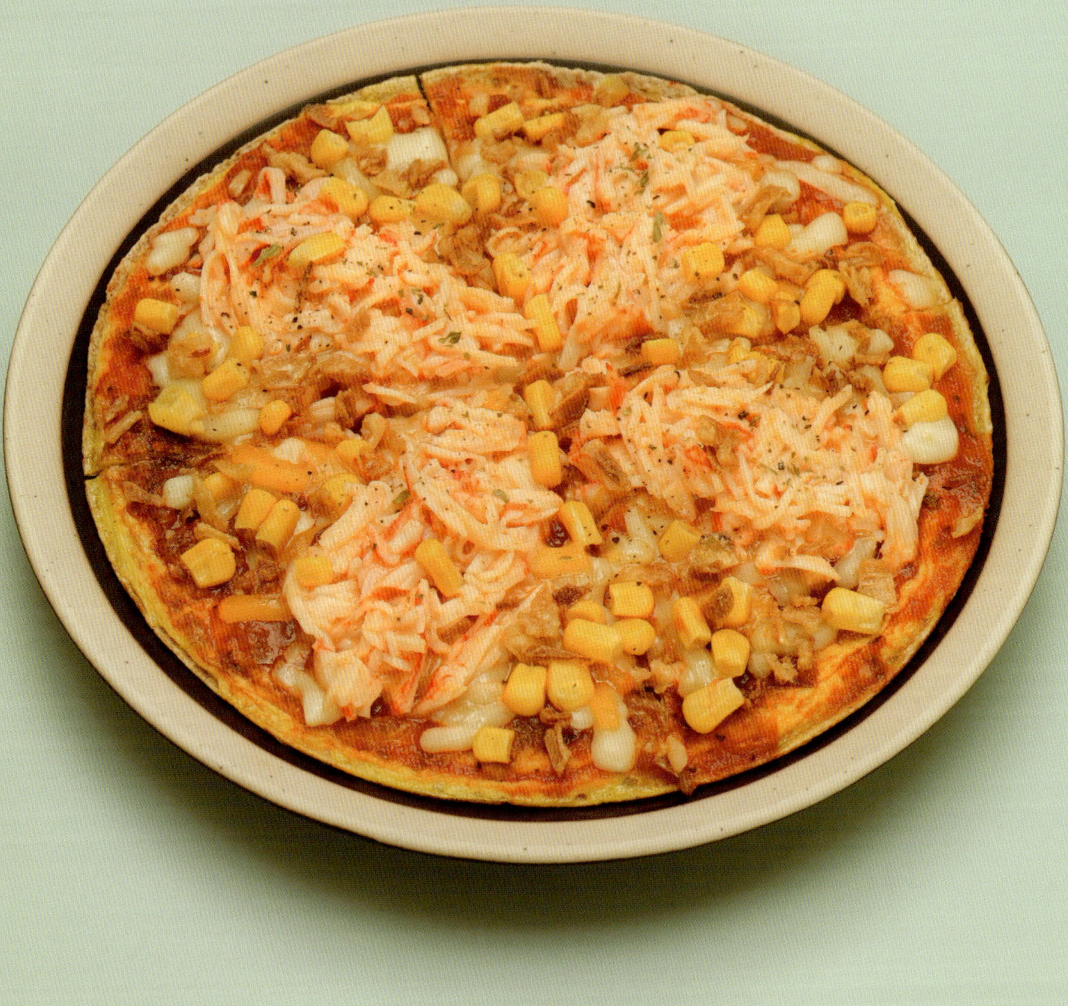

크래미를 정말 좋아하시는 아빠를 위해 개발한 피자 레시피예요. '어떻게 하면 크래미 토핑 피자를 오븐 없이 맛있게 만들 수 있을까?' 고민하면서 여러 번의 테스트 끝에 완성했답니다. 어디서도 볼 수 없는 특별한 레시피를 집에 흔히 있는 재료로 쉽게 만들어보세요.

재료(1인분)

크래미 4조각(80g)
양파 1/4개
달걀 2개
소금 1꼬집
올리브오일 0.8숟가락
통밀 또띠아 1장
토마토 파스타 소스 3숟가락
모차렐라 치즈 1줌(35g)
무가당 스위트콘 1숟가락
양파 플레이크 1숟가락(선택)

- 스리마요 소스
저당 마요네즈 0.5숟가락
식초 0.5숟가락
알룰로스 0.5숟가락
스리라차 소스 1숟가락

요리 초보 다이어터를 위한 TIP

▶ 스위트콘은 체에 밭쳐 물기를 빼고 올리세요.
▶ 바삭한 식감을 위해 양파 플레이크를 뿌려 마무리해도 좋지만 생략해도 괜찮아요.
▶ 프라이팬 뚜껑이 없으면 접시에 담아 전자렌지에 돌려 치즈를 녹이세요.

조리법

1 크래미는 포크로 긁어 잘게 찢은 뒤, 스리마요 소스 재료를 넣고 섞어 크래미 토핑을 만든다.

2 잘게 다진 양파에 달걀과 소금을 넣고 잘 풀어준다.

3 팬에 올리브오일을 두르고, 풀어둔 달걀물을 붓는다.

4 달걀물 위에 통밀 또띠아를 올려 약불에 익히다 달걀이 익으면 뒤집는다.
- 또띠아를 달걀물에 잘 붙이세요.

5 불을 끈 후 달걀 위에 토마토 파스타 소스를 골고루 바르고, 모차렐라 치즈를 뿌린다.

6 크래미 토핑을 네 덩어리로 나눠 올리고, 무가당 스위트콘을 뿌리고, 뚜껑을 덮어 약불로 치즈를 녹인 뒤, 양파 플레이크를 뿌린다.

소고기 버거

 속세맛  가스레인지   15분

패스트푸드점의 버거는 채소가 적어서 항상 아쉬웠는데, 외국 SNS에서 유행하는 다이어트 버거를 발견해 한국식 버전으로 만들었어요. 사 먹는 버거같다는 칭찬 후기가 많이 달릴 정도로 정말 속세의 맛이랍니다. 청양고추가 들어간 매콤한 소스를 듬뿍 뿌려 마음껏 즐겨보세요.

재료(1인분)

소고기 다짐육 100g
양상추 손바닥 크기 3장
토마토 1/3개
양파 1/3개
청양고추 1개
통밀 또띠아 1장
소금 1꼬집
후추 약간
체다 치즈 1장

- 햄버거 소스
저당 마요네즈 1숟가락
저당 케첩 1숟가락
스리라차 소스 1숟가락
알룰로스 1숟가락

요리 초보 다이어터를 위한 TIP

▶ 샌드위치처럼 랩으로 두 겹 감싼 후 반으로 자르면 먹기 편해요.

조리법

1 양상추는 먹기 좋게 찢고, 토마토와 양파는 얇게 슬라이스 하고, 청양고추는 작게 다진다.
- 양파는 찬물에 10분 정도 담가 매운맛을 빼세요.

2 소고기 다짐육은 키친타월로 감싸 핏물을 닦고, 그릇에 햄버거 소스 재료와 청양고추를 넣고 섞어둔다.

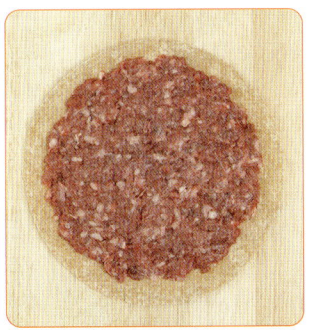

3 소고기 다짐육에 소금, 후추를 뿌려 손으로 조물조물 반죽하고, 또띠아 위에 얇게 펼쳐 붙인다.

4 고기가 아래로 가도록 팬에 올려 약불로 천천히 익히다가 고기가 노릇하게 익으면 뒤집어서 반대쪽도 익힌다.
- 너무 오래 익히면 또띠아가 지나치게 바삭해지니 조심하세요.

5 잘 구워진 소고기 위에 만들어둔 햄버거 소스를 바르고, 체다 치즈-양상추-토마토-양파를 올린 후 또띠아를 반으로 접어 완성한다.

참치 바질 부리토

 속세맛   에어프라이어   20분

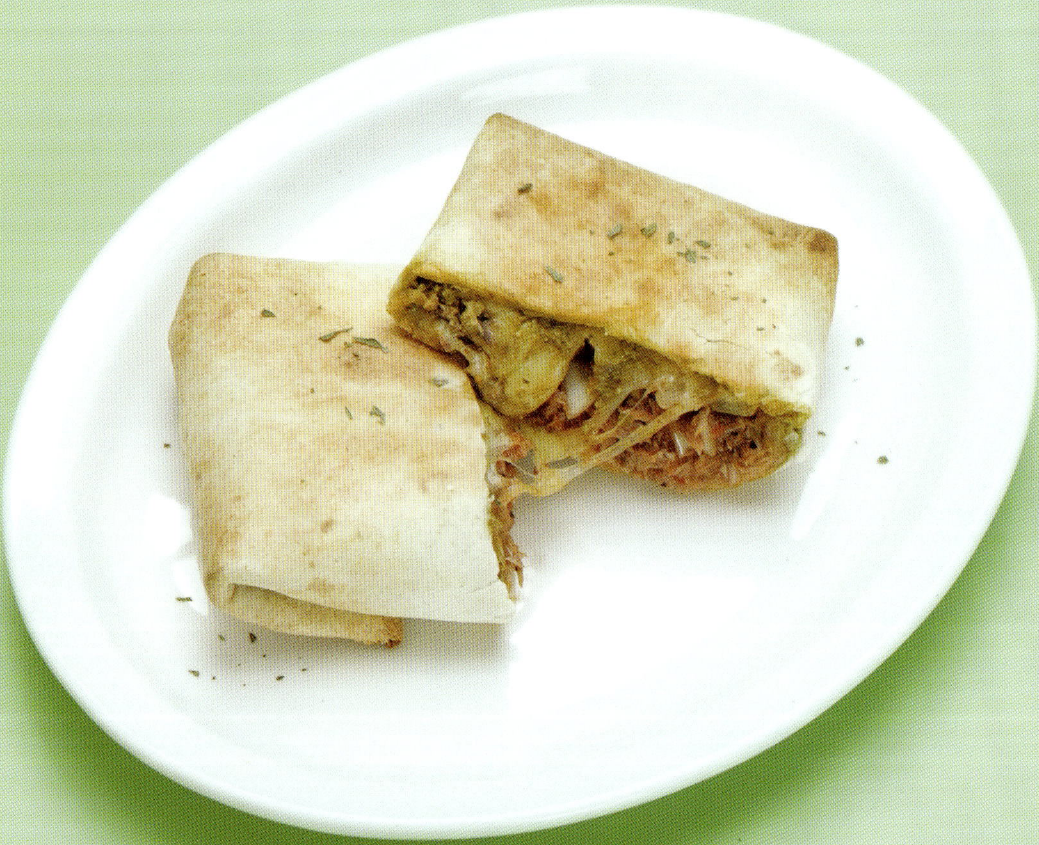

또띠아를 네모나게 접어 굽기만 하면 완성되는 간단한 방법으로 많은 분들의 사랑을 받은 레시피예요. 쉽게 구할 수 있는 참치를 쓰는데도 바질 페스토가 들어가 이국적인 느낌이 나는 매력적인 부리토예요.

재료(1인분)

참치 1캔(100g)

양파 1/4개

토마토 파스타 소스 3숟가락

무가당 스위트콘 1숟가락

후추 약간

또띠아 1장

바질 페스토 1숟가락

모차렐라 치즈 1줌(35g)

요리 초보 다이어터를 위한 TIP

▶ 매운 것을 좋아하면 청양고추, 페페론치노, 할라피뇨 등을 작게 잘라 넣어도 좋아요.

▶ 토마토 파스타 소스가 없으면 저당 케첩 2숟가락과 스리라차 소스 1숟가락을 넣어도 돼요.

▶ 지름 25cm의 일반 또띠아를 사용했어요. 더 작은 크기의 또띠아라면 두 장에 속재료를 반씩 나누어 만들거나, 남은 속재료를 참치 샐러드로 먹어도 좋아요.

▶ 바질 페스토는 이국적인 맛을 더해주는 재료이기 때문에 꼭 필요해요.

조리법

1 참치는 숟가락으로 꾹 눌러 기름을 빼고, 양파는 작게 다진다.

2 그릇에 기름 뺀 참치, 다진 양파, 토마토 파스타 소스, 무가당 스위트콘, 후추를 넣고 섞는다.

3 또띠아 가운데에 바질 페스토를 바르고, 모차렐라 치즈, 참치 속재료를 올린다.

4 또띠아의 양옆과 위아래를 접어 올린다.

5 겹친 부분이 아래로 가게 에어프라이어에 넣고 180도에서 10분간 굽다가 뒤집어서 5분 더 구워낸다.
• 마른 팬에서 약불로 천천히 구워도 돼요.

칠리 치킨 두부 부리토

 가성비　 에어프라이어　 25분

평소 자주 먹는 부리토 간편 제품의 원재료 표기를 보고, 더 건강하고 구하기 쉬운 재료로 바꿔 만들어 본 레시피예요. 두부와 닭가슴살로 속을 채워 든든하고, 매콤한 소스와 함께 아삭한 양파가 씹혀 매력적인 맛이랍니다.

재료(1인분)

- 닭가슴살 100g
- 두부 1/3모(100g)
- 양파 1/4개
- 청양고추 1개
- 올리브오일 1숟가락
- 다진 마늘 0.5숟가락
- 저당 케첩 2숟가락
- 스리라차 소스 2숟가락
- 알룰로스 1숟가락
- 순후추 약간
- 통밀 또띠아 1장
- 체다 치즈 1장

요리 초보 다이어터를 위한 TIP

- ▶ 생 닭가슴살 또는 닭가슴살 가공품을 사용해도 돼요.
- ▶ 체다 치즈 대신 모차렐라 치즈 1줌을 넣어도 좋아요.
- ▶ 지름 20cm 또띠아를 사용했어요. 속재료가 남으면 한 개 더 만들어도 좋아요.

조리법

1 양파, 청양고추, 닭가슴살을 작게 다진다.

2 팬에 올리브오일을 두르고, 다진 마늘, 청양고추와 닭가슴살을 넣고 중약불로 볶다가 닭가슴살이 노릇해지면 두부를 으깨 넣고, 중불로 볶는다.
- 두부는 손으로 주무르거나 숟가락으로 으깨세요.

3 두부의 수분이 날아가면 불을 끄고, 다진 양파와 저당 케첩, 스리라차 소스, 알룰로스, 순후추를 넣고 섞는다.
- 양파의 아삭한 식감이 살도록 잔열로 익히세요.

4 통밀 또띠아 가운데에 체다 치즈를 올리고 그 위에 볶은 재료를 올린다.

5 통밀 또띠아의 양옆과 위아래를 접어 올린다.

6 겹친 부분이 아래로 가게 에어프라이어에 넣고 180도에서 10분간 굽다가 뒤집어서 5분 더 굽는다.
- 마른 팬에서 약불로 천천히 구워도 돼요.

새우 바질
오픈 토스트

 속세맛    가스레인지   15분

어렵지 않은 재료들로 집에서도 간단하게 브런치를 즐길 수 있어요. 이국적인 맛의 바질 페스토와 부드러운 달걀이 정말 잘 어울려 저희 아빠가 드시고는 또 만들어 달라고 하실 정도로 남녀노소 좋아할 만한 오픈 토스트예요.

재료(1인분)

통밀빵 2조각

냉동 새우 10마리

달걀 3개

바질 페스토 1~2숟가락

스리라차 소스 1숟가락

올리브오일 1.5숟가락

소금 2꼬집

후추 약간

알룰로스 약간

파슬리 약간(선택)

요리 초보 다이어터를 위한 TIP

▶ 바질 페스토는 빵의 가장자리까지 꼼꼼히 발라야 한입 한입을 같은 맛으로 즐길 수 있어요.
▶ 네모난 식빵으로 만들어도 돼요.
▶ 스리라차 소스의 매콤함은 바질페스토와 잘 어울려요. 없으면 생략 가능해요.

조리법

1 냉동 새우는 찬물에 5분 정도 담가 해동하고, 그릇에 달걀과 소금을 넣어 잘 풀어둔다.

해동한 새우는 꼬리를 떼내세요.

2 마른 팬에 통밀빵을 바삭하게 구워서 눅눅해지지 않도록 세워둔다.

3 팬에 올리브오일 1숟가락을 두르고, 풀어둔 달걀을 넣어 약불에서 스크램블한 후 따로 빼둔다.

달걀은 반숙 정도로 익혀야 부드럽게 먹을 수 있어요.

4 팬에 올리브오일 0.5숟가락을 두르고, 새우를 노릇하게 굽다가 불을 끈 후 후추와 스리라차 소스를 뿌려 섞는다.

5 통밀빵에 바질 페스토를 골고루 바른 후 달걀 스크램블과 새우를 올리고, 알룰로스와 파슬리를 뿌린다.

● 알룰로스는 취향껏 조절하세요.

대파 참치 토스트

가성비

에어프라이어

15분

점심 메뉴를 고민하다 냉장고 속에 대파가 쌓여있는 걸 보고 우연히 찾게 된 조합이에요! '과연 이게 잘 어울릴까?' 생각했는데 고소하고 부드러운 참치와 알싸한 대파, 톡톡 터지는 옥수수의 조화가 정말 좋았어요. 겉은 바삭, 속은 촉촉한 대파 참치 토스트를 즐겨보세요.

영상과 함께 보세요!

재료(1인분)

- 통밀 식빵 1장
- 참치 1캔(100g)
- 대파 크게 1줌(40g)
- 무가당 스위트콘 2숟가락
- 저당 머스터드 1숟가락
- 저당 마요네즈 0.5숟가락
- 알룰로스 0.5숟가락
- 후추 약간
- 모차렐라 치즈 1줌(35g)

요리 초보 다이어터를 위한 TIP

▶ 할라피뇨나 청양고추를 다져 넣어 더욱 매콤하게 즐길 수도 있어요.
▶ 대파는 넉넉하게 1줌 넣어야 대파의 향을 충분히 느낄 수 있어요.

조리법

1 대파는 세로로 반 갈라 송송 썰고, 참치는 숟가락으로 꾹 눌러 기름을 뺀다.

2 그릇에 대파, 기름 뺀 참치, 무가당 스위트콘, 저당 머스터드, 저당 마요네즈, 알룰로스, 후추를 넣고 섞는다.

3 통밀 식빵 위에 섞은 재료를 평평하게 올린 뒤 모차렐라 치즈를 올린다.

4 에어프라이어에서 180도로 10분간 굽는다.
- 치즈 겉면이 노릇해질 때까지 구우세요.

참외 에그 토스트

 속세맛  가스레인지   20분

"상큼한 참외 샐러드와 함께 단백질까지 챙길 수 있는 토스트는 없을까?"라는 호기심으로 시작해 수차례 테스트를 거쳐 완성한 레시피예요. 부드러운 달걀 샐러드와 통밀 식빵이 들어가 든든한 한 끼로도 손색 없는 신선한 조합이니 꼭 한번 드셔보시길 바라요.

재료(1인분)

참외 1개
삶은 달걀 2개
통밀 식빵 1장
파슬리 약간(선택)

● 참외 드레싱
참외씨
올리브오일 1숟가락
레몬즙 1숟가락
소금 1꼬집
후추 약간

● 달걀 드레싱
저당 머스터드 1숟가락
알룰로스 0.5숟가락
소금 2꼬집
후추 약간

> **요리 초보 다이어터를 위한 TIP**
>
> ▶ 참외 씨를 체에 거르면 더욱 맑은 드레싱을 만들 수 있어요.
> ▶ 끓는 물에 12분 이상 삶은 완숙 달걀을 사용했어요.

조리법

1 참외의 양 꼭지를 자르고 껍질을 벗긴 뒤, 세로로 반 잘라 씨를 긁어낸다.
● 필러를 사용하면 쉬워요. 참외씨는 숟가락으로 긁어 그릇에 담으세요.

2 아삭한 식감이 살도록 얇게 슬라이스 한다.

3 그릇에 참외 드레싱 재료를 넣어 섞는다.
● 씨가 뭉친 부분은 숟가락으로 최대한 부드럽게 풀어두세요.

4 마른 팬에 통밀 식빵을 중약불로 바삭하게 굽는다.
● 구운 빵은 눅눅해지지 않게 세워두세요.

5 포크로 으깬 삶은 달걀에 달걀 드레싱 재료를 넣고 섞어 달걀 샐러드를 만든다.

6 반으로 자른 통밀 식빵에 달걀 샐러드를 평평하게 올린 뒤, 참외 드레싱의 건더기를 올리고 참외를 얹는다. 그 위에 남은 참외 드레싱과 파슬리를 뿌려 마무리한다.

고구마 치즈 토스트

 속세맛
 에어프라이어
 전자레인지
 20분

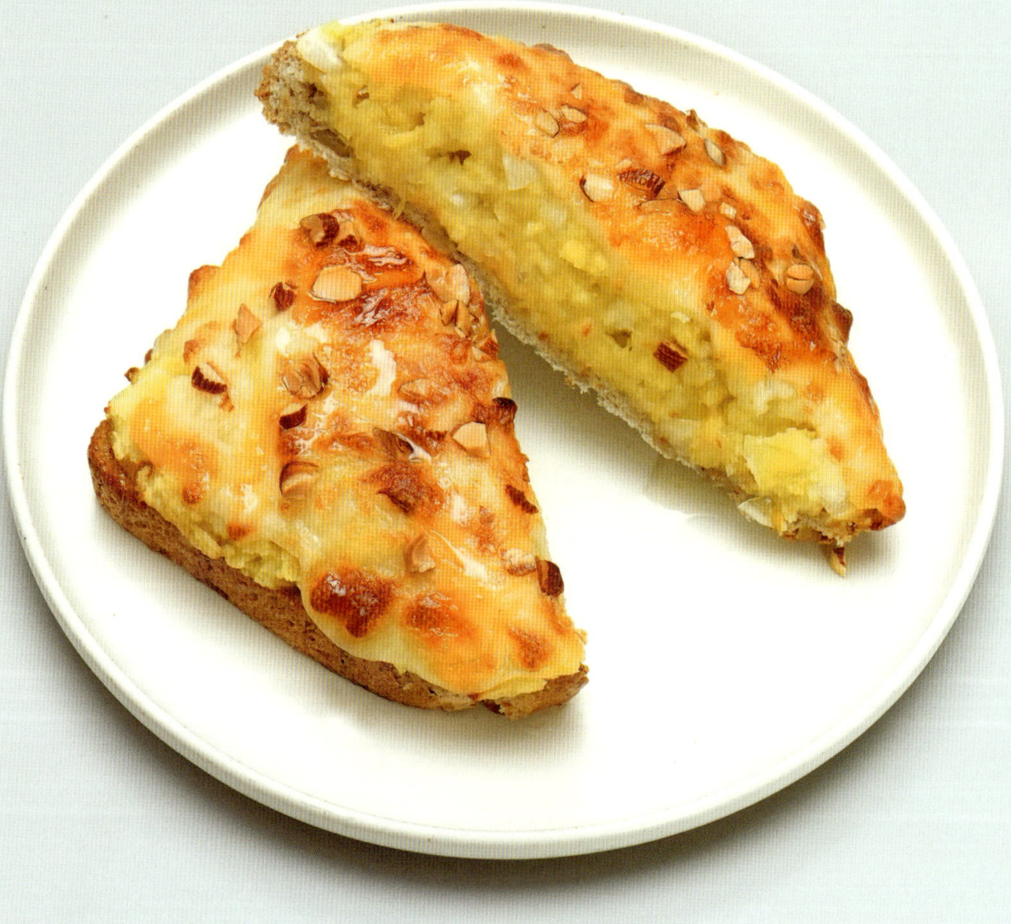

집에 있는 고구마를 어떻게 맛있게 먹을 수 있을까 고민하다 고소한 치즈와 달달한 고구마가 들어간 토스트를 만들어보았어요. 아삭아삭 씹히는 양파랑 촉촉한 고구마가 아주 잘 어울리는 데다 고소하게 씹히는 견과류가 킥이에요.

재료(1인분)

- 고구마 1개(150g)
- 양파 1/4개
- 통밀 식빵 1장
- 물 2숟가락
- 알룰로스 1숟가락
- 우유 2숟가락
- 저당 머스터드 1숟가락
- 저당 마요네즈 0.5숟가락
- 모차렐라 치즈 1줌(35g)
- 아몬드 6개
- 저당 메이플 시럽 약간

요리 초보 다이어터를 위한 TIP

▶ 저당 메이플 시럽 대신 알룰로스나 꿀을 뿌려도 돼요.
▶ 아몬드 대신 호두, 캐슈넛 등 다른 견과류를 넣어도 좋아요.
▶ 달지 않고 퍽퍽한 밤고구마를 사용했어요. 고구마의 종류에 따라 알룰로스와 우유의 양은 조절하세요. 우유가 없으면 물을 넣어도 돼요.
▶ 머스터드와 마요네즈 대신 케첩이나 토마토 소스를 바르면 고구마 피자 느낌으로 즐길 수 있어요.

조리법

1 아몬드와 양파는 작게 다지고, 고구마는 껍질을 깎아 깍둑 썬다.
• 견과류는 씹히는 식감이 있을 정도로 다지세요.

2 그릇에 고구마와 물을 넣고, 랩을 씌워 전자레인지에 3분간 돌린다.
• 전자레인지용 덮개나 접시를 얹어도 돼요.

3 잘 익은 고구마를 포크로 으깨고, 알룰로스, 우유, 다진 양파를 넣고 섞는다.
• 고구마가 달지 않으면 알룰로스를, 퍽퍽하면 우유를 더 넣으세요.

4 통밀 식빵 위에 저당 머스터드와 저당 마요네즈를 골고루 바른다.

5 고구마를 평평하게 올리고, 모차렐라 치즈와 다진 아몬드를 올린다.

6 에어프라이어에 180도로 10분간 굽고, 저당 메이플 시럽을 뿌린다.
• 치즈 겉면이 노릇해질 때까지 구우세요.

소시지 달걀말이 핫도그

 가성비  가스레인지   15분

닭가슴살 소시지를 활용할 방법을 고민하다 떠오른 레시피예요. 밀가루 대신 양배추와 달걀을 넣어 건강을 챙기고 포만감도 높였어요. 달걀말이에 닭가슴살 소시지와 소스가 더해지니 길거리 토스트 맛도 나요. 간단한 재료를 활용해 건강한 한 끼 드시길 바라요!

재료(1인분)

- 닭가슴살 소시지 1개(50g)
- 양배추 1줌(80g)
- 청양고추 1개
- 달걀 2개
- 소금 1꼬집
- 후추 약간
- 올리브오일 1숟가락
- 체다 치즈 1장
- 저당 머스터드 1숟가락
- 스리라차 소스 1숟가락

요리 초보 다이어터를 위한 TIP

▶ 소스는 저당 머스터드, 저당 케첩, 스리라차 소스 중 취향껏 고르세요.
▶ 종이 호일이나 랩으로 싸면 진짜 핫도그 모양으로 단단하게 말 수 있어요.

조리법

1 양배추는 얇게 채 썰고, 청양고추는 작게 다진다.

2 그릇에 양배추, 청양고추, 달걀, 소금, 후추를 넣고 섞는다.

3 팬에 올리브오일을 두르고, 약불에서 달걀물을 부어 직사각형 모양으로 익히다가 뒤집어 반대편도 익힌다.

4 종이 호일 위에 달걀전의 매끈한 면이 아래로 가도록 올리고, 체다 치즈와 닭가슴살 소시지를 올린다.

5 김밥처럼 단단하게 말고, 종이 호일 양쪽 끝을 꼬아 고정한 뒤, 치즈가 녹을 때까지 2분 정도 기다린다.
• 뜨거우니 말 때 조심하세요.

6 달걀말이를 꺼내서 적당한 두께로 썰고 저당 머스타드와 스리라차 소스를 뿌린다.

과카몰리 핫도그

 속세맛　 에어프라이어　 15분

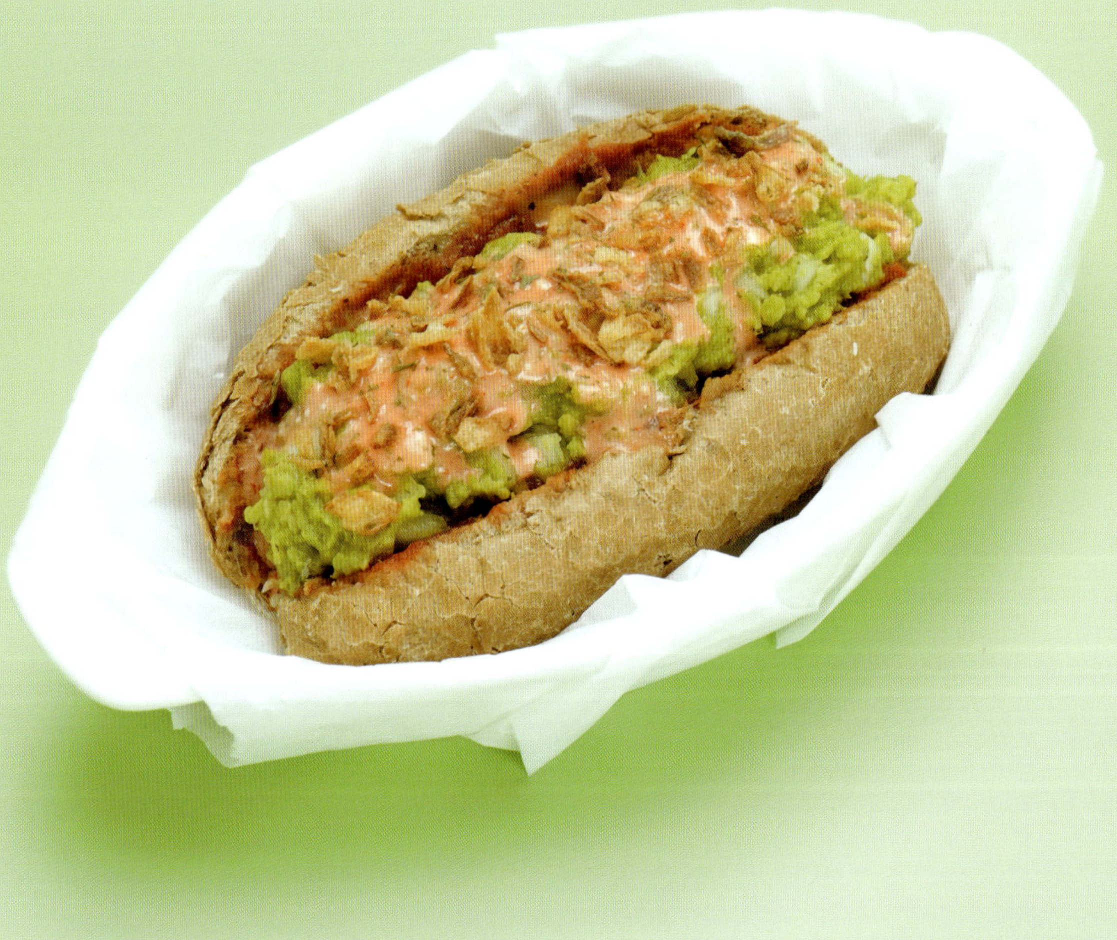

여행길에 우연히 들른 가게에서 맛있게 먹었던 핫도그를 떠올리며 만들어본 레시피예요. 과카몰리가 익숙하지 않은 분들도 거리낌 없이 즐길 수 있는, 신선한 조합에 한 입 베어 물면 기분이 좋아지는 맛이에요.

재료(1인분)

호기빵 1개(65g)
모차렐라 치즈 1줌(35g)
토마토 파스타 소스 2숟가락
닭가슴살 소시지 1개(50g)
양파 플레이크 약간

● 초간단 과카몰리
냉동 아보카도 1줌(100g)
양파 1/4개
소금 2꼬집
레몬즙 1숟가락
후추 약간

● 스리마요 소스
스리라차 소스 1숟가락
저당 마요네즈 0.5숟가락
알룰로스 0.5숟가락

요리 초보 다이어터를 위한 TIP

▶ 냉동 아보카도는 실온에서 해동하세요. 시간이 없으면 전자레인지에 30초 돌리면 돼요.
▶ 토마토 파스타 소스 대신 저당 케첩 2숟가락과 알룰로스 0.5숟가락을 발라도 돼요.
▶ 과카몰리에 토마토 1/3개를 작게 다져 넣으면 더욱 정석대로 만들 수 있어요.
▶ 양파 플레이크 대신 다진 견과류로 식감을 살려도 좋아요.
▶ 호기빵 대신 통밀 식빵을 사용해 오픈 토스트로 만들어도 돼요. 소세지는 먹기 좋게 잘라 올리세요.

조리법

1 해동한 냉동 아보카도는 포크로 으깨고, 양파는 작게 다진다.
● 다진 양파는 물에 10분 정도 담가 매운맛을 빼고, 키친타월로 물기를 제거하세요.

2 그릇에 초간단 과카몰리 재료를 넣고 섞는다.

3 그릇에 스리마요 소스 재료를 넣고 섞는다.

4 반으로 가른 호기빵 사이에 모차렐라 치즈를 넣고, 에어프라이어에 180도 4분 돌린다.
● 빵의 겉면이 바삭해지고 치즈가 녹을 때까지 구우세요.

5 잘 녹은 치즈 위에 토마토 파스타 소스를 바르고, 닭가슴살 소시지를 올린다.

6 과카몰리를 올리고, 스리마요 소스와 양파 플레이크를 뿌린다.

PART 7

죄책감 없이 즐길 수 있는 면 요리 레시피

날이 더우면 시원한 냉면이 당기고, 날이 추우면 칼국수가 당기고, 파스타는 수시로 당기고… 결국 사계절 내내 먹고 싶은 게 면 요리가 아닐까 싶어요. 하지만 마음껏 먹을 수는 없는게 다이어터 마음이죠. 그래서 건강하게 맛있게 마음껏 먹을 수 있는 면 요리 레시피를 소개합니다.

새우
바질
파스타

속세맛   가스레인지   20분

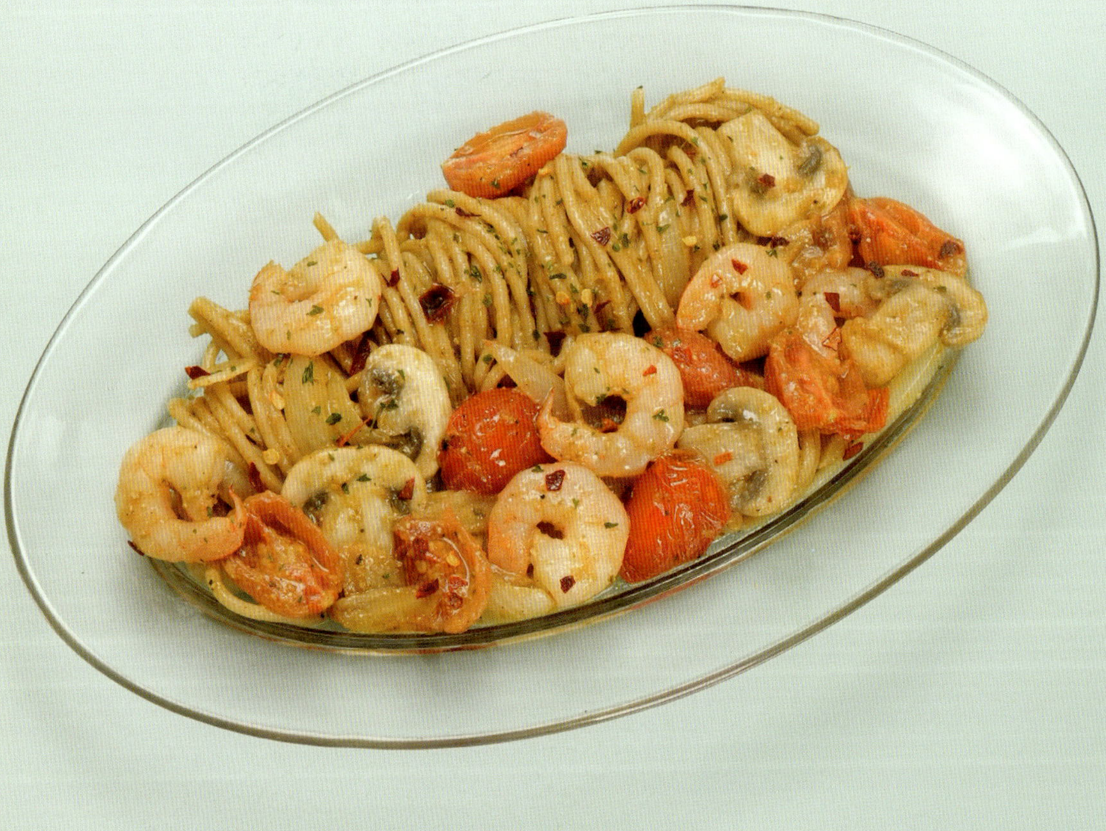

바질 페스토의 향긋함과 페페론치노의 매콤함이 조화로운 깔끔한 오일 파스타예요. 신선한 채소를 듬뿍 넣어 적은 양의 면으로도 포만감이 높아, 다이어트 중에도 맛있게 즐길 수 있는 레시피로 추천 드려요.

재료(1인분)

냉동 새우 6마리
방울토마토 5개
양파 1/2개
양송이버섯 2개
마늘 4개
—
통밀 스파게티면 45g
물 5컵
소금 0.5숟가락
—
올리브오일 1숟가락
페페론치노 2개
치킨스톡 1숟가락
면수 4숟가락
바질 페스토 1숟가락
후추 약간
크러쉬드 레드페퍼(선택)
파슬리(선택)

요리 초보 다이어터를 위한 TIP

▶ 버섯은 새송이, 느타리, 팽이버섯 등으로 자유롭게 대체할 수 있어요.
▶ 새우 대신 닭가슴살이나 베이컨을 넣어도 잘 어울려요.
▶ 방울토마토 대신 큰 토마토를 작게 썰어 넣어도 돼요.

조리법

1 방울토마토는 반 자르고, 냉동 새우는 찬물에 5분 정도 담가 해동한다.
• 해동한 새우의 꼬리를 떼내세요.

2 양파는 도톰하게 채 썰고, 마늘과 양송이버섯은 편으로 썬다.
• 견과류는 식감을 위해 적당히 작게 다지세요.

3 끓는 물에 소금과 통밀 스파게티면을 넣고 삶는다.
• 포장지에 적힌 시간보다 2분 덜 삶고, 팬에서 볶을 때 마저 익혀요.

4 팬에 올리브오일을 두르고, 마늘과 찢은 페페론치노를 넣어 약불로 볶다가 마늘이 살짝 노릇해지면 새우, 양파, 양송이버섯, 방울토마토, 치킨스톡을 넣고 중약불로 볶는다.

5 양파가 살짝 투명해지면 삶은 통밀 스파게티면과 면수를 넣고 볶는다.
• 빠르게 휘저어 볶으세요.

6 면이 익으면 불을 끈 후 바질 페스토와 후추를 넣어 골고루 섞고 접시에 담아 크러쉬드 레드페퍼와 파슬리를 뿌려 마무리한다.

양배추 베이컨 파스타

 가성비  가스레인지   18분

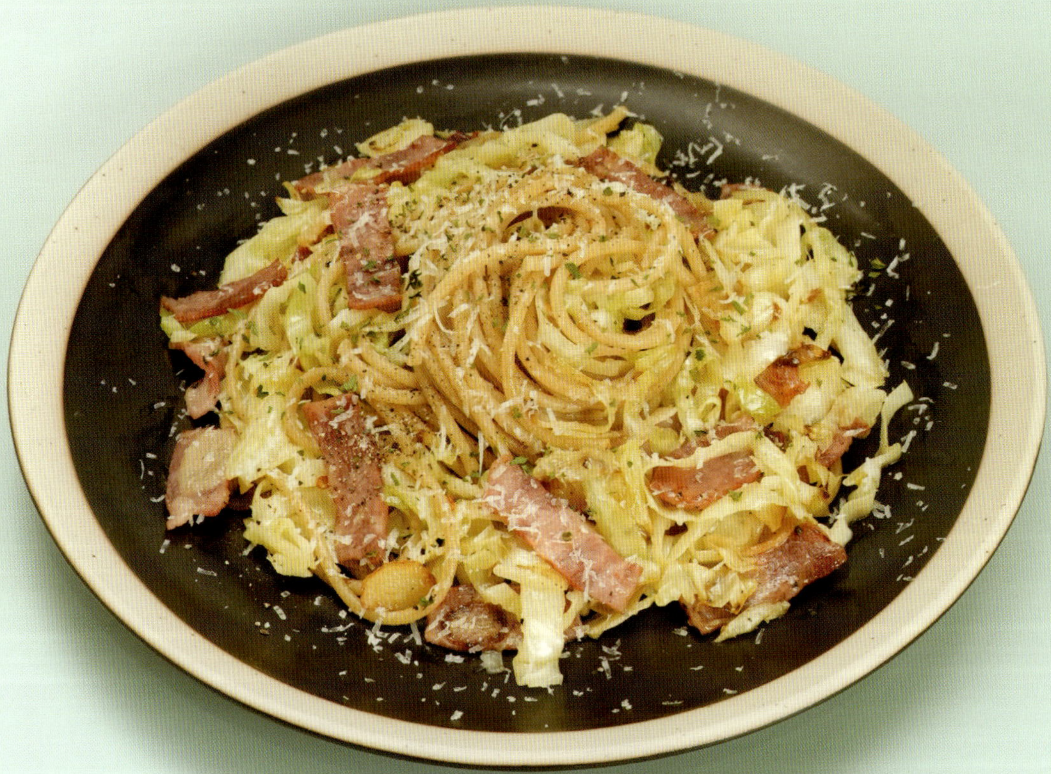

특별한 한 끼를 먹고 싶지만, 밖에 나가기는 귀찮은 날이 있죠. 냉장고 속 흔한 재료인 양배추만으로도 간단하지만 비주얼과 맛 모두 만족스러운 파스타를 만들 수 있어요. 누구나 쉽게 따라할 수 있는 레시피이니, 꼭 한번 만들어보세요.

재료(1인분)

- 양배추 2줌(120g)
- 베이컨 2줄
- 마늘 4개
—
- 통밀 스파게티 면 45g
- 물 5컵
- 소금 0.5숟가락
—
- 올리브오일 1숟가락
- 페페론치노 2~3개
- 치킨스톡 1숟가락
- 면수 4숟가락
- 후추 약간
- 파슬리 약간(선택)
- 파르미지아노 치즈 약간(선택)

요리 초보 다이어터를 위한 TIP

▶ 베이컨은 닭가슴살, 새우, 오리고기 등으로 대체 가능해요.
▶ 마늘이 없으면 다진 마늘 1숟가락을 넣으세요.
▶ 페페론치노 대신 청양고추 1개를 썰어 넣어도 돼요.
▶ 치킨스톡이 없으면 굴소스 1숟가락으로 대체 가능해요.
▶ 양배추 대신 알배추를 먹기 좋게 썰어 넣어도 돼요.

조리법

1 양배추는 얇게 채로, 마늘은 얇게 편으로 썰고, 베이컨은 먹기 좋게 자른다.

2 끓는 물에 소금과 통밀 스파게티 면을 넣고 삶는다.
- 포장지에 적힌 시간보다 2분 덜 삶고, 팬에서 볶을 때 마저 익혀요.

3 팬에 올리브오일을 두르고, 마늘, 베이컨, 찢은 페페론치노를 넣어 중약불로 볶는다.

4 베이컨이 살짝 노릇해지면 양배추를 넣고 볶는다.

5 양배추의 숨이 죽으면 스파게티 면, 면수, 치킨스톡, 후추를 넣고 볶는다.
- 빠르게 휘저어 볶으세요.

6 면이 익으면 접시에 담고 파슬리와 파르미지아노 치즈를 갈아 뿌린다.

새우 해장 파스타

 속세맛   가스레인지   18분

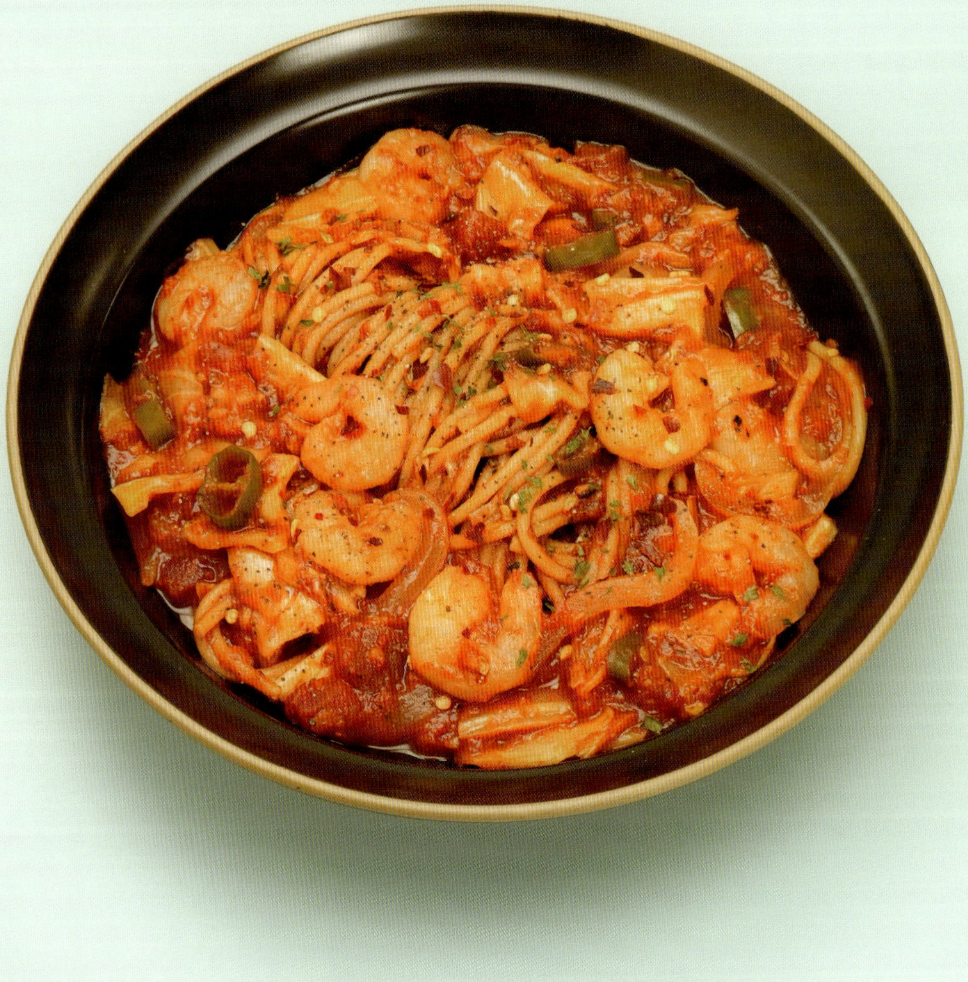

술을 마시지 않아도 해장이 절로 되는 듯한 얼큰하고 칼칼한 맛의 토마토 파스타예요. 짬뽕 파스타 스타일로 만들다 탄생한 레시피로, 소스를 넉넉히 넣는 대신 나트륨은 최소화하고 꾸덕하게 조절해 자극적이지 않으면서도 깊은 맛을 살렸어요. 양배추를 듬뿍 넣어 든든하면서도 자극 없이 매운맛을 즐길 수 있답니다. 얼큰한 파스타가 당기는 날 꼭 한번 만들어 보세요!

재료(1인분)

- 냉동 새우 10마리
- 양파 1/4개
- 양배추 2줌(100g)
- 청양고추 1개
- 다진 마늘 1숟가락
- 올리브오일 1숟가락
- 고춧가루 1숟가락
- 치킨스톡 1숟가락
- 토마토 파스타 소스 1컵
- 물 1/2컵
- 후추 약간
- 파슬리 약간(선택)
- 크러쉬드 레드페퍼 약간(선택)

―

- 통밀 스파게티 면 45g
- 물 5컵
- 소금 0.5숟가락

요리 초보 다이어터를 위한 TIP

▶ 무가당 토마토 파스타 소스를 사용할 경우 알룰로스 0.8숟가락을 넣어 단맛을 더하세요.
▶ 치킨스톡 대신 저당 굴소스 1숟가락을 넣어도 돼요.
▶ 매운 걸 못 먹는다면 청양고추는 생략 가능해요.

조리법

1 냉동 새우는 찬물에 5분 정도 담가 해동한다. 양파는 도톰하게 채 썰고, 양배추는 먹기 좋은 크기로 깍둑 썰고, 청양고추는 송송 썬다.
● 해동된 새우는 꼬리를 떼내세요.

2 끓는 물에 소금과 통밀 스파게티 면을 넣고 삶는다.
● 포장지에 적힌 시간보다 2분 덜 삶고, 팬에서 마저 익혀요.

3 팬에 올리브오일을 두르고, 다진 마늘과 새우를 넣고 약불로 볶는다.

4 마늘의 향이 올라오면 양파, 양배추, 청양고추, 고춧가루와 치킨스톡을 넣고 중약불로 볶는다.

5 양배추의 숨이 죽으면 토마토 파스타 소스, 물, 통밀 스파게티 면, 후추를 넣고 중불로 볶는다.

6 면이 익으면 접시에 담아 파슬리와 크러쉬드 레드페퍼를 뿌린다.

두부면 들기름 막국수

초간단

10분

두부면에 스며든 짭짤한 간장 소스와 고소한 들기름이 조화롭게 어우러지는 맛이에요. 메밀면 대신 두부면을 사용해 탄수화물을 줄이고 단백질은 든든하게 채운 레시피예요. 익힐 재료도 없어서 특히 더운 여름날 간단하게 만들기 좋아요.

영상과 함께 보세요!

재료(1인분)

두부면 100g
깻잎 5장
대파 1줌(25g)
김가루 2숟가락
깨 0.5숟가락
달걀노른자 1개(선택)

● 간장 소스
진간장 1.5숟가락
알룰로스 0.5숟가락
들기름 1.5숟가락
매실액 0.5숟가락

요리 초보 다이어터를 위한 TIP

▶ 두부면 대신 포두부를 칼국수처럼 얇게 썰어 물에 헹궈 사용해도 돼요.
▶ 매실액은 감칠맛과 단맛을 더해줘요. 매실액이 없으면 알룰로스 0.5숟가락을 더 넣으세요.
▶ 오이를 얇게 채 썰어 넣으면 더욱 포만감 있게 먹을 수 있어요.
▶ 들기름이 없으면 참기름을 사용해도 돼요.

조리법

1 깻잎은 돌돌 말아 얇게 채 썰고, 대파는 잘게 다지고, 두부면은 물에 한번 헹궈 물기를 턴다.

2 그릇에 두부면과 간장 소스 재료를 넣고 잘 섞는다.

3 깨를 잘게 부순다.
● 깨는 컵 옆면으로 굴려 빻거나 손으로 으깨면 깨의 고소한 향을 더욱 제대로 느낄 수 있어요.

4 접시에 비빈 두부면을 담고 깻잎, 김가루, 대파, 깨, 달걀노른자를 올려 마무리한다.

채소
듬뿍
물막국수

 속세맛　 가스레인지　 15분

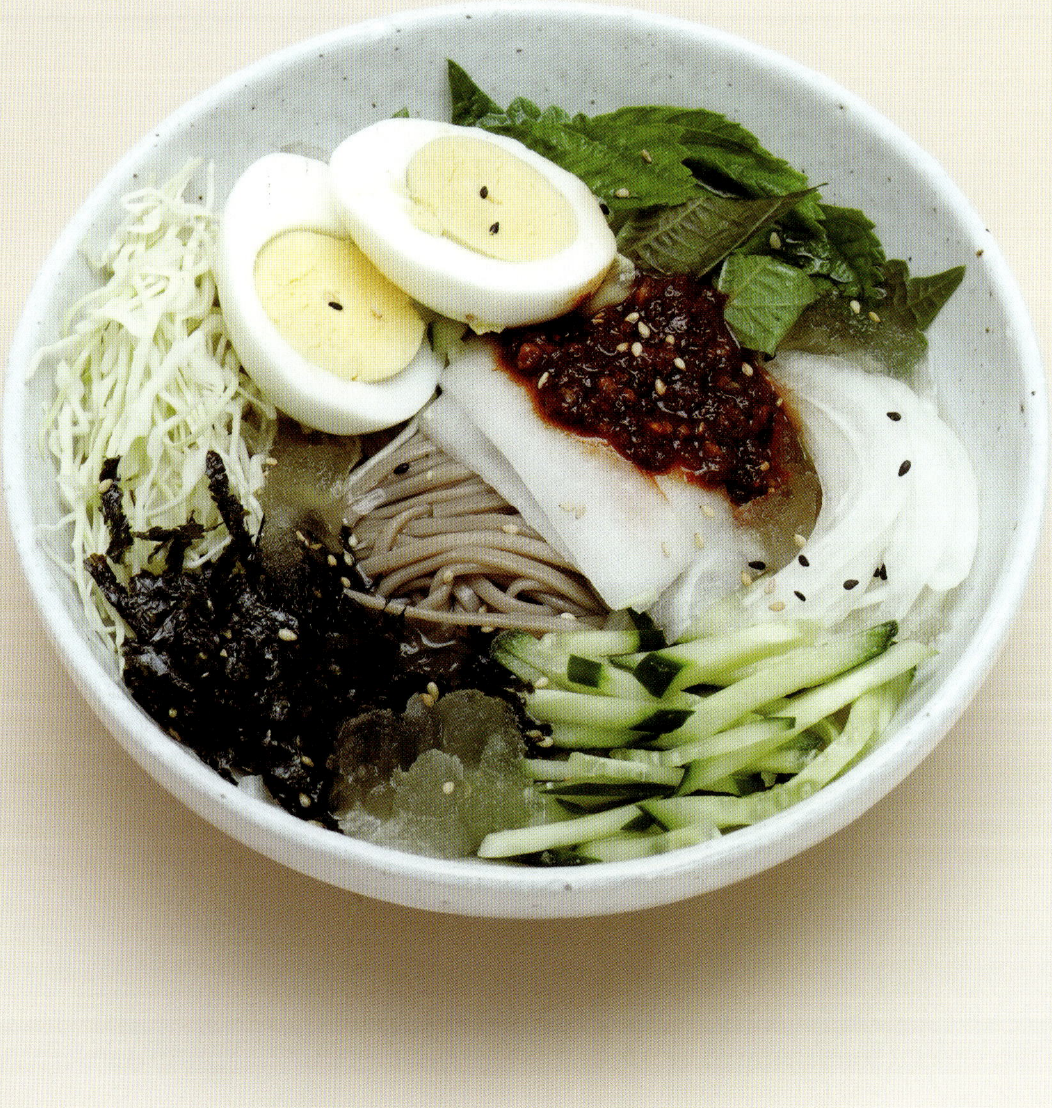

유튜브를 시작하기 전부터 여름마다 즐겨 먹은 단골 레시피로 최소 30번은 해 먹었을 거예요. 냉장고 속에 있는 다양한 채소를 넣어 먹으면 질리지 않고, 포만감까지 챙길 수 있는 건강한 메밀국수이니 여러분도 꼭 한번 만들어보세요.

재료(1인분)

메밀면 50g
얼린 냉면 육수 1봉(330g)
삶은 달걀 1개
양배추 1줌(50g)
오이 1/4개
양파 1/4개
깻잎 4장
무쌈 3장
김가루 약간
깨 약간

- 양념장

진간장 1숟가락
알룰로스 1숟가락
식초 1숟가락
참기름 1숟가락
고춧가루 1숟가락
다진 마늘 0.5숟가락

요리 초보 다이어터를 위한 TIP

▶ 메밀면은 메밀 함량이 높은 것으로 고르세요.
▶ 냉면 육수가 너무 꽝꽝 얼었으면, 포장지를 제거하고 전자레인지에 1분 30초 돌려서 부숴도 돼요.
▶ 시판 냉면 육수의 당이 부담된다면 육수 없이 비빔국수로 즐겨도 돼요.
▶ 냉장고 사정에 따라 채소 두 가지만 넣어도 괜찮아요.

조리법

1 냉면 육수는 실온에 미리 꺼내 해동하고, 그릇에 양념장 재료를 잘 섞어 둔다.

2 양파, 오이, 양배추를 얇게 채 썬다.

3 깻잎과 무쌈은 1cm 간격으로 길게 자른다.

4 끓는 물에 메밀면을 넣고 삶은 후, 찬물에 헹궈 물기를 뺀다.

• 포장지에 적힌 시간에 맞춰 익히세요.

5 그릇에 메밀면과 잘게 부순 살얼음 냉면 육수를 담고, 무쌈, 양배추, 양파, 오이, 깻잎을 올린다.

6 양념장, 삶은 달걀, 김가루, 깨를 올린다.

간장
오이
비빔면

 가성비　 가스레인지　 15분

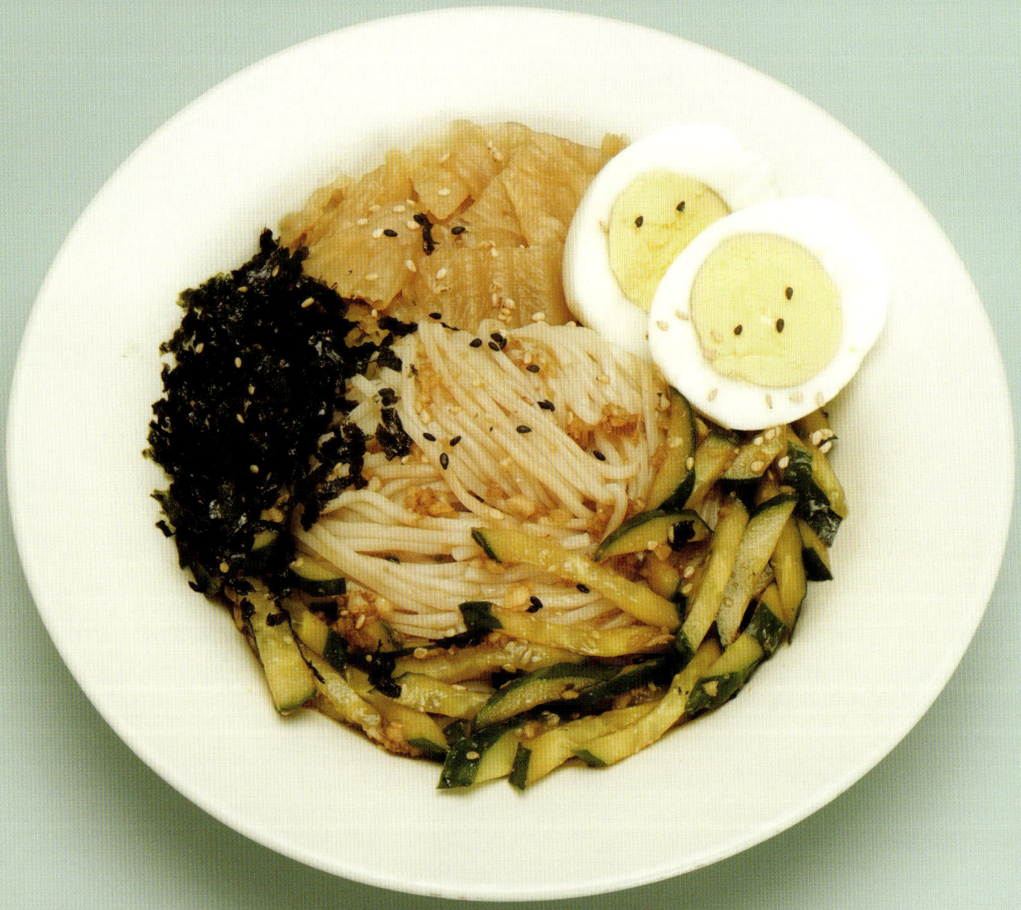

여름과 잘 어울리는 시원한 오이를 활용한 메뉴예요. 감칠맛이 살아있는 간장 소스가 오이와 어우러져 깔끔하고 개운한 맛을 즐길 수 있어요.

재료(1인분)

오이 1/2개(100g)
쌀 소면 70g
삶은 달걀 1개
김치 3숟가락(50g)
김가루 약간

• 간장 소스
진간장 2숟가락
식초 1숟가락
알룰로스 1숟가락
다진 마늘 0.3숟가락
참기름 1숟가락
깨 약간

요리 초보 다이어터를 위한 TIP

▶ 삶은 달걀 대신 익힌 닭가슴살을 찢어 넣어도 좋아요.
▶ 취향에 따라 김치는 씻지 않고 넣어도 돼요.
▶ 오이는 반달 모양으로 썰어 아삭한 식감을 더 살려도 좋아요.

조리법

1 오이는 어슷썰어 도톰하게 채 썰고, 김치는 씻어서 가위로 먹기 좋게 자른다.

2 그릇에 오이와 간장 소스 재료를 넣고 잘 섞는다.
• 깨를 손가락으로 으깨 넣으면 더욱 고소해져요.

3 끓는 물에 소면을 삶은 후, 찬물에 잘 헹궈 물기를 완전히 짜낸다.
• 포장지에 적힌 시간에 맞춰 익히세요.

4 그릇에 삶은 소면을 담고, 오이와 간장 소스를 붓는다.

5 씻은 김치와 삶은 달걀, 김가루를 올려 마무리한다.

초계국수

 순한맛 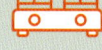 가스레인지 18분

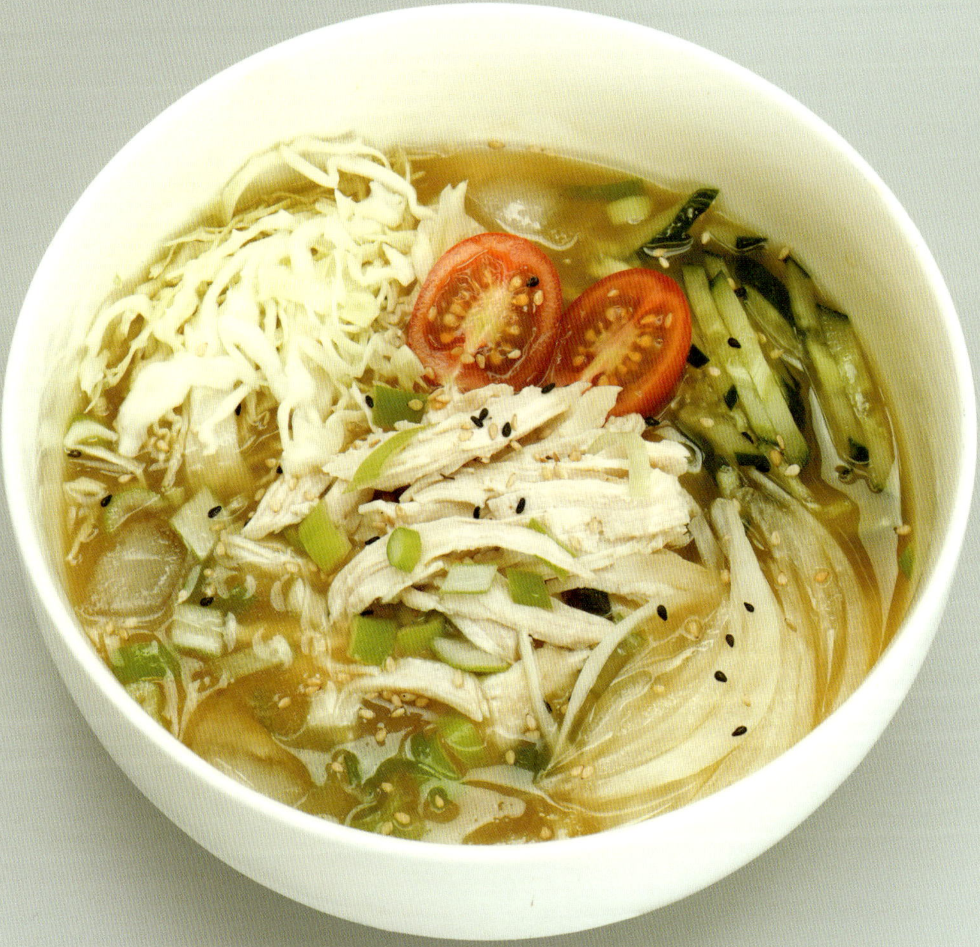

집에서 간단하게 만든 육수로도 깊은 맛을 낼 수 있는 초계국수예요. 담백한 닭가슴살과 알싸한 겨자가 어우러져 개운한 맛이 매력적이에요. 좋아하는 채소를 듬뿍 넣어 더욱 건강하게 즐겨보세요.

재료(1인분)

쌀 소면 70g

닭가슴살 100g

쌈무 3장

대파 1줌(20g)

양배추 1줌(50g)

양파 1/4개

오이 1/4개

얼음 6조각

깨 약간

방울토마토 1개(선택)

• 육수

치킨스톡 2숟가락

진간장 1숟가락

알룰로스 1숟가락

식초 1.5숟가락

겨자 취향껏

소금 2꼬집

물 1.5컵

요리 초보 다이어터를 위한 TIP

▶ 쌀 소면은 두유면으로 대체해도 좋아요.
▶ 냉동 닭가슴살을 끓는 물에 10분 이상 삶아 사용했어요.

조리법

1 삶은 닭가슴살은 잘게 찢고, 쌈무는 길게 자르고, 대파는 반갈라 송송 썬다.

2 양파, 오이, 양배추를 얇게 채 썬다.

3 그릇에 육수 재료를 넣고 잘 섞어 둔다.
• 소금은 취향껏 조절하세요.

4 끓는 물에 소면을 삶은 후 찬물에 잘 헹궈 물기를 털어낸다.
• 포장지에 적힌 시간에 맞춰 익히세요.

5 육수에 삶은 소면을 넣고, 쌈무, 닭가슴살, 대파, 양파, 오이, 양배추, 얼음, 반 자른 방울토마토를 올리고 깨를 뿌린다.

컵누들 투움바 파스타

 속세맛　 가스레인지　 13분

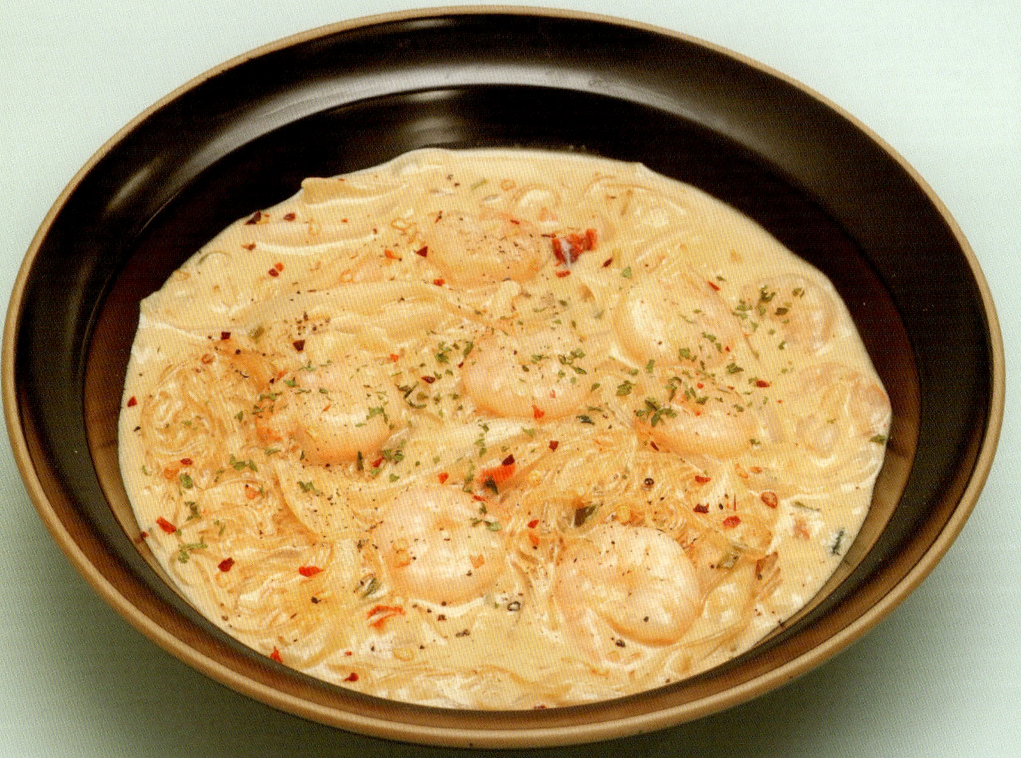

유지만 채널을 시작하기 전부터 자주 해 먹었던 레시피예요. 식당에서 먹는 로제파스타 부럽지 않은 꾸덕하고 진한 맛으로, 다이어터가 아니어도 누구나 맛있게 즐길 수 있어요. 채널 초창기부터 꾸준히 사랑받아 온 속세맛 레시피니, 꼭 한번 만들어보세요.

재료(1인분)

컵누들 매콤한 맛 1개
냉동 새우 10마리
양파 1/2개
아몬드브리즈 언스위트 250ml
올리브오일 1숟가락
다진 마늘 1숟가락
체다 치즈 1장
페페론치노 2~3개
후추 약간
파슬리 약간(선택)

요리 초보 다이어터를 위한 TIP

▶ 냉동 새우 대신 베이컨이나 닭가슴살도 잘 어울려요.
▶ 아몬드브리즈는 우유로 대체 가능해요.
▶ 체다 치즈는 파스타를 더욱 꾸덕하게 만들어줘요. 입맛에 따라 반 장만 넣어도 돼요.

조리법

1 냉동 새우는 찬물에 5분 정도 담가 해동하고, 양파는 도톰하게 채 썬다.
● 해동된 새우는 꼬리를 떼내세요.

2 컵누들의 면과 수프를 모두 꺼내고, 용기의 표시선까지 아몬드브리즈를 부어둔다.

3 팬에 올리브오일을 두르고, 다진 마늘, 양파, 새우를 넣고 중약불로 볶는다.

4 양파가 살짝 투명해지면 아몬드브리즈, 면, 분말수프, 체다 치즈, 찢은 페페론치노를 넣고 중불로 끓인다.

5 면이 완전히 익고 소스가 원하는 농도까지 졸아들면 접시에 담아 후추와 파슬리를 뿌린다.

컵누들 마라샹궈

 속세맛  가스레인지   18분

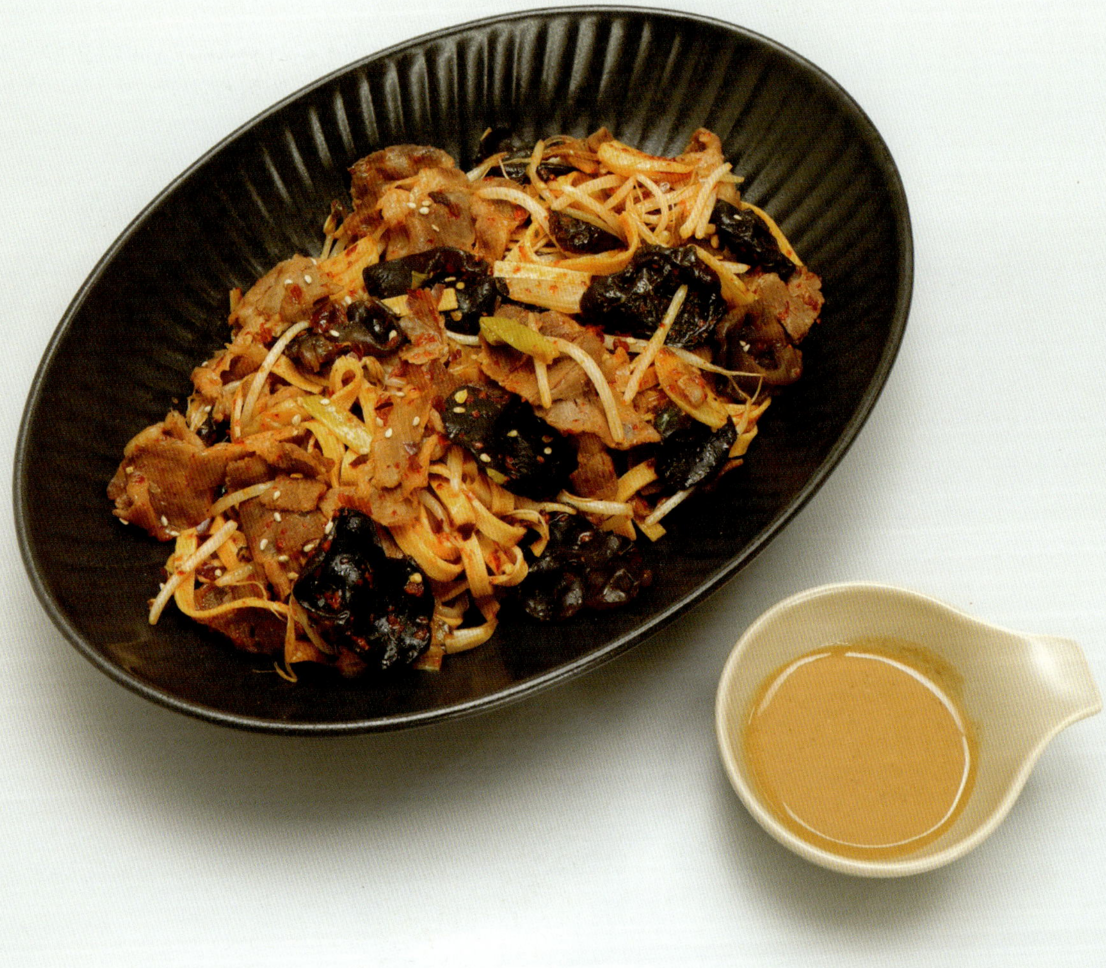

올리자마자 많은 분들의 극찬을 받은 속세의 맛 레시피로, 사 먹는 마라샹궈와 99% 비슷한 맛에 감탄할 정도예요. 배달 음식보다 덜 자극적이면서도 양이 적당해, 마라샹궈가 당길 때 부담 없이 즐기기 좋아요. 두부면을 넣어 단백질과 포만감까지 챙겼답니다. 마라샹궈를 좋아하신다면 꼭 한번 만들어보세요!

재료 (1인분)

컵누들 마라탕맛 1개
냉동 대패목살 100g
마늘 4개
대파 흰 부분 1줌(30g)
숙주 1줌(70g)
목이버섯 1줌(40g)
두부면 1/2팩(50g)
올리브오일 1숟가락
페페론치노 2~3개
저당 굴소스 1숟가락
스리라차 소스 1숟가락
고춧가루 1숟가락

● 땅콩 소스(선택)
무가당 땅콩버터 0.5숟가락
소금 1~2꼬집
알룰로스 0.5숟가락
물 1.5숟가락

요리 초보 다이어터를 위한 TIP

▶ 마늘이 없으면, 다진 마늘 1숟가락을 넣어도 돼요.
▶ 청경채, 배추 등을 먹기 좋게 썰어 같이 볶아도 좋아요.
▶ 페페론치노는 청양고추나 베트남고추로 대체 가능해요.
▶ 취향에 따라 땅콩 소스는 생략해도 괜찮아요.
▶ 땅콩버터 대신 무가당 땅콩가루 1숟가락을 넣어도 돼요.

조리법

1 마늘은 편으로, 대파는 7cm 길이로 어슷 썰고, 그릇에 땅콩 소스 재료를 잘 섞어둔다.

2 숙주, 목이버섯, 두부면을 물에 한 번 헹군 후 물기를 털어낸다.

3 컵누들 용기에 면과 건더기수프를 넣고 용기의 표시선까지 뜨거운 물을 붓는다.

4 팬에 올리브오일을 두르고, 대파, 마늘, 페페론치노를 넣고 약불로 마늘이 노릇해질 때까지 볶는다.

5 대패 목살을 넣고 중약불로 고기가 노릇해질 때까지 볶는다.

6 목이버섯, 두부면, 저당 굴소스를 넣고 중약불에 1분 정도 볶다가 컵누들 면을 건져 넣고, 액상수프, 숙주, 스리라차 소스, 고춧가루를 넣고 강불에서 40초 정도 볶는다.

컵누들 크림 짬뽕

속세맛   가스레인지   15분

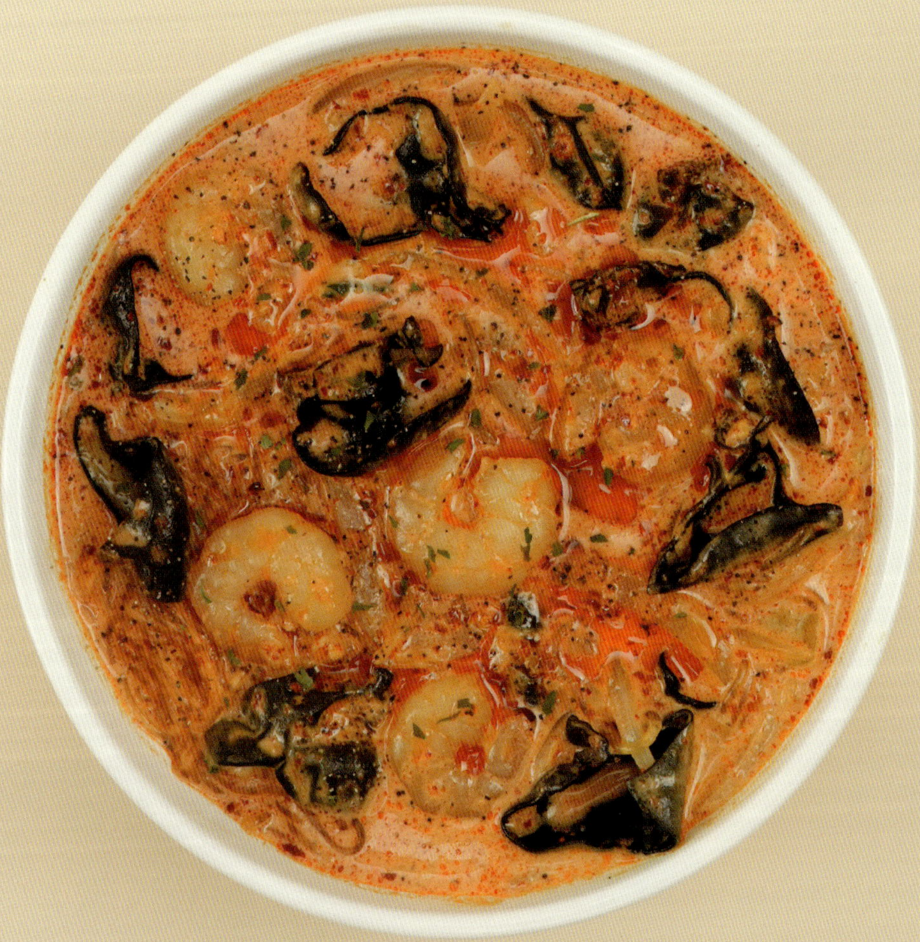

한때 전국적으로 유행했지만, 요즘은 수도권 지역 외엔 찾아보기 힘든 추억의 니뽕내뽕을 기억하시나요? 그곳에서 특히 맛있게 먹었던 크림 짬뽕 메뉴를 떠올리며 만든 레시피예요. 컵누들 투움바 파스타의 응용 버전으로 또 다른 느낌의 속세맛을 느낄 수 있어요. 꾸덕하고 매콤한 맛이 당기는 날 꼭 한번 즐겨보세요.

재료(1인분)

- 컵누들 짬뽕맛 1개
- 우유 250ml
- 냉동 새우 8마리
- 양파 1/2개
- 목이버섯 1줌(40g)
- 올리브오일 1숟가락
- 다진 마늘 1숟가락
- 고춧가루 1숟가락
- 진간장 1숟가락
- 체다 치즈 1/2장
- 순후추 약간

요리 초보 다이어터를 위한 TIP

▶ 우유는 아몬드브리즈 언스위트, 귀리우유 등으로 대체 가능해요.
▶ 버섯은 팽이버섯, 느타리버섯, 표고버섯, 새송이버섯 등으로 대체 가능해요.
▶ 체다 치즈는 반 장만 넣는 게 가장 직딩하지만 더 꾸덕한 맛을 원하면 한 장 다 넣어도 괜찮아요.

조리법

1 컵누들 짬뽕맛의 면과 수프를 꺼내고, 용기의 표시선까지 우유를 부어 둔다.

2 냉동 새우는 찬물에 5분 정도 담가 해동하고, 양파는 도톰하게 채썰고, 목이버섯은 물에 헹궈 물기를 턴다.
• 해동된 새우는 꼬리를 떼내세요.

3 팬에 올리브오일을 두르고, 다진 마늘, 양파, 새우를 넣고 중약불로 볶는다.

4 양파가 반 정도 익으면 고춧가루, 진간장, 목이버섯을 넣고 약불로 1분간 볶는다.
• 고춧가루가 타지 않게 조심하세요.

5 우유를 붓고, 면, 건더기수프, 분말수프, 체다 치즈, 순후추를 넣고 휘저으며 중불로 끓인다.

6 면이 완전히 익고 소스가 원하는 농도까지 졸아들면 그릇에 담아 유성수프를 뿌린다.

두부면
들깨
칼국수

 가성비   가스레인지 12분

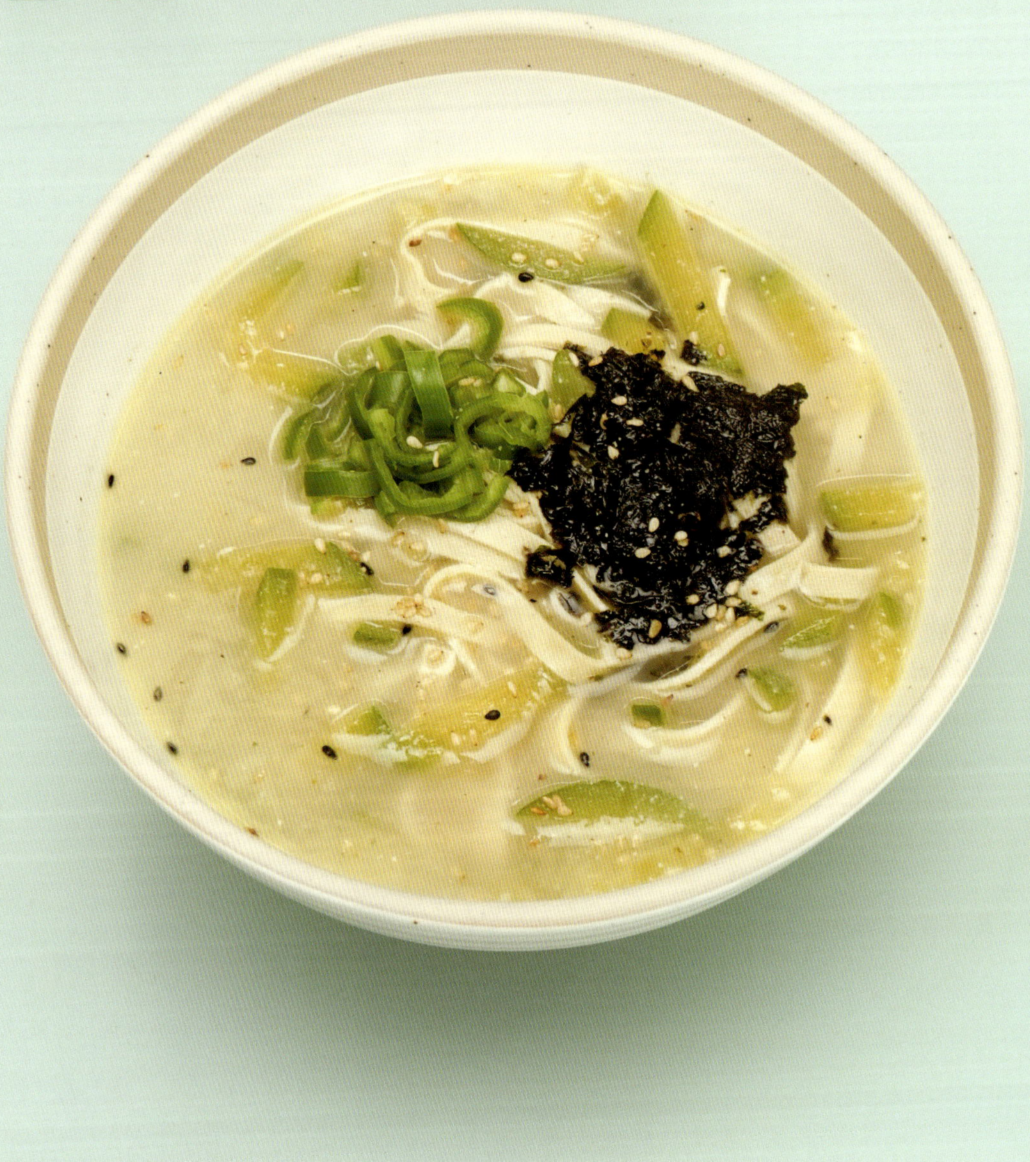

50번은 넘게 해 먹은 저희 가족의 최애 주말 메뉴예요. 원래도 들깨칼국수를 좋아했지만, 집에서 만들면 들깨가루를 마음껏 넣을 수 있고 조리도 간단해서 더 자주 찾게 되더라고요. 칼국수면 대신 두부면을 사용해 더 가볍고 속 편한 버전으로 만들었어요. 진하고 고소한 들깨가루와 든든한 포만감을 함께 느껴보세요.

재료(1인분)

넓은 두부면 1팩(100g)
애호박 1/3개
물 3컵
코인 육수 1알
참치액 1.5숟가락
들깨가루 4숟가락
청양고추 1개(선택)
김가루 약간
깨 약간

요리 초보 다이어터를 위한 TIP

▶ 취향에 따라 청양고추는 생략해도 괜찮아요.
▶ 참치액은 멸치액젓 1.5숟가락으로 대체 가능해요.
▶ 두부면 대신 포두부를 칼국수면처럼 얇게 썰어 물에 한번 헹궈 사용해도 돼요.

조리법

1 애호박은 도톰하게 채 썰고, 청양고추는 작게 다지고, 두부면은 물에 한번 헹궈 물기를 턴다.

2 냄비에 물과 코인 육수를 넣고 물이 끓으면 애호박, 참치액을 넣고 중불로 끓인다.

3 애호박이 살짝 투명해지면 두부면을 넣고 1분 정도 끓인다.

4 들깨가루를 넣고 잘 저으며 1분 정도 더 끓인다.
● 묽으면 들깨가루를, 꾸덕하면 물을 넣어 농도를 조절하세요.

5 그릇에 담아 청양고추를 올리고, 김가루와 깨를 뿌린다.

PART 8

입터짐을 방지하는 가볍고 맛있는 간식 레시피

다이어트를 하다 보면 단 음식이 당기고, 괜히 바삭한 과자가 생각날 때가 꼭 있죠. 특히 호르몬 변화가 있는 시기엔 그 욕구를 참기가 더 어려워지곤 해요. 눈앞에 바로 먹을 수 있는 과자는 뜯으면 끝이지만, 먹고 나면 늘 후회와 죄책감이 남더라고요. 반면에 간식을 직접 만들어 먹으면 시간은 조금 더 걸릴지라도, 만드는 과정에서 오는 만족감이 크고, 자연스럽게 양도 조절할 수 있어요. 무조건 참기보다는, 건강하고 맛있게 먹으면서 입맛을 달래줄 수 있는 간식 레시피를 시작해 보세요.

전자레인지 고구마칩

 가성비   전자레인지   12분

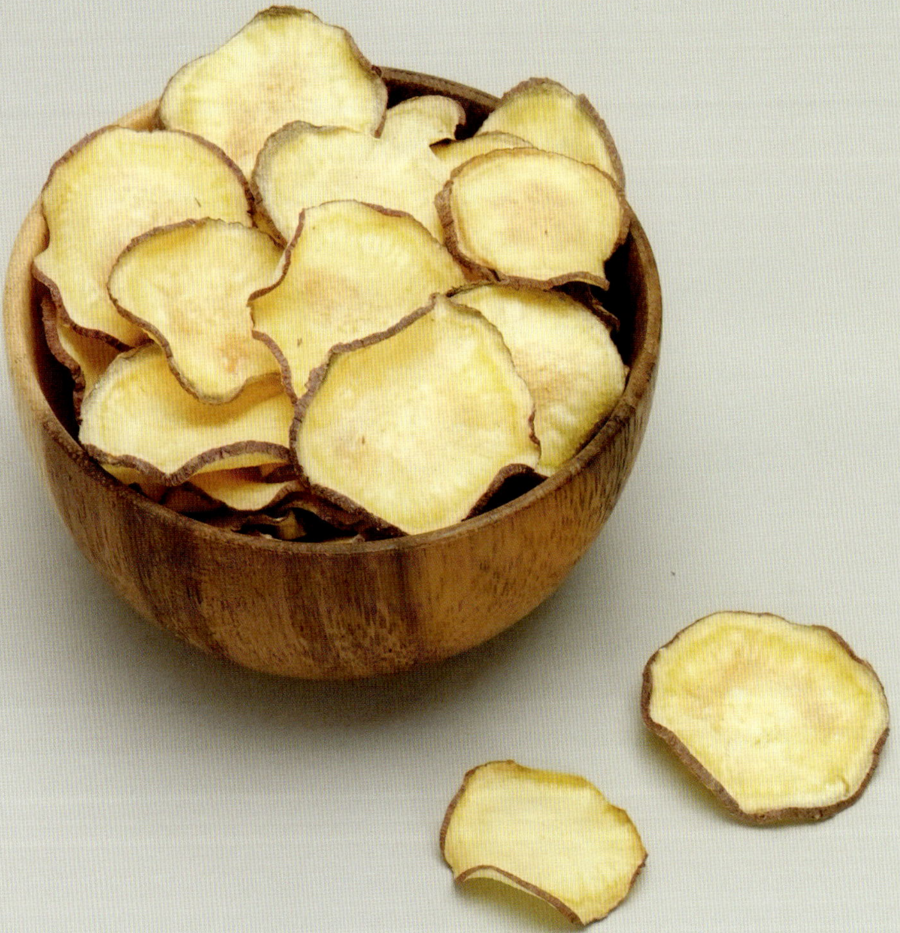

다이어트 중 바삭한 과자가 생각날 때, 시간은 조금 걸리더라도 직접 만들어 먹으면 만족감이 크고 자연스럽게 양을 조절할 수 있더라고요. 기름 없이 만드는 바삭한 고구마칩으로, 여러 번의 시행착오 끝에 완성한 만큼 따라 하면 누구나 성공할 수 있어요. 계속 집어 먹게 되는 중독적인 맛이니 꼭 한번 도전해 보세요.

재료(1인분)

고구마 1개

소금 1~2꼬집

> **요리 초보 다이어터를 위한 TIP**
>
> ▶ 감자를 손이 살짝 비칠 정도로 얇게 썰면 감자칩도 만들 수 있어요.
> ▶ 고구마가 너무 두꺼우면 딱딱해지니 최대한 얇게 써세요.
> ▶ 고구마와 전자레인지 내부의 습기를 충분히 말리지 않으면, 타기만 하고 바삭해지지 않아요.
> ▶ 시간이 지나면 눅눅해질 수 있으니 되도록이면 만든 후 바로 드세요.

조리법

1 깨끗이 씻은 고구마를 칼이나 채칼로 최대한 얇게 썬다.
• 고구마 껍질은 벗기지 않아도 괜찮아요.

2 고구마를 물에 두 번 헹구고, 3분 정도 담가 전분을 제거한다.

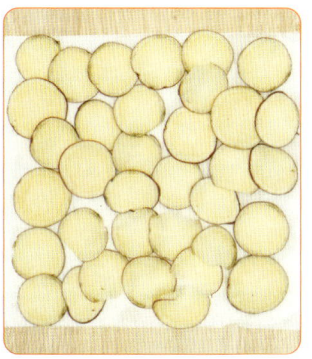

3 고구마를 건져 키친타월로 앞뒤 물기를 충분히 제거한다.

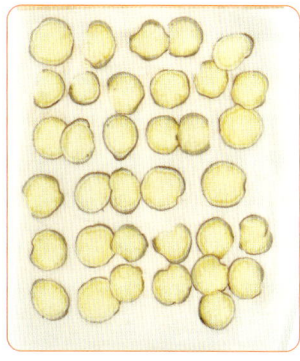

4 종이 호일 위에 고구마를 펼쳐 올리고 소금을 뿌린다.

5 전자레인지에 3분 돌린 후 꺼내어 잠시 식힌다.
• 전자레인지 바닥에 생긴 물기를 닦고, 문을 잠시 열어두어 내부의 습기를 말리세요.

6 고구마를 뒤집어 전자레인지에 넣고 1분 더 돌린 뒤 꺼내어 충분히 식힌다.
• 바삭해지지 않은 고구마는 상태를 확인해 가며 1분씩 더 돌리세요.

또띠아
씨앗 호떡

속세맛　가스레인지　10분

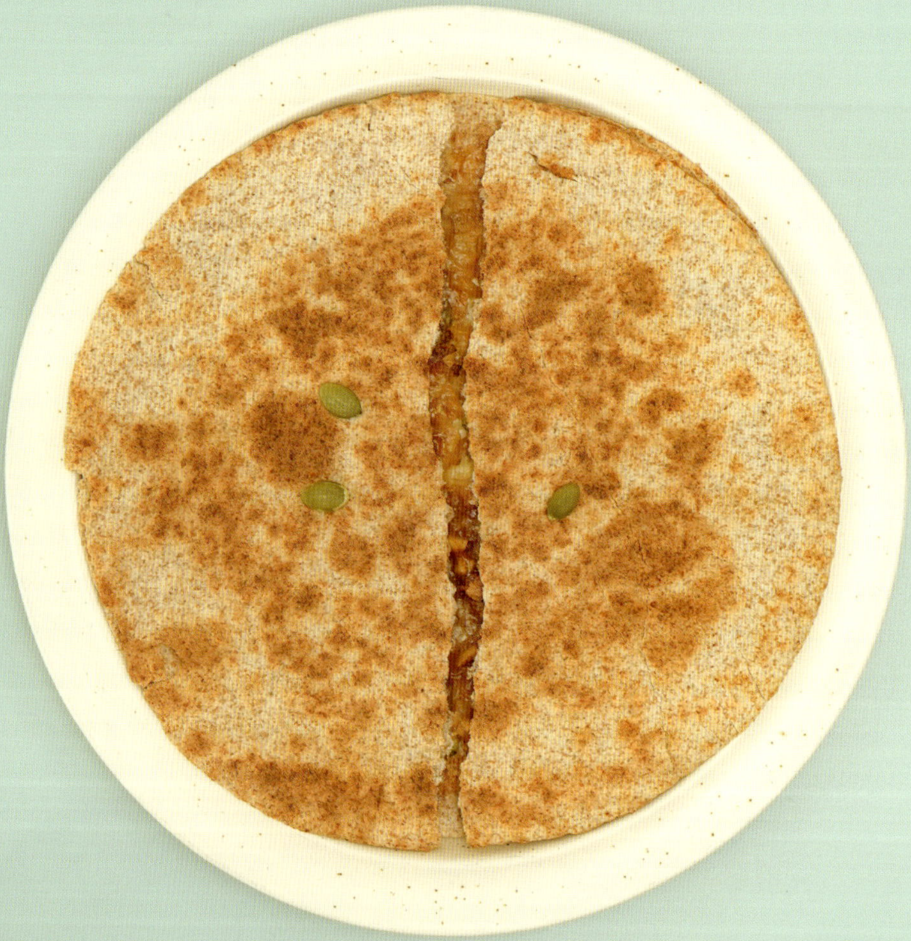

기름에 튀기지 않아도 바삭한 공갈 호떡의 맛을 즐길 수 있는 소중한 레시피예요. 특히 시나몬 향이 가득한 호떡소는 사 먹는 것과 비슷할 정도로 맛있으니, 겨울철 간식이 떠오를 때 꼭 한번 만들어보세요.

재료(1인분)

통밀 또띠아 2장
모차렐라 치즈 1줌(35g)

• 호떡소
알룰로스 4숟가락
무가당 땅콩가루 1숟가락
시나몬 가루 0.3숟가락
다진 견과류 1줌

요리 초보 다이어터를 위한 TIP

▶ 견과류는 아몬드, 호두, 캐슈넛, 해바라기씨, 호박씨 등 취향껏 고르면 돼요.
▶ 땅콩가루 대신 무가당 땅콩버터 0.5숟가락을 넣어도 돼요.
▶ 취향에 따라 모차렐라 치즈는 생략해도 좋아요.

조리법

1 그릇에 호떡소 재료를 넣고 섞어 둔다.

2 통밀 또띠아 한 장 위에 호떡소를 고르게 펴 바르고, 모차렐라 치즈를 올린다.

3 나머지 통밀 또띠아 한 장을 덮어 겹친다.

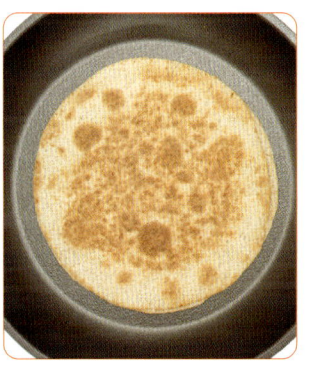

4 마른 팬에 또띠아 호떡을 올리고, 또띠아가 충분히 바삭해질 때까지 약불에서 여러 번 뒤집어 가며 굽는다.
• 가장자리 부분도 잘 구워지도록 눌러가며 구우세요.

라이스페이퍼 소떡소떡

 속세맛 전자레인지 12분

소떡소떡이 너무 먹고 싶어서 소시지를 라이스페이퍼로 감싸 만들어봤어요! 빨간 떡꼬치 소스도 매콤 달달해서 옛날 학교 앞에서 사 먹던 그 떡꼬치 맛이에요. 겉은 바삭, 속은 쫀득한 신박한 소시지 떡꼬치를 즐겨보세요.

재료(1인분)

닭가슴살 소시지 4개(200g)

라이스페이퍼 4장

올리브오일 2숟가락

깨 약간

● 떡꼬치 소스

진간장 1숟가락

알룰로스 1숟가락

저당 케첩 1숟가락

스리라차 소스 1숟가락

요리 초보 다이어터를 위한 TIP

▶ 소시지를 자르지 않고 통으로 구우면 더 간단해요.

▶ 더 쫀득한 식감을 원하면 라이스페이퍼 2장을 겹쳐 말아도 돼요.

▶ 스리라차 소스 대신 케첩 1숟가락을 넣어도 돼요.

조리법

1 물에 적신 라이스페이퍼에 닭가슴살 소시지를 올려 돌돌 만다.

● 라이스페이퍼는 찬물 또는 미지근한 물에 적시세요.

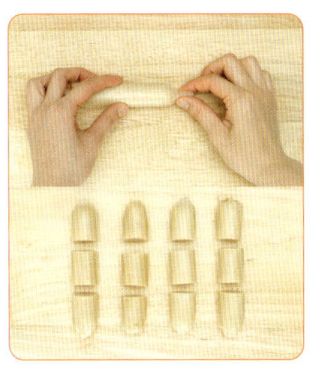

2 양끝에 튀어나온 라이스페이퍼 부분은 비틀어 뜯고, 소시지를 삼등분한다.

3 꼬치나 이쑤시개에 소시지를 나란히 꽂는다.

4 그릇에 떡꼬치 소스 재료를 넣고 잘 섞은 후 전자레인지에 20초 돌린다.

5 중불로 충분히 달군 팬에 올리브오일을 두르고, 약불에서 꼬치의 모든 면이 노릇해질 때까지 굽는다.

● 기름이 부족하면 조금씩 더 넣으세요.

6 떡꼬치 소스를 골고루 바르고 깨를 뿌린다.

라이스페이퍼 고구마 피자

 초간단　 가스레인지　 10분

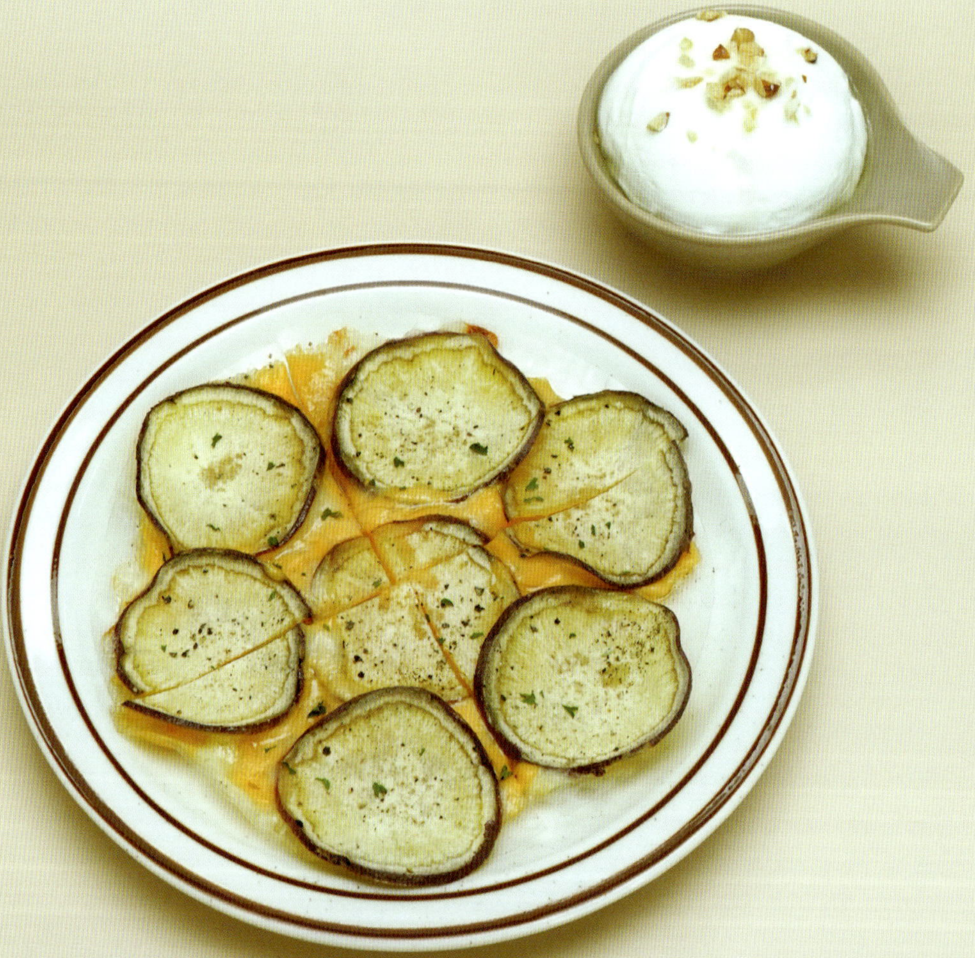

달달한 간식이 당길 때, 부담없이 즐길 수 있는 초간단 미니 고구마 피자예요. 바삭한 라이스페이퍼와 쭉 늘어나는 치즈의 조합이 매력적이니, 출출할 때 간식으로 만들어보세요.

재료(1인분)

고구마 슬라이스 7장(25g)

라이스페이퍼 1장

체다 치즈 1장

모차렐라 치즈 1줌(35g)

후추 약간

알룰로스 취향껏

요리 초보 다이어터를 위한 TIP

▶ 꾸덕한 그릭요거트에 알룰로스와 다진 견과류를 뿌려 고구마 피자를 찍어 먹으면 더욱 맛있어요.

▶ 알룰로스 대신 저당 시럽이나 꿀을 뿌려도 잘 어울려요.

조리법

1 고구마를 칼 또는 채칼로 얇게 썬다.
- 고구마 껍질은 벗기지 않아도 괜찮아요.

2 마른 팬 위에 라이스페이퍼를 깔고 체다 치즈와 모차렐라 치즈를 올린다.
- 불을 미리 켜면 라이스페이퍼가 쪼그라들 수 있으니 주의하세요.

3 준비한 고구마 슬라이스를 펼쳐 올리고, 후추를 뿌린 뒤 뚜껑을 덮고 약불에서 치즈를 천천히 녹인다.

4 알룰로스를 취향껏 뿌리고 가위로 먹기 좋게 자른다.

고구마
치즈
오믈렛

 가성비   가스레인지   전자레인지   15분

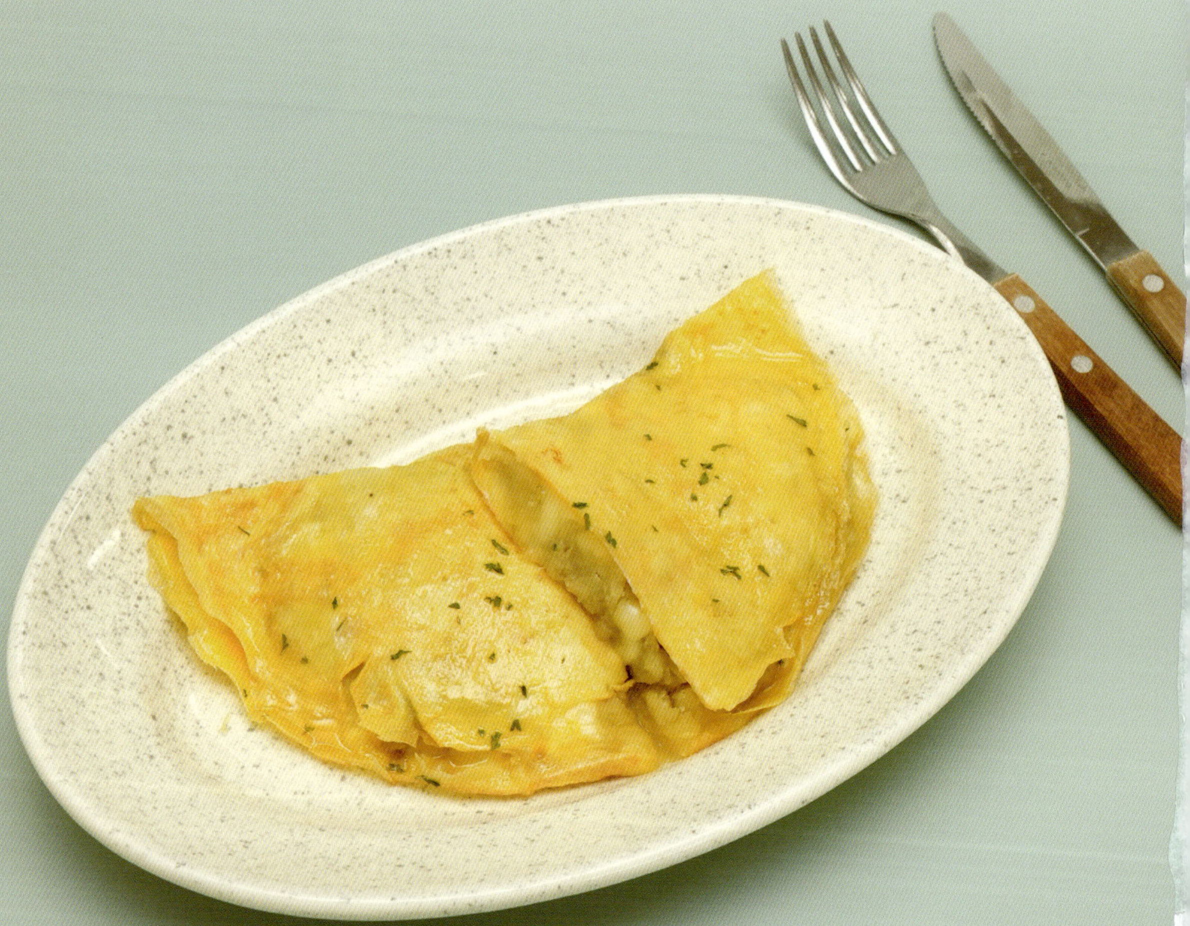

집에 있는 고구마와 달걀만으로 브런치 카페의 맛을 즐길 수 있는 든든한 간식이에요. 전자레인지로 만드는 부드럽고 달콤한 고구마 무스는 샌드위치나 샐러드에도 활용하기 좋으니 꼭 참고하시길 바라요.

재료(1인분)

고구마 1개(150g)
달걀 2개
물 3숟가락
알룰로스 1숟가락
우유 2숟가락
올리브오일 1숟가락
모차렐라 치즈 1줌(35g)
소금 1꼬집
가향 저당 시럽 약간

요리 초보 다이어터를 위한 TIP

▶ 달걀 특유의 냄새를 줄이기 위해 향이 첨가된 시럽을 뿌렸어요. 달걀물에 바닐라 익스트랙이나 바닐라 에센스를 2~3방울 추가해도 좋아요.
▶ 저당 시럽은 메이플 시럽, 카라멜 시럽, 바닐라 시럽 등을 추천해요.

조리법

1 고구마는 껍질을 깎고, 작게 깍둑 썰어 그릇에 담은 뒤 물을 넣어 전자레인지에 4분 돌린다.
• 전자레인지용 덮개나 랩을 씌워 돌리세요.

2 잘 익은 고구마를 포크로 으깨고, 알룰로스와 우유를 넣고 잘 섞어 고구마 무스를 만든다.
• 고구마가 달지 않으면 알룰로스를, 퍽퍽하면 우유를 더 넣으세요.

3 그릇에 달걀과 소금을 넣고 잘 풀어서 팬에 올리브오일을 두르고, 달걀물을 부은 후 약불에서 익힌다.

4 달걀의 아랫면이 살짝 익으면 반쪽에만 모차렐라 치즈-고구마무스-모차렐라 치즈 순서로 올린다.

5 뒤집개로 반 접어 올린 후 두세 번 뒤집으며 익힌다.
• 달걀이 노릇해지기 전에 불을 꺼 부드러운 반숙이 되게 익히세요.

6 접시에 담고 저당 시럽을 뿌린다.

커리부어스트

가성비   가스레인지   12분

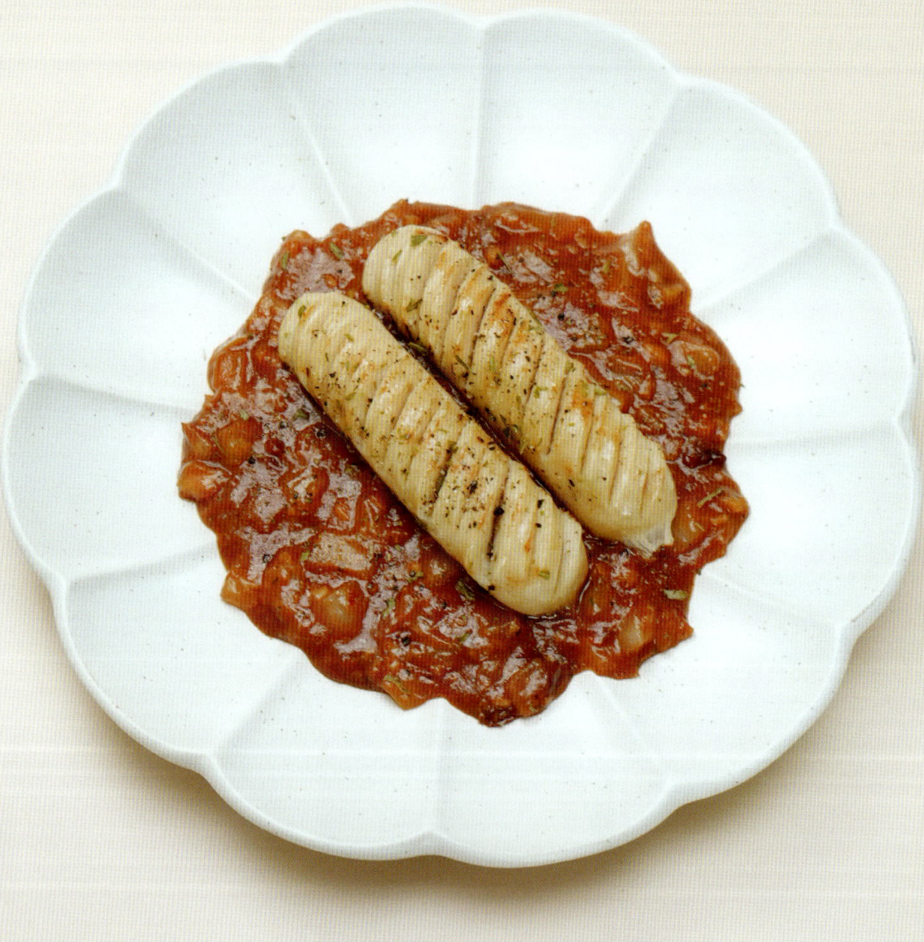

끼니를 제대로 챙겨 먹지 못한 날, 밤늦게 가볍게 한 끼를 때우고 싶을 때 자주 해 먹었던 간식이에요. 소시지에 카레와 토마토 케첩을 더한 독일 음식 커리부어스트를, 보다 건강하게 즐길 수 있도록 변형해 보았어요. 반찬이나 야식으로 간단하게 만들어 보시길 바라요. 건강한 안주로도 딱이랍니다.

재료(1인분)

- 닭가슴살 소시지 2개(100g)
- 양파 1/4개
- 다진 마늘 0.5숟가락
- 올리브오일 1숟가락
- 저당 케첩 4숟가락
- 물 4숟가락
- 카레가루 0.5숟가락
- 페페론치노 2~3개
- 후추 약간
- 버터 1조각(10g)
- 파슬리 약간(선택)

요리 초보 다이어터를 위한 TIP

- ▶ 더 든든하게 먹으려면 작게 썬 토마토를 함께 볶아도 좋아요.
- ▶ 카레가루는 치킨스톡 0.5숟가락 또는 굴소스 0.5숟가락으로 대체 가능해요.
- ▶ 해동한 닭가슴살 소시지를 따로 굽지 않고 간편하게 토마토 소스에 바로 잘라 넣어도 돼요.
- ▶ 마지막에 체다 치즈 1장을 올려 전자레인지로 녹이면 더욱 속세맛이에요.
- ▶ 버터는 풍미를 더해주지만 없으면 생략해도 돼요.

조리법

1 닭가슴살 소시지는 사선으로 칼집을 내고, 양파는 작게 다진다.

2 팬에 올리브오일 0.5숟가락을 두르고, 닭가슴살 소시지를 중약불로 노릇하게 구워 덜어둔다.

3 같은 팬에 올리브오일 0.5숟가락을 더 넣고 다진 마늘과 양파를 넣어 볶는다.

4 양파가 살짝 투명해지면 저당 케첩, 물, 카레가루를 넣고 잘 섞는다.

5 소스가 끓기 시작하면 약불로 줄이고 버터와 후추를 넣고, 페페론치노를 찢어 넣어 원하는 농도가 될 때까지 졸인다.

6 접시에 토마토 소스를 담고, 그 위에 소시지를 올리고, 파슬리를 뿌린다.

**진짜 맛있어서 평생 먹고 싶은
유지만 다이어트 레시피**

초판 발행·2025년 6월 10일
초판 7쇄 발행·2025년 12월 30일

지은이·유지만
발행인·이종원
발행처·(주) 도서출판 길벗
출판사 등록일·1990년 12월 24일
주소·서울시 마포구 월드컵로 10길 56(서교동)
대표전화·02)332-0931 | 팩스·02)323-0586
홈페이지·www.gilbut.co.kr | 이메일·gilbut@gilbut.co.kr

편집 팀장·민보람 | 기획 및 책임편집·방혜수(hyesu@gilbut.co.kr) | 제작·이준호, 손일순
영업마케팅·정경원, 김진영, 박민주, 류효정 | 유통 혁신·한준희 | 영업관리·김명자 | 독자지원·윤정아

디자인·말리북 최윤선, 조여름 | 교정·박수영
CTP 출력·인쇄·제본·상지사 피앤비

- 이 책은 저작권법의 보호를 받는 저작물로 이 책에 실린 모든 내용, 디자인, 이미지, 편집 구성은 허락 없이 복제하거나 다른 매체에 옮겨 실을 수 없습니다.
- 인공지능(AI) 기술 또는 시스템을 훈련하기 위해 이 책의 전체 내용은 물론 일부 문장도 사용하는 것을 금지합니다.
- 잘못 만든 책은 구입한 서점에서 바꿔드립니다.

ⓒ 유지만 2025

ISBN 979-11-407-1352-3(13590)
(길벗 도서번호 020258)

정가 22,000원

독자의 1초까지 아껴주는 정성 길벗출판사

(주)도서출판 길벗 | IT단행본&교재, 성인어학, 교과서, 수험서, 경제경영, 교양, 자녀교육, 취미실용 www.gilbut.co.kr
길벗스쿨 | 국어학습, 수학학습, 어린이교양, 주니어어학, 어린이단행본, 학습단행본 www.gilbutschool.co.kr